UN SYNDICAT MODERNE ?
OUI !

DE HENRI KRASUCKI

— *Syndicats et lutte de classes,* Éditions sociales, Paris 1969.
— *Syndicats et socialisme,* Éditions sociales, Paris 1972.
— *Syndicats et unité,* Éditions sociales, Paris 1980.

DE JACQUES ESTAGER

— *Pologne,* en collaboration avec Jacques Dimet, Éditions sociales, Paris 1982.
— *Sur le parti 1939-1940,* en collaboration avec Francis Crémieux, Messidor, « La vérité vraie », Paris 1983.
— *Ami, entends-tu..., la Résistance populaire dans le Nord-Pas-de-Calais,* Éditions sociales, Paris 1986.

ISBN 2-209-05889-9
187014N1

Henri Krasucki

UN SYNDICAT MODERNE ? OUI !

Entretiens réalisés par Jacques Estager

Messidor/Éditions sociales

Sommaire

Pourquoi ?

Bien du monde écrit sur le syndicalisme, sa crise, sur la CGT, son « agonie ».

J'ai pensé, sans fausse modestie, que je n'étais pas le plus mal placé pour émettre ma petite musique à côté de ce concert plutôt dissonnant.

En fait, l'allure prise par les luttes sociales de la dernière période et depuis dévoile un panorama nouveau. Elle mérite une analyse sérieuse. Elle donne l'occasion d'une réflexion plus approfondie sur la période que nous vivons. Elle la nécessite même.

Pour la CGT elle-même, pour ceux et celles qui la font en profondeur et qui ont absolument besoin d'en mesurer toutes les implications pour bien être au niveau des événements.

Pour tous ceux, femmes et hommes de toutes catégories professionnelles, qui manifestent un intérêt neuf sur cette situation et cherchent à connaître, à comprendre cette CGT qui ne ressemble pas à ce qu'ils croyaient.

Pour toute une jeunesse qui se montre indépendante et disponible, à la recherche de vérité authentique.

Fait rapidement, à chaud, avec tout le manque de finition que cela comporte, mais aussi avec les réflexions qui peuvent en naître, il m'a semblé utile de faire ce travail qui — s'il est personnel, comme tout livre, par quelques réflexions et par la manière — est pour l'essentiel le fruit d'une pensée collective, celle de la CGT.

Il y a des ouvrages plus construits, plus globaux et approfondis nécessaires sur la CGT. C'est le cas de celui qu'achève mon ami Jean Magniadas qui paraîtra dans quelque temps.

Celui-ci est d'un autre ordre : né de l'action et pour l'action en tentant de l'éclairer. Ce sont des travaux complémentaires.

Il est bon d'ailleurs que se multiplient les livres CGT. Et qu'ils se lisent. C'est un apport à la pensée du mouvement ouvrier de lutte de classe et un besoin pour la CGT elle-même. On espère toujours y avoir contribué un peu, quand on s'y essaie.

Ce travail n'aurait pas pu voir le jour en si peu de temps sans la coopération talentueuse et fraternelle de Jacques Estager, et la discrète efficacité de Raymond Barberis. Ni sans le concours multiforme et parfois assez sportif de militantes et de militants de la CGT et de Messidor qui y ont contribué avec un dévouement et un enthousiasme qui font chaud au cœur. Cela pourrait faire un générique de film, qu'ils en soient tous salués.

Henri Krasucki
Paris, le 16 février 1987

1

La montée d'un grand mouvement social

J. Estager : *Alors, Henri Krasucki, dépassée la CGT dans ces grèves des cheminots, des marins, des électriciens, de la RATP ? Ce mouvement, l'organisation syndicale ne l'a donc pas vu venir ?*

H. Krasucki : Si l'on veut me faire dire que nous n'avions pas inscrit ces grèves sur notre calendrier syndical à la date, au jour où elles ont démarré, effectivement, je n'avais pour ma part rien noté sur mon agenda. Je me suis toujours défendu de toute prédiction dans ce domaine. Celui qui annonce avec précision qu'il va se produire des événements de cette taille, à telle date, dans telles conditions, je le considère comme un charlatan.

J.E. : *Mais enfin, chez les cheminots par exemple, pas d'appel à la grève de la part de la CGT. C'est la base, comme on l'a tant écrit, qui a pris l'initiative. Et le syndicat dans tout ça ?*

H.K. : Un mouvement social d'une telle ampleur ne se décrète pas. L'action syndicale crée seulement les conditions de son éclosion et l'on fait en sorte, lorsque cela se produit, que les meilleures forces syndicales appuient le mouvement, le dirigent vers le succès. Ce travail, nous l'avons fait.

J.E. : *Tu fais allusion aux initiatives de la CGT à la rentrée sociale de l'automne 1986 ? Mais dans quelle mesure ont-elles joué ce rôle ?*

H.K. : Quand nous avons pris en juillet et annoncé, au mois d'août 1986, notre décision d'impulser une rentrée sociale rapide et dynamique, ce que nous avons effectivement fait, et quand, à la mi-septembre, nous avons précisé que notre objectif était de créer les conditions d'une véritable contre-offensive du monde du travail, c'était sérieux.

Une réalité s'affirmait : l'évolution des luttes syndicales, à l'initiative de la CGT. Et de la CGT uniquement. Les autres étaient absents. C'est dommage, mais c'est comme ça. Les luttes se sont développées à l'automne, on a eu d'innombrables actions à travers le pays. Je ne puis énumérer une multiplicité d'initiatives intéressantes, départementales, de branches, et je ne retiendrai que trois dates : 30 septembre, initiative CGT et forte mobilisation, 21 octobre, nouvelle journée de lutte dans le prolongement du 30 septembre. Puis action du 27 novembre pour la défense de la Sécurité sociale. Au départ, une situation originale parce qu'il se trouve que les autres organisations syndicales de fonctionnaires avaient envisagé l'action du 21 octobre. Ils l'avaient décidée quand nous avons annoncé notre initiative du 30 septembre. A franchement parler, j'ai trouvé ça un petit peu surprenant. Quand on est en colère au début septembre, on n'attend pas la fin octobre pour agir ! Notre réflexe a été plus rapide. Peut-être pensaient-ils par-là atténuer la portée du 30 septembre. Peut-être imaginaient-ils que la CGT, présentée comme si sectaire, allait refuser une deuxième action. C'était mal nous connaître ; il eut été inimaginable que la CGT ait la mesquinerie de chipoter sur une date, pour une fois que les autres appelaient à faire quelque chose. Donc, va pour le 21, mais en donnant à cette journée une tout autre dimension, englobant à la fois secteur public et secteur privé. Cette journée, qui a eu l'animation que l'on sait, nous en a appris beaucoup sur l'état d'esprit réel dans le monde du travail.

Et puis nous avons eu notre initiative pour la Sécurité sociale. C'est un grand problème, très sensible, peut-être le plus sensible dans la mesure où il concerne chacun personnellement. Depuis quarante ans tout le monde s'est habitué à avoir au moins cette tranquillité d'esprit : « S'il arrive un coup dur, à moi ou à quelqu'un de ma famille, une maladie, un accident, je suis sûr d'avoir quelque chose, je suis sûr d'être soigné normalement. » Même si on a réduit les prestations, si on a tenté de la démolir, de la démanteler, ainsi que le patronat s'acharne à le faire depuis le début, la Sécurité sociale demeure une protection à laquelle les gens se sont habitués.

Ça intéresse donc tous les salariés, toutes les familles. Même un chômeur qui ne touche plus que 45 francs par jour sait que, s'il a besoin d'une opération à cœur ouvert, il l'aura, il y a droit. C'est énorme comme souci en moins. Il faut avoir à l'esprit ce qu'était la vie avant 1946 lorsque la Sécurité sociale n'existait pas. Risquer de perdre ça bouleverse tout le monde. Or c'est ce qui menace d'arriver. D'où l'importance donnée par la CGT à l'action pour la Sécurité sociale, en elle-même, comme objectif unique. Bien qu'il se rattache à l'ensemble de la situation, c'est un but en soi, et qui permet de rassembler des gens qui, par ailleurs, peuvent avoir d'autres intérêts, d'autres opinions. Sur cette question-là, avec les salariés et tous les assurés, il y a au moins une partie du corps médical, des associations familiales et humanitaires, des organisations de toutes natures et de nombreuses personnalités qui se sentent concernées.

Pour mettre en route la bataille qu'exige la défense de la Sécurité sociale, bataille qu'anime au niveau du Bureau confédéral Thérèse Poupon, et face à ce qui est vraiment sa liquidation projetée, il fallait commencer à se mettre en mouvement. D'où notre action du 27 novembre.

Il se trouve qu'elle a coïncidé avec l'explosion des étudiants, ce qui fait que la plupart des médias l'ont passée sous silence. Ça ne l'a pas empêché d'exister ! Et, quand nous avons fait le bilan, c'était bien une action des plus fortes, supérieure à celles que nous avions été capables de mener déjà en 1980 contre les tentatives graves, mais moins que celle-ci, visant la Sécurité sociale. Déjà alors, et c'est à noter, la CGT était seule mais largement suivie.

Voilà ! En trois mois, trois jalons intéressants, significatifs, de ce qui se passait dans les esprits. Si on ajoute à cela les actions dans les chantiers navals, la mobilisation des sidérurgistes, des travailleurs de chez Renault et le foisonnement des luttes sociales à travers tout le pays, c'est tout un climat qui était en train de bouger.

J.E. : *Et c'est à ce moment-là qu'a surgi le mouvement des étudiants et des lycéens. Ceux qui fabriquent l'opinion s'extasiaient depuis des mois sur cette génération d'enfants sages, supposée socialement amorphe, uniquement préoccupée de réussite individuelle, subjuguée par l'idéologie des « gagneurs » et de son grand prêtre Tapie, trop pétrie d'individualisme pour se laisser gagner par l'action collective. Et puis, d'un seul coup, cet immense mouvement qui s'inscrit contre cette vision de la jeunesse étudiante que s'efforçaient d'imposer les chantres du libéralisme.*

H.K. : Un événement considérable ! Qu'est-ce qu'ils voulaient ces étudiants et ces lycéens ? Des choses très précises, très concrètes. Le retrait d'un projet de loi destiné à instaurer une ségrégation renforcée dans l'université. Un projet qui débouchait sur une université à plusieurs vitesses, avec des diplômes de valeur différente, permettant de dégager une petite élite bien titrée, de la distinguer de ceux qui resteraient les OS du savoir, en quelque sorte la piétaille de l'université.

Le tout débouchant sur l'effroyable inconnue de l'issue, de l'avenir. Quel emploi en bout de course ?

Ces jeunes, on disait d'eux : c'est la « bof-génération ». L'individualisme. Prêts à passer sur le corps de n'importe qui pour réussir. Et les voilà qui se révèlent généreux, solidaires, soucieux de justice, d'égalité des droits et des chances, attachés à des valeurs humanistes et progressistes.

Faute de structures permanentes adaptées de dimension nécessaire, ils ont créé leurs structures de lutte, sur des bases démocratiques : assemblées générales et coordinations à tous les niveaux.

Tout de suite, ils ont eu le soutien du SNES et du SNES-SUP, syndicats dirigés par le courant combatif de la FEN : Unité et Action. Surtout, ils ont bénéficié d'un immense soutien populaire, d'une sympathie générale. Tout le monde disait : « Ils ont raison ces jeunes. » Et tant de parents pensaient à leur avenir...

J.E. : *Mais ce mouvement exprimait en même temps une certaine méfiance non seulement de la politique politicienne mais aussi des organisations, la crainte de se faire récupérer. Le rejet de toute tutelle. Les étudiants entendaient diriger eux-mêmes leur propre lutte, de façon autonome et sans aucune espèce de délégation de pouvoir à qui que ce soit, sans intrusion de personne. Cela n'a-t-il pas posé problème à la CGT sur la façon d'exprimer sa solidarité et son soutien à un tel mouvement ?*

H.K. : Oui et non. Pas sur le principe mais sur l'adaptation précise. Nous, nous sommes un syndicat de salariés et, de plus, nous n'ignorons pas les préventions de toutes sortes entretenues à l'égard de la CGT. Mais, par-dessus tout, nous voulions contribuer au succès de cette jeunesse, que nous trouvions belle, dont la cause était juste et nous avons cherché à faire le mieux possible.

Nous avons désigné une délégation confédérale très représentative comprenant l'Union générale des ingénieurs, cadres et techniciens, le secteur de travail constitué par la CGT sur les questions d'enseignement et le Centre confédéral de la jeunesse. Cette délégation permanente a été mise en place auprès de la coordination étudiante. Pas pour leur demander quoi que ce soit, mais pour être à leur disposition, savoir ce qu'ils souhaitaient.

J.E. : *Donc un simple moyen de liaison et d'information réciproque et le respect total de l'autonomie de leur mouvement. Comment les étudiants ont-ils perçu cette attitude de la CGT ?*

H.K. : Au début je crois qu'ils ont été surpris. Ils comptaient sur d'autres et se méfiaient de la CGT pour tout ce qu'ils en avaient entendu dire. Or c'est l'inverse qui s'est produit. Ceux en qui, de bonne foi, ils espéraient les ont lâchés et la CGT seule comme centrale syndicale a été avec eux jusqu'au bout, à fond mais à sa place. Ni moins mais pas non plus davantage que ce qu'ils ont demandé. En somme, on pourrait renverser la formule célèbre : ils attendaient Blücher et ce fut Grouchy. Un Waterloo victorieux, toutes proportions gardées évidemment.

J.E. : *De ce point de vue, puisqu'on ne peut pas revenir dans le détail sur tout ce qui s'est passé, il serait intéressant d'évoquer la grande manifestation finale, celle du mercredi 10 décembre.*

H.K. : Le dimanche, la coordination nationale des étudiants décide une manifestation de masse pour le mercredi. Elle demande aux organisations syndicales d'appeler les travailleurs à faire grève et à s'associer à la manifestation. Ce même jour, la télévision annonce que Bergeron dit non ; Edmond Maire : d'accord, mais jusqu'à 16 heures, l'heure du goûter pas plus. Ensuite au dodo les petits. Le tout assorti de deux ou trois autres conditions. Et moi-même pour la CGT ? D'accord, il faut y aller, en avant ! Et il faut y aller comme les étudiants le demandent, en respectant leur autonomie.

La presse du lendemain matin était très intéressante à lire. Tous les titres étaient en berne : « La CGT seule soutient l'action. Hésitation chez les autres. Désarroi chez les étudiants... » Pendant tout le week-end, ça pleurait dans les télés et les radios sur l'avenir de ce mouvement. Mais le lundi matin, quelle était l'ambiance dans les facs et dans les entreprises ? J'imagine que les renseignements généraux, ça fonctionne ! Aussi le pouvoir a-t-il vite su ce qui se passait. Le fait est qu'à midi Chirac retirait son projet de loi.

Aussitôt, FO confirme son refus, la CFDT s'empresse d'annoncer que, pour elle, la manifestation est désormais sans objet. La CGT, pour sa part, refuse de s'exprimer avant que les étudiants eux-mêmes aient parlé. Je refuse personnellement la déclaration demandée à 13 heures par *TF1* qui, en l'occurrence, faisait son métier. C'est l'affaire des étudiants, ce sont eux qui doivent décider de la suite à donner après la victoire qu'ils viennent de remporter. Donc, nous prévenons notre délégation : nous attendons la décision des étudiants. Ceux-ci annoncent : « Très bien, on a gagné, mais il y a eu un mort, un étudiant, et un autre jeune assassiné, des blessés, des agressions. On ne peut tirer un trait sur cette répression, ces provocations. Et puis l'avenir n'est pas assuré, il faut démontrer qu'on reste mobilisés, vigilants : on maintient la manifestation et on demande à nouveau aux centrales syndicales d'appeler les travailleurs à faire grève et à venir manifester ensemble. Avec le mot d'ordre "Plus jamais ça". » Les autres avaient déjà renoncé. Aussitôt, la CGT annonce : d'accord, on maintient.

Notre délégation, conduite par Alain Obadia, rencontre les représentants de la coordination élue par les étudiants, pour s'entendre sur les modalités d'organisation. Ils nous expliquent. « Carré de tête » : la coordination étudiants et lycéens, les représentants du monde universitaire : SNES-SUP, SNES et personnalités, puis des délégations des centrales syndicales qui soutiennent, donc la CGT, des formations politiques et d'autres organisations qui le désirent. Ensuite, la masse des étudiants et des lycéens en manifestation silencieuse, sans banderoles, pour les raisons qu'ils ont exposées. Et, derrière, les travailleurs avec les syndicats qui le veulent, dont la CGT, et la population.

Notre délégation répond qu'elle comprend parfaitement cette décision et le caractère de la manifestation. Elle fait seulement remarquer que ce n'est pas une chose tellement facile pour nous, parce que manifester sans banderoles, sans pancartes et sans scander des mots d'ordre, ce n'est pas le genre de la maison, ni, en général, de la classe ouvrière et des salariés ! De plus, il s'agit de faire arrêter le travail et de faire sortir les gens des entreprises. Or, tout en soutenant les étudiants, les salariés ont eux-mêmes des revendications, des raisons d'être mécontents. On ne peut donc garantir que les travailleurs restent muets. Réponse parfaite de la coordination des étudiants : nous défilons comme nous l'avons dit et, derrière, vous faites à votre façon avec toutefois le badge général « Plus jamais ça ».

Dès que l'accord a été conclu de cette façon, j'ai proposé au Bureau confédéral de demander aux unions départementales de la région parisienne et à notre Union régionale d'Ile-de-France d'examiner si elles ne pouvaient pas persuader l'ensemble des militants de la CGT et les travailleurs concernés d'agir comme les étudiants : défiler sans banderoles, sans mots d'ordre et en silence, avec seulement comme signe distinctif, à côté du badge général « Plus jamais ça », le badge CGT. Accord unanime.

Nous n'avions que 48 heures pour nous faire comprendre. Les militants de la CGT ne sont pas des robots. Ils ont leurs traditions. Les travailleurs sont comme ils sont et différents selon les professions : on ne les commande pas comme une armée. Ils ont l'habitude de marteler des mots d'ordre dans les manifestations. On peut toujours discuter de leur style, de leur habileté. Moi-même, je trouve qu'il y a parfois un côté gros sabots pas facile à changer... Mais ce sont les miens, je les respecte et je les aime.

Eh bien, le mercredi, toute la CGT était en baskets ! Nos militants avaient tout compris avec finesse et savoir-faire. Et les dizaines et dizaines de milliers de salariés de toutes professions aussi, à notre appel. J'étais heureux et fier de cette intelligence collective. Tout le monde a vu que c'était la CGT, présente comme elle devait l'être, ni moins, ni plus. La manifestation a eu la dimension qu'on sait. Ce n'est pas sans intérêt de raconter ça. Le mouvement étudiant n'est pas né de rien. Il est né sur un fond de développement des luttes sociales. Ce que nous avons fait au cours des années, et pas seulement au cours de la dernière période, n'y a pas été totalement étranger. A son tour, le mouvement étudiant, sa puissance, son sérieux, la sympathie populaire qu'il a suscitée, sa victoire, tout cela a été un immense encouragement pour tous les travailleurs.

J.E. : *Bien des milieux politiques et syndicaux criaient à la « récupération » du mouvement, mais l'attitude de la CGT a démoli la caricature qu'on faisait d'elle et de son action.*

H.K. : Chacun a découvert l'autre. Les militants de la CGT ont découvert des étudiants à l'esprit ouvert, sans prévention, disponibles, responsables, cherchant à comprendre l'interlocuteur et acceptant tout ce qui pouvait les aider. Sans écarter qui que ce soit. Les étudiants, eux, ont découvert une CGT totalement différente de ce qu'on leur avait dit. Ce n'est pas rien quand on connaît la composition sociologique de l'université (12% d'enfants d'ouvriers et d'employés), la diversité idéologique et politique de ces milieux, l'entourage, l'environnement familial. Je n'en conclus pas davantage, mais ce regard nouveau, encore souvent réservé, seulement un peu plus objectif, c'est déjà beaucoup. Parce qu'à vingt ans on a une pureté, une honnêteté particulièrement sincères. Et on n'oublie pas facilement ce qu'on a vécu à cet âge.

J.E. : *Rapprochement dans les manifestations mais aussi contacts entre étudiants et militants de la CGT dans les entreprises ?*

H.K. : Bien sûr. Voici par exemple une anecdote que je tiens de Jean-Louis Fournier, secrétaire général du syndicat CGT de Renault-Billancourt. Le lendemain de la grande manifestation du 10 décembre, une délégation de quatre étudiants mandatée par la faculté de Nanterre a pris contact avec notre syndicat Renault. Le matin ils avaient vu la CFDT — l'ambiance avait été assez tristounette — et l'après-midi était consacré à la CGT.

Ils se sont présentés sans complexe, mandatés par leur assemblée, d'une grande diversité, se déclarant personnellement « anarchistes-libertaires ». Pas de problème. On connaît ça. Discussion franche, vive, avec la direction du syndicat, les jeunes de la CGT, le comité d'entreprise dirigé par la CGT, l'administrateur CGT, les délégués de toutes nationalités. Voilà qui nous sommes. Voilà pourquoi nous luttons, comment nous luttons. Voilà comment nous vivons et tous nos problèmes. Voilà comme nous travaillons, ce que nous faisons, y compris comment nous conduisons notre lutte avec nos propositions, nos solutions, nos initiatives. Initiatives particulièrement fortes et originales chez Renault.

Conclusion spontanée des jeunes : « On garde bien sûr nos idées philosophiques, mais on nous a bourré le mou. La classe ouvrière, elle existe, elle n'a pas disparu. La CGT chez Renault, ce n'est pas ce qu'on nous a dit. On ne pourra plus jamais nous raconter de salades sur la CGT de chez Renault-Billancourt. Gardons le contact. » « Et, me disait Fournier, la poignée de mains quand on s'est séparés, elle n'était pas la même que celle de l'arrivée. » C'est chouette, non ?

Des faits comparables se sont produits dans la plupart des centres universitaires avec les UD CGT, les unions locales ou de grandes entreprises. De même pour bien des lycées et collèges.

La qualité de ces jeunes, c'est qu'ils entendent juger par eux-mêmes. Nous les encourageons à ne croire personne sur parole, pas plus nous que d'autres. Il faut juger chacun sur ses actes.

J.E. : *Je te propose d'en venir à la grève des cheminots qui suit de près le mouvement étudiant. Dans ton intervention au CCN (Comité confédéral national) de fin novembre, tu dis textuellement ceci : « La bataille pour les statuts n'est que commencée. Il n'est pas inutile que les personnels de la Fonction publique et des services publics, au sens étendu du mot, que tous ceux qui ont un statut se souviennent qu'une fois un gouvernement a voulu toucher à leur régime de retraite et qu'ils ont été capables de bloquer toute la France pendant trois semaines, un mois d'août. C'était en 1953. On n'est pas plus manchot qu'à cette époque. La dimension de la riposte doit être aujourd'hui à la dimension de ce qui est en cause. » La grève des cheminots, tu la sentais donc venir ?*

H.K. : Je suis d'un naturel « optimiste-réaliste » mais je ne croyais tout de même pas si bien dire et que ce soit si rapide. Ce que nous sentions, c'était grandir une volonté de lutte. Aussi faisions-nous en sorte que les forces principales de la CGT, que ses militants soient intellectuellement, syndicalement, politiquement, psychologiquement, en état de faire face à une situation nouvelle et soient à l'initiative de grands mouvements. C'est ce que nous avons constaté dans les semaines qui ont précédé la grève des cheminots. Un grand bouillonnement d'idées, une volonté d'action. Quelque chose bougeait.

Pourquoi ai-je évoqué la grève d'août 1953 ? Parce que nous sommes en présence d'une agression d'envergure contre l'ensemble des statuts des personnels du secteur public. Le CNPF, les gouvernements qui l'appuient ou lui cèdent ont entrepris de démanteler ce qui est le point d'appui des garanties sociales les plus solides obtenues par le monde du travail. Une partie essentielle des droits a déjà été démantelée juridiquement par la désindexation des salaires et par la loi sur la prétendue flexibilité, loi que nous avons combattue. Le Code du travail a été considérablement bouleversé. L'attaque a été plus dure encore contre le secteur privé, plus vulnérable du fait du chômage. En s'attaquant au secteur public et nationalisé, c'est en quelque sorte la citadelle du mouvement ouvrier que l'on veut briser et, par-là, décourager durablement toute résistance ailleurs.

Il faut donc se préparer à une bataille longue, rude, d'une ampleur sans précédent, pour défendre les garanties sociales. C'est ce qui m'a amené à rappeler que, lors d'une attaque contre les retraites du secteur public, en 1953, il y a eu une réaction phénoménale : en plein mois d'août, une grève des cheminots, des PTT, des communaux, a paralysé la France. Et ils ont gagné ! J'ai rappelé ces grèves et j'ai effectivement dit qu'aujourd'hui on n'est pas plus manchot que les grévistes d'août 1953.

Au moment où je disais cela, fin novembre, je ne pensais pas à une échéance précise. Je disais simplement que, puisqu'on avait su faire cela un mois d'août, il n'y avait plus de calendrier pour les luttes sociales, plus de dates. Donc le plus tôt serait le mieux. Il s'agissait de créer un climat, une situation, pour que de telles batailles soient possibles. Je n'aurais pas juré que c'était à ce moment-là que ça allait se passer. Mais c'est ce qui s'est produit. Je n'étais donc pas très loin de la vérité.

J.E. : *Mais une grève du rail à Noël, c'est inhabituel sinon risqué. Surtout, ce n'est pas dans la tradition des cheminots ?*

H.K. : Oui, par expérience syndicale, historiquement assimilée et transmise, les cheminots ont appris que faire grève au moment des départs en vacances n'était pas le moment le plus opportun. C'est vrai l'été, et plus encore l'hiver, compte tenu de la brièveté des vacances à cette époque et des conditions atmosphériques. Il y a toujours des démangeaisons revendicatives bien compréhensibles à ces dates-là, mais chez les cheminots les militants CGT ont tendance à être prudents. C'est logique mais ce n'est pas la Bible.

Cette fois, nous étions à un de ces moments où le ras-le-bol des travailleurs demande à se traduire en action. Chez les cheminots, c'est parti !

Les dirigeants de la Fédération des cheminots sont des hommes à la fois jeunes et très expérimentés. La CGT elle-même est majoritaire dans cette profession. Elle y a une longue histoire. Elle est fortement structurée et implantée. Nos militants ont compris tout de suite de quoi il s'agissait : un mouvement extraordinaire qui nécessitait non seulement que nous y participions mais que nous en prenions la tête pour le conduire au succès. Quand j'ai appelé Georges Lanoue, le secrétaire général de la Fédération des cheminots, il m'a dit tout de suite : « Malgré la période, on pense qu'il faut y aller. » Je n'ai eu qu'à confirmer : « A fond, mais surtout attention à la démocratie dans la conduite du mouvement, c'est capital. ».

Donc un mouvement qui part très fort, à une période inhabituelle et pas avantageuse. Le réflexe naturel d'un militant CGT aurait été de freiner. C'est arrivé dans certains endroits mais ça n'a pas duré. La Fédération des cheminots et la Confédération ont vite compris tout ce dont le mouvement était porteur. La CGT s'y est inscrite à fond. Elle a dirigé la lutte.

J.E. : *Tu as insisté sur la notion de conduite démocratique des luttes. Et tu as dit, concernant le déroulement du conflit à la SNCF : « C'est le rêve de la CGT en matière de conduite de lutte importante. » Concrètement, la démocratie, cela signifiait quoi ?*

H.K. : La démocratie à deux niveaux. Démocratie syndicale d'abord. Réunion de tous les syndiqués sur chaque lieu de travail pour se former une opinion collective en tant que CGT. Ce qui fait que le syndiqué est autre chose qu'un payeur de cotisations. La qualité d'être syndiqué, c'est d'être membre d'une force collective, organisée. Chacun doit avoir son mot à dire et pouvoir participer à l'élaboration des décisions. Cette opinion collective est présentée ensuite à l'ensemble des cheminots dans les assemblées générales où les autres syndicats peuvent aussi présenter leur position, et où chacun peut parler à titre personnel, qu'il soit ou non membre d'un syndicat. Chacun peut dire ce qu'il pense.

J.E. : *C'est la démocratie directe.*

H.K. : Oui et sans délégation de pouvoir. Chez les cheminots, l'assemblée générale, c'est 200 à 300 personnes par unité et souvent moins. Là, une fois que tout le monde a discuté, on vote, on décide des revendications, de l'action, on décide si on poursuit ou non la grève, si on accepte ou non de signer un accord sur les propositions de la direction. La CGT s'est engagée publiquement et de façon réitérée devant tous les cheminots et devant l'opinion à ne jamais rien décider d'essentiel et encore moins conclure sans qu'ils se soient prononcés eux-mêmes, tous, par le vote. Elle ne fera que ce que voudront les cheminots. Donc informer, consulter et décider ensemble.

Voilà comment cela s'est passé. Les cheminots ont pu voir que la CGT était la seule organisation syndicale qui ait pris et tenu l'engagement de respecter le vote des cheminots quel qu'il soit. Ils ont vu aussi que les autres étaient des lâcheurs.

J.E. : *N'est-ce pas aussi le moyen de faire obstacle aux manœuvres de division qui n'ont pas manqué dans un tel mouvement ?*

H.K. : Oui. Le meilleur moyen, la garantie tous azimuts. FO a été dès le début contre la grève, ainsi que plusieurs autres petits syndicats mais aussi les cadres autonomes, majoritaires dans leur catégorie pour le moment. La CFDT et la Fédération autonome des conducteurs n'ont suivi le mouvement que poussées par la force du courant. Les assemblées générales les ont contraintes à suivre jusqu'au moment où, sous la pression de la direction et du pouvoir, ces organisations ont lâché les cheminots et appelé à reprendre le travail.

Mais la grève a continué avec la seule CGT parce que les cheminots, dans les assemblées générales, votaient majoritairement pour la grève, qu'ils soient CGT, membres d'autres syndicats ou inorganisés. La CGT n'a nulle part maintenu une grève artificielle.

Quand une reprise s'est amorcée, c'est démocratiquement, dépôt par dépôt, que les votes ont eu lieu. La CGT a respecté ces votes. Et là où les cheminots ont décidé de poursuivre néanmoins, la CGT était avec eux, ce qui d'ailleurs a permis, par exemple à Marseille, d'obtenir des résultats locaux significatifs.

J.E. : *C'est ce qui explique aussi que la reprise s'est faite sans démoralisation.*

H.K. : Les cheminots ont été les maîtres de leur propre grève. Ils n'ont pas repris le travail battus. Ceux qui imaginent les avoir vaincus se trompent lourdement. Leur combativité est intacte. Ce sont des combattants qui ont modifié une forme d'action mais qui continuent de lutter pour leurs revendications et réservent bien des surprises. Cela vaut pour les observateurs, mais plus encore pour les responsables, directions et pour le gouvernement. Ceux qui, par exemple, croient pouvoir encore intimider par des sanctions les grévistes ne réalisent pas avec quoi ils jouent.

J.E. : *La plupart des médias ont donné une interprétation à eux des assemblées générales. Ils ne les ont pas mises au crédit de la CGT mais en ont fait au contraire une émanation spontanée de la base exprimant une méfiance de l'organisation syndicale. Ils ont valorisé bien au-delà de leur influence réelle, semble-t-il, les « coordinations » constituées sur le modèle des coordinations étudiantes.*

H.K. : Dans cette grève le réformisme sous la forme de ses organisations traditionnelles s'est disqualifié. Mais le réformisme syndical, quel que soit son déguisement, ne renonce pas facilement à exister. C'est pourquoi sont apparues ici ou là, et pas du tout spontanément, les dites « coordinations ». Il y a eu en particulier deux opérations. L'une émanant de groupes trotskistes, l'autre de militants CFDT parfois permanents et qui se prétendaient inorganisés. Mais c'est resté marginal. Ce ne sont pas ces coordinations qui ont été à l'origine des assemblées générales mais la CGT. La seule véritable coordination nationale pendant la grève des cheminots a été la Fédération CGT des cheminots. Elle a d'ailleurs recueilli dans la lutte un nombre appréciable d'adhésions nouvelles, puisque, à la mi-janvier, elle en avait recensé largement plus de mille. Pour le reste, ce sont les médias qui ont donné beaucoup d'importance à des choses qui n'en avaient jamais eue chez les cheminots. Un produit d'exportation en quelque sorte, pour troubler l'opinion. C'est tellement gênant que ce soit la CGT qui se trouve, à l'heure de vérité, dans le feu de l'action, la seule force sûre, fidèle et d'aplomb... C'est dans ces moments-là qu'on voit qui est quoi. Impossible de tricher. Mais la démocratie comme méthode de conduite des luttes, c'est plus profond qu'une protection, c'est ce qui correspond aux conditions actuelles de la bataille sociale et à l'évolution des esprits. La démocratie est un besoin, une exigence de notre temps. C'est sain. C'est bon. Ça nous va tout à fait ! On me permettra de rappeler que cette idée, déjà ancienne, je l'ai relancée au nom de la CGT, en 1981, avec un certain éclat : « démocratie comme moyen de la lutte et comme méthode pour conduire et résoudre les conflits sociaux ». C'est cela le syndicalisme moderne. Comment ne pas nous réjouir de voir que cela prend corps ?

J.E. : *Un mot sur les revendications. Elles semblent avoir été un élément puissant de mobilisation et de lutte.*

H.K. : Pour qu'une grève dure si longtemps il fallait qu'elle résulte d'un profond mécontentement. D'ailleurs, bien des gens qui ont été gênés par elle et qui en ont éprouvé tous les désagréments se disaient : « Les cheminots, consciencieux comme on les connaît, pour qu'ils en arrivent là, faut-il qu'ils soient en colère ! » Même s'ils ne les connaissaient pas exactement, ils se sont dit : « Ils doivent avoir des raisons. » Et effectivement ils en avaient !

Le pouvoir d'achat des salaires qu'on a essayé d'évacuer comme problème, parce qu'évidemment il gêne, était bien présent : dix-huit mois sans augmentation de salaire et une baisse continue du pouvoir d'achat depuis plusieurs années. Une nouvelle grille de rémunération arbitraire était proposée liquidant d'importantes garanties, conduisant à la parcellisation des salaires et établissant la promotion à la tête du client. Au lieu d'un droit assorti de garanties, y compris en matière de compétence, c'est la dépendance complète : la promotion carpette. Les cheminots voient disparaître plus de 8 000 emplois par an, ils subissent la dégradation de leurs conditions de travail et du service auquel ils tiennent.

Ce sont des problèmes sérieux qu'une direction et un gouvernement ne peuvent éluder. Les moyens existent de satisfaire les revendications. Le ministre des Transports en a chiffré le coût à 1,5 milliard. Or, selon plusieurs estimations, la grève a coûté au moins *cinq fois* plus. La SNCF paye tous les ans 11 milliards d'intérêts aux banques. A des taux usuraires allant jusqu'à 15 % ! Si l'on rapporte ce chiffre au taux actuel d'inflation, on peut dire que les banques s'engraissent sur le compte du service public. On réduirait de 2 milliards les intérêts exorbitants prélevés par les banques que cela ne modifierait rien à l'économie du pays. En revanche, cela permettrait de donner satisfaction aux cheminots et de résoudre un grand problème. On pouvait faire tout de suite l'économie d'une grève si coûteuse...

J.E. : *Les marins voient eux aussi leur métier rabaissé, leur niveau de vie et leurs droits bafoués, le transport maritime sous pavillon français disparaître peu à peu. Ils ont tenu une grève exemplaire, de vingt-sept jours, une* *des plus longues de leur histoire et dont tu as dit qu'elle resterait « un classique dans l'histoire des luttes sociales contemporaines ».*

H.K. : Le système des pavillons de complaisance qui était au cœur de cette grève équivaut pour chaque navire à la fermeture d'une entreprise que l'on déménagerait ensuite vers des pays dictatoriaux d'Extrême-Orient. Or nous sommes un pays maritime avec plus de 4 000 kilomètres de côtes. Les deux tiers du commerce extérieur de la France se font par voie de mer. A l'échelle de notre économie, c'est une activité stratégique. Dans cette situation, le système des pavillons de complaisance liquiderait pour la plus grande part le pavillon national et par voie de conséquence des dizaines de milliers d'emplois. Il ne resterait qu'un petit nombre de marins français tandis que, sous pavillon des iles Kerguelen, notre flotte embaucherait des marins étrangers privés de droits sociaux. On ferait appel à des entreprises de marchands d'hommes. Un système correspondant est pratiqué en Allemagne fédérale par de très grandes entreprises. Il a été décrit dans le livre de Günter Walraff : *Tête de Turc.* On veut transformer la marine marchande française en entreprise « tête de Turc ». Le même système de loueurs d'esclaves existe chez nous mais nous nous n'avons pas eu notre Walraff...

Contre cela l'ensemble de la marine marchande s'est mise en grève avec tous les syndicats de marins et d'officiers. En cours de route, subitement, tous les syndicats autres que la CGT ont signé un accord de capitulation. D'un seul mouvement. Ils ont baissé le pavillon et le pantalon. Seules la Fédération CGT des marins et celle des officiers ont poursuivi la grève avec l'accord de la totalité des marins et du plus grand nombre des officiers. Et ils ont gagné ! Pavillon haut ! Une victoire décisive : ils ont préservé la flotte, le pavillon, l'emploi, le statut, leur pouvoir d'achat et leur dignité, et obtenu l'indemnisation des jours de grève.

De plus, ils ont résolu dans la vie le vieux débat sur la conception et la pratique de l'unité d'action. La vie a tranché d'un seul coup.

Je ne crains donc pas de répéter que cela restera un classique dans l'histoire des grèves. Les marins vivent par nature « autour » du pays. Ils sont trop peu connus à l'intérieur, ainsi que les officiers. Je les salue : ils ont rendu un fier service à tout le monde du travail.

J.E. : *Tous ces mouvements qui marquent la fin de l'année 86 et le début de 87 ont des traits communs : les travailleurs contrôlent leurs grèves, les gèrent eux-mêmes, déjouent toutes les manœuvres par la consultation quotidienne. C'est bien ainsi que cela s'est aussi passé à l'EDF ?*

H.K. : Oui, tout au long du mouvement : réunions des syndiqués, assemblées générales quotidiennes, votes sur la reconduction de la grève... Décision ratifiée démocratiquement de passer d'une forme à l'autre de lutte, d'interrompre la grève pour faire face aux catastrophes engendrées par la vague de froid.

En cela, entre autres, ces travailleurs payés 5 ou 6 000 francs par mois, et qu'on a osé qualifier de « nantis », ont confirmé leur haute conscience professionnelle.

Une première chose à dire, c'est que leur grève était conçue pour réduire la production sans nuire aux usagers domestiques et aux familles, compte tenu de la saison. C'est la direction qui opérait les coupures : c'est donc bien par provocation que des secteurs où cela n'aurait pas dû se produire ont été affectés. Tout a été organisé de façon à susciter le mécontentement du public.

Survient une catastrophe dans l'Ouest de la France, toute cette région et une partie du Bassin parisien sont privées de courant en raison de pannes graves dues au froid. Alors, aussitôt, à la demande de la Fédération CGT, les électriciens grévistes se mettent au travail et rétablissent la situation. Je reviendrai d'ailleurs plus loin sur le fait que cette catastrophe révèle les insuffisances graves de l'équipement énergétique du pays.

J.E. : *Sur le plan des revendications du personnel, là encore les autres organisations ont conclu un accord au rabais.*

H.K. : C'est un accord lamentable. La Fédération de l'énergie CGT est en train d'organiser, pour le 12 février, une consultation avec vote sur l'accord signé. Ce faisant, elle s'inspire d'un précédent célèbre dans la profession.

En 1969, sous un gouvernement Chaban-Delmas, sur le conseil de Jacques Delors, son conseiller social de l'époque, une tentative de contrat dit « de progrès » déjà malfaisant pour les personnels d'EDF avait été conclu avec toutes les autres organisations syndicales. La CGT l'avait refusé et avait organisé une consultation nationale qui avait donné une très large majorité (supérieure à ses propres voix) pour le rejet de l'accord, ce qui l'a rendu caduc. Même réplique aujourd'hui : le vote aura eu lieu quand paraîtra ce livre. Je ne doute pas qu'il soit un rejet très net et rende inacceptable la pitoyable signature de toutes les fédérations capitulardes.

J.E. : *Autre grève qui a marqué cette période, celle de la RATP.*

H.K. : A la RATP, les choses se sont engagées d'une manière un peu complexe et confuse. Soyons francs, le syndicat CGT a d'abord appelé à ne pas gêner les usagers, mais il s'est vite ressaisi. Puis le mouvement a pris un tour plus organisé, précisément parce que dans cette entreprise où existent de nombreux syndicats catégoriels la CGT est parvenue, avec sa Fédération, la Confédération et l'Union régionale d'Ile-de-France, à créer l'équivalent des assemblées générales pour la conduite démocratique du mouvement. Ce qui a eu une vertu unificatrice et a stimulé la combativité. Ce n'est pas sans raisons qu'aux élections de délégués du personnel de la RATP du 20 janvier, la CGT a gagné partout : 5% tous collèges confondus et 7% parmi l'exécution — ouvriers, employés, machinistes... — reprenant la majorité absolue dans ce collège.

J.E. : *Toutes ces grèves ont causé une gêne certaine aux usagers, qui plus est dans une période de fêtes. Ils ont* *cependant fait preuve d'une remarquable compréhension et ne se sont pas laissés manipuler. C'est sans doute le signe que les revendications des grévistes sont comprises parce qu'elles sont communes à la grande masse des salariés. Les tentatives du pouvoir pour dresser les usagers contre les grévistes n'ont pas fait recette. Comme à chaque fois que se produit un grand mouvement social, la CGT a été accusée de vouloir ruiner l'économie et la monnaie, de relancer l'inflation, de compromettre le redressement et j'en passe. Seulement cette fois il y a eu plus. Tu as été, notamment au cours des manifestations de la droite et de l'extrême-droite, la cible d'attaques personnelles, à connotation xénophobe et raciste, caractéristiques de la façon dont ces gens conçoivent le débat politique dans notre pays. Hier soir, 18 janvier, au « Club de la presse d'*Europe 1 *», tu as répondu à une question sur tes origines et ton passé. La plupart des auditeurs ont été très émus en t'écoutant. Je pense que ta déclaration a sa place dans ce livre.*

H.K. : Lorsqu'on attaque à travers moi la CGT, je la défends toutes griffes dehors. Je ne laisse rien passer. Les attaques personnelles je n'y réponds pas. C'est à la CGT de défendre son secrétaire général et elle le fait fort bien. Ce devrait être le cas de tous les démocrates quelles que soient les différences d'opinion, car il s'agit de la *démocratie.* La vie publique est une confrontation d'idées. Le débat démocratique, c'est le choc des idées. Il doit exclure la bassesse des attaques personnelles et calomnieuses. Hier, au « Club de la presse », on m'a interrogé sur mes origines. Je ne m'y suis pas dérobé. On ne choisit pas ses origines, il n'y a ni orgueil ni honte à avoir : tout le monde vient de quelque part, l'essentiel est ce qu'on fait de sa vie.

Je suis né d'une famille de travailleurs immigrés installés en France. Venant de Pologne. Juifs polonais comme on sait. Mon père était un homme honnête et droit, un bon ouvrier. Il a demandé trois fois sa naturalisation avant la guerre. On la lui a refusée parce qu'il était syndicaliste CGT et communiste. Ce qui ne l'a pas empêché à la fin de l'année 1939, la France étant en guerre, de s'engager pour combattre puis d'être dès le début de l'occupation un résistant actif. Arrêté par les policiers français, il a été livré à l'occupant et déporté à Auschwitz. A quarante ans, il y est « mort pour la France » selon la mention officielle. Avec sa nationalité étrangère. Ma mère, résistante elle aussi, a été déportée à son tour à Auschwitz. Elle en est revenue.

Moi-même je n'avais pu accéder à la nationalité française puisqu'on l'avait refusée à mon père et que j'étais encore mineur. Ça ne m'a pas fait hésiter une seconde pour prendre la part que j'ai prise à la Résistance, dès le début. J'avais alors quinze ans et je me considérais comme français. Je l'ai fait en tant que membre de la Jeunesse communiste française dans l'organisation remarquable de la MOI - FTP à Paris. J'ai été arrêté, moi aussi, par des policiers français au service de l'occupant. Il y en a eu heureusement qui n'ont pas agi de cette façon. Mais le fait est là. Livré à la Gestapo, déporté à Auschwitz où j'ai appris que mon père et ses compagnons venaient d'être assassinés dans les chambres à gaz. Après Auschwitz, ce fut pour moi Buchenwald. C'est donc sous la nationalité polonaise que j'ai mené toute mon action de résistant, action qui m'a valu, à mon retour, d'être homologué lieutenant de l'armée française.

Naturellement, j'ai demandé aussitôt la nationalité française. On ne me l'a accordée qu'en 1947. Je ne crois pas que ce soit immérité. La France est mon pays. C'est là que j'ai appris à parler. C'est là que j'ai vécu mon enfance, mon adolescence, ma jeunesse, toute ma vie dans sa plénitude, et mené tous mes combats. C'est là que j'ai acquis la culture qui est la mienne et que s'est constitué ce qui est devenu ma personnalité.

J'ai pris racine dans le Paris populaire, dans ce quartier de Belleville si typique de notre capitale, dans la classe ouvrière française qui inclut les travailleurs immigrés en

France et leurs descendants. J'en parle sans vanité et sans me sentir gêné en rien de ce que je tiens de mes parents et de leur milieu d'origine. J'intègre tout cela sans le moindre effort : c'est ma manière à moi d'être occitan, breton ou d'ailleurs tout en étant français « tout court ». Quoique de Paris quand même. Et bien dans ma peau.

Je suis généralement réservé sur ma vie privée et je n'étale guère mes états de service ni ceux des miens. Mais puisqu'on me le demandait publiquement, en direct pour des millions d'auditeurs, voilà qui est fait. J'aimerais ajouter quelques mots. Les circonstances m'ont plongé tôt dans des combats dramatiques : on ne choisit pas son époque. Mais il ne doit pas y avoir besoin de guerre ni d'autres tragédies pour que les travailleurs immigrés qui le désirent puissent devenir citoyens français sans discrimination et que leurs enfants en aient tout naturellement le droit.

J.E. : *Merci, Henri Krasucki, de ce témoignage. Il devrait imposer à tous le respect, amis et adversaires. Pour clore ce chapitre sur les récents mouvements, nous pourrions aborder quelques questions. Bien des commentateurs s'interrogent par exemple sur l'état des grèves : elles seraient finies. N'est-ce pas l'arrêt d'un mouvement social qui, d'ailleurs, n'a pas entraîné tout le secteur public, qui a eu ses limites ?*

H.K. : Attention, les grèves ne sont pas finies, mais suspendues. Pour l'essentiel, les revendications demeurent et l'action continue sous d'autres formes. Il y a deux façons d'exprimer qu'un verre est à demi rempli : on peut dire qu'il est à moitié plein ou à moitié vide. Mais est-ce une vue statique ? Moi, quand je vois le verre se remplir, j'observe certes le niveau, mais il se remplit ! C'est le sens du mouvement qui compte et ce n'est pas sans intérêt s'il s'agit d'une boisson agréable... Eh bien, c'est la même chose pour le mouvement social ! Nous vivons actuellement un temps fort de l'évolution des luttes. Il se produit un mouvement en profondeur dans le monde du travail, qui ne peut que s'amplifier et qui s'exprime sous des aspects multiples. Un mouvement qui est fait de quoi ? D'abord d'un rejet de ce qu'on veut imposer aux travailleurs. D'un refus grandissant et qui gagne du terrain parce qu'au fil des luttes chacun encourage l'autre.

La question qui vient de plus en plus souvent par rapport aux cheminots, aux électriciens, aux marins, à d'autres, c'est : ils n'ont pas tort. Ils se défendent. Pourquoi pas nous ? C'est à cela qu'on assiste en ce moment. Une modification capitale dans les modes de raisonnement. On dit moins : « On ne peut rien faire », mais davantage : « Pourquoi ne pas faire comme eux ? » En matière de salaires, on disait : « On ne peut rien contre le blocage », maintenant on dit plus souvent : « Pourquoi est-ce qu'on n'y pourrait rien ? » En matière de licenciements, on disait : « On résiste mais ça ne change rien », maintenant on est encouragé à se dire : « Pourquoi ne changerions-nous pas cette situation ? » Quelque chose se passe au niveau social et revendicatif.

C'est toute l'histoire des luttes sociales. Il est des périodes où l'on n'est pas le plus fort et où l'on prend des coups. Le reflux, ça s'est souvent produit. Mais quand on se sent plus solide, on rend les coups, on reconquiert le terrain perdu et on conquiert des positions nouvelles. Avec le développement des luttes actuelles et les premiers résultats obtenus, même s'ils sont insuffisants, commence à se produire une réaction contagieuse de confiance. « L'espoir change de camp, le combat change d'âme », c'est ce qui est en cours.

Ceux qui croyaient pouvoir imposer leurs mesures sans rencontrer de résistance véritable, suffisante, doivent maintenant compter avec une opposition dont ils ne peuvent évaluer jusqu'où elle ira. A nous de savoir effectuer cette évaluation et d'agir en conséquence.

J.E. : *Mais tout de même, le secteur privé, on se demande souvent s'il est en mesure de mener de grandes luttes ?*

H.K. : Sans doute. Parce qu'on les voit moins, les médias ont donc tendance à les escamoter ou à les sous-estimer — c'est selon.

On crie contre une grève d'un service public *parce qu'elle se voit* et qu'on ne peut la cacher. Alors on la dénigre. Tant qu'il est possible de les taire, on étouffe sous le silence les luttes moins voyantes. Ça ne les empêche pas d'exister !

Le fait nouveau, c'est justement que dans cette période même, durant tout l'automne, les luttes se sont multipliées dans le secteur privé *aussi*.

J'ai cité plus haut quelques-unes de ces luttes parmi les plus célèbres mais il en est d'innombrables, non moins courageuses et méritantes, qui tendent à se développer ailleurs dans le pays. Aussi je profite de ce livre pour saluer ces femmes et ces hommes du public et du privé dont on parle peu : leur action contribue à l'évolution générale des choses et donne parfois des résultats concrets et encourageants.

Lorsque je vois, je lis ou j'entends des porte-parole du patronat, du pouvoir, certains commentateurs parler des travailleurs du secteur privé en se frottant les mains à l'idée que la peur du chômage les rend dociles et penser qu'on peut tout leur faire subir, je ne peux m'empêcher de me dire : mais quelle mentalité de négriers ! quelle morale ! quelle idée de la justice !

Ce sont les mêmes qui ressassent : « La lutte de classe, ça n'existe plus, c'est une invention de la CGT, des "rouges" » ; ce sont les mêmes qui parlent de « participation » et sussurent quelques autres berceuses hypocrites. Et ce alors même qu'ils ne font qu'appliquer aux travailleurs la dure loi du marché et de leur rappeler sans ménagement qu'ils se sont rien d'autre que les vendeurs de leur force de travail.

Et quand il y a trop de cette marchandise les cours tombent. On les achète pour rien ou bien on les met à la décharge : « Vous réclamez ? Il y en a cent dehors qui attendent et sont prêts à accepter n'importe quelle condition. » C'est ça l'exploitation capitaliste du travail salarié à l'état brut. Pas joli.

« Mais ce que nous vendons, ce ne sont pas des pommes de terre, c'est notre chair, notre cerveau, notre tête. » Qu'importe : la loi du marché, point à la ligne. C'est ça le « libéralisme », la lutte de classes, c'est d'abord celle que le capital mène pour pressurer le travail humain.

Mais ça ne dure qu'un temps. De nos jours c'est insuppportable. Des yeux finissent par s'ouvrir. Car ça pose des questions qui vont loin.

En tout cas, le fait est que, silence ou pas, les luttes revendicatives se produisent aussi dans le secteur privé malgré le chômage, la répression, le mensonge. Le fait est que la CGT gagne dans les élections professionnelles, ce qui en soi est un fait significatif, dans ces conditions-là. Tout cela aussi est révélateur d'un nouvel état d'esprit.

Quand les gens se redressent en dépit de tout et se disent : « Nous ne sommes pas perdus, nous ne voulons pas être traités en esclaves. » Quand ils trouvent un encouragement dans les luttes des autres, tout bouge, des espaces nouveaux se créent.

J.E. : *Mais est-ce que ce comportement s'est fait naturellement, sans problèmes ? Si je lis bien le compte-rendu du CCN des 19 et 20 novembre, il y a eu débat dans les instances responsables de la CGT ?*

H.K. : En fait nous sentions ce qui montait. Non seulement la nécessité de donner un dynamisme plus grand à l'action mais la possibilité de le faire parce que les esprits évoluaient et qu'un plus grand nombre de salariés participaient aux actions.

Il est vrai que cela a donné l'occasion de débats importants pour l'évaluer et bien se situer dans l'action. A cet égard, les délibérations de la Commission exécutive du 3 septembre puis du 1er octobre ont été particulièrement utiles.

Oui, des nuances ont été exprimées. Il n'y a aucune raison de le dissimuler : c'est le débat qui permet d'avancer et de faire avancer toute la CGT et ses militants. Quand tout le monde est du même avis nous sommes paraît-il des robots, tous coulés dans le même moule. Par contre, quand il y a des points de vue différents, ça devient le déchirement, le pugilat, de l'hémoglobine partout !

Heureusement la CGT est autrement vivante, et en conséquence diverse et naturelle ! Avec tout plein de différences entre les militants. Et pas forcément sur la base de clivages politiques d'ailleurs. Des nuances il y en a de toutes sortes et entre des hommes de toutes sensibilités, politiques ou autres, sans exception. Le débat est libre, chacun compte pour un, on discute et on décide.

Dès lors que c'est franc, c'est sain, propre et enrichissant. Que celui qui a toujours eu raison, tout vu et tout compris chaque fois au bon moment lève la main !...

Cela étant, le débat a porté sur des problèmes qui comptent : l'activité revendicative quotidienne à l'entreprise, au plus près des travailleurs, s'oppose-t-elle à des actions plus vastes et coordonnées ou bien les deux doivent-elles se combiner sans jamais décrocher du travail de terrain, du cahier des revendications les plus terre-à-terre ? Action revendicative et force de proposition : comment cela se conjugue-t-il de nos jours ? L'unité d'action, sans retomber dans les illusions d'état-major et en disant la vérité sur chaque organisation sans outrance verbale et sans cacher la réalité, comment la concevoir et la mener correctement ?

Il a fallu nous exprimer sur tout cela sans lourdeur et de façon à être compris. Ces débats-là ont été fructueux et ont bien préparé un grand nombre de dirigeants et de militants à faire face. Ils ont coïncidé avec le mouvement rapide de la vie et trouvé leur traduction justement le 21 octobre et dans tout ce qui a suivi.

Ce n'est pas sans motifs que j'ai insisté dans les conclusions du CCN de novembre sur la responsabilité de chacun, quel que soit son niveau, du plus modeste au plus élevé de la CGT, pour bien assimiler et donc mettre en œuvre de façon vivante et créatrice les orientations du 42e congrès de la CGT tenu un an auparavant. Nous devons, tous, faire cet effort pour être en mesure de faire face aux événements qui s'annoncent.

Il y a souvent une certaine propension à hésiter ou à se faire des illusions qui affadissent les positions de la CGT, ou encore, pour d'autres, tendance à des comportements, voire des conceptions étriquées, étroites, de la CGT et de ses orientations. Il n'y a pas de raison d'être plus complaisant envers l'un ou l'autre de ces deux écueils qui ne représentent d'ailleurs pas des clivages constants... Aucune raison non plus d'être brutal : il suffit d'être vrais, fidèles à nos choix. Nous ne craignons pas le débat. Nous avons été élus sur la base d'une orientation claire, pour la mettre en œuvre. C'est par un effort collectif que nous apprenons à tenir notre cap. Et l'expérience se charge de clarifier et de décanter bien des choses...

C'est ce qui s'est produit ces derniers mois et qui se poursuit à grande échelle et grande vitesse. Le fait est qu'il reste un travail considérable — permanent, par nature — pour en faire le bien de tous. Mais quel progrès encourageant en peu de temps !

J.E. : *Est-ce seulement l'affaire de ces derniers mois ?*

H.K. : Oh non, c'est le fruit d'un long travail de maturation de la CGT, dont nous pourrions parler dans le prochain chapitre si tu veux bien.

J.E. : *Quelle traduction sociale de cette prise de conscience pouvons-nous espérer dans la prochaine période ?*

H.K. : Je suis réaliste dans l'évaluation d'un tel mouvement. Cela bouge. La résignation recule. Les gens redécouvrent qu'on peut changer les choses. Le monde du travail se redresse de toute sa stature.

Prétendre que ce mouvement est déjà au zénith serait se méprendre sur l'ampleur nécessaire pour aboutir à des résultats. Cependant, l'essentiel est de bien voir ce qui bouge et qui bouge sous l'effet même de notre action.

Un grand mouvement social se produit quand il y a rencontre entre, d'une part, l'action des forces qui contribuent au développement de l'esprit de lutte et, d'autre part, la prise de conscience des travailleurs d'une réalité qu'ils ne peuvent plus accepter. Cette prise de conscience dépend de l'expérience accumulée, du vécu des gens. Or ils ont besoin d'un certain temps, jamais quantifiable à l'avance, pour « se rendre compte », se faire une opinion par eux-mêmes. Quand des gens ne nous suivent pas instantanément ce n'est pas pour autant qu'ils ne pensent pas. Simplement ils pensent autrement ou ils doutent. Ils se disent que peut-être ça s'arrangera, qu'on pourra en sortir à moindre prix.

Les grandes prises de conscience collectives se produisent par un cheminement plus complexe qu'on ne l'imagine. C'est un mouvement d'idées qui se fraie sa voie, laquelle n'est jamais linéaire et peut demander beaucoup de temps.

Il ne part pas d'une seule question mais d'un ensemble d'interrogations. Il connaît des doutes, des confusions, des tâtonnements, des faux-pas. Il subit le poids énorme de la pression idéologique dominante. Son mûrissement est le résultat d'une grande, longue et patiente accumulation d'efforts, d'informations, d'explications, de débats, d'initiatives d'action et de la conjonction de tout cela avec l'expérience vécue par les travailleurs eux-mêmes. Par les militants aussi, qui ne sont pas des êtres à part vivant en vase clos, mais des hommes et des femmes plongés dans la vie de tout le monde. Vient un moment où les réalités sont les plus fortes, où les choses deviennent claires, limpides, même pour le plus grand nombre.

Des idées pour lesquelles nous travaillons depuis des années s'emparent en quelques semaines, en quelques jours, d'une masse de salariés. « Quand une idée s'empare des masses elle devient une force matérielle, irrésistible... » Ce n'est pas de moi. C'est de Marx. Bien vu, non ? Ce qui vient d'arriver le confirme. C'est l'anti-déprime, l'anti-résignation qui marquent un point, et de quelle façon !

L'histoire connaît de ces accélérations et il faut être présent à ses rendez-vous. Tout nous y a préparés, sachons nous hisser constamment à la hauteur voulue, avec réalisme, sans brûler les étapes mais sans en manquer aucune.

Informer, dire la vérité sans outrance ni complaisance. Comprendre et se faire comprendre. A l'initiative toujours avec les travailleurs. *Avec le souffle, l'audace, le dynamisme que justifient les événements.*

Ceux qui voyaient un peuple, un monde du travail, une jeunesse la tête courbée sous le poids du chômage et du martelage : « Rien à faire, rien à faire, il faut y passer », n'en reviennent pas. Partout et pour tout : il faut du tonus et passer à la vitesse supérieure, avec intelligence, savoir-faire, savoir-dire et détermination !

Nous vivons une période passionnante, dure, mais qui autorise l'espérance.

Les grands mouvements populaires fonctionnent comme des forces de la nature. Du type raz de marée. C'est pourquoi lorsque je vois ceux qui ne mesurent pas ce qui peut grandir et se développer, quels que soient la durée qu'il faudra, les hauts et les bas, les péripéties qui se produiront, j'aime à relire Victor Hugo, tout frémissant des poèmes nombreux et admirables que lui inspiraient ces grands moments qu'il savait si bien reconnaître et traduire. Par exemple, dans ce poème intitulé *Dans l'ombre* qui se termine ainsi :

« Tu me crois la marée et je suis le déluge. » Nous n'en sommes pas encore là, mais sur la période engagée, qui sait ? Mieux vaut méditer sur le poète et observer à l'altitude qui convient.

2

Quand la CGT prend un grand coup de jeune

J. Estager : *J'ai accepté de renvoyer à plus loin une question du chapitre précédent. C'est peut-être le moment d'y revenir : il s'agissait de l'adaptation de la CGT aux nouveaux besoins de la période.*

H. Krasucki : J'ai voulu d'abord parler de la nature du mouvement de luttes qui est en cours, de son sens et de ses caractéristiques essentielles et originales. Car c'est ce mouvement en lui-même qui constitue l'événement.

Parmi les quelques réflexions que cela me suggère, j'ai tenu à rappeler que ce mouvement n'existerait pas, ou en tout cas n'aurait pas cette allure puissante, foisonnante d'innovations, s'il n'y avait pas des forces organisées capables de lui fournir la charpente qu'il lui faut.

Le fait est que cette charpente, au plan syndical, c'est la CGT. Les événements viennent de le prouver et continuent de le faire. Mais une CGT dans le coup, adaptée à cette situation-là, débarrassée de ce qui est périmé, bien dans ses « blocs de départ » — j'essaie d'éviter *starting-blocks* bien que je ne sois pas trop puriste.

Et c'est justement ce qui est en train de se produire. La CGT avec les étudiants : solidaires sans encombrer ni récupérer. La CGT 1986/1987 style cheminots : les syndiqués à leur place — la première —, une organisation qui vit, fonctionne, consulte, travaille collectivement à tous les échelons ; fait confiance aux militants, anciens et nouveaux ; qui fait aussi confiance aux cheminots quels qu'ils soient, qui apprend à des milliers de militants comment peut fonctionner une assemblée générale démocratique *avec tout le monde,* comment s'y conduire, y débattre, placer chacun devant ses responsabilités, ne pas tricher avec la vérité, sans sectarisme, sans angélisme non plus !

Être — parce que c'est son rôle — comme il faut, et efficacement, la force syndicale majoritaire bien organisée et au service de tous. Faire la différence sans outrance, par la démonstration des faits.

La CGT 1986/1987 style EDF, vivant de mieux en mieux sa vie de syndicat CGT à tous les échelons, elle est capable d'organiser, avec un beau sang-froid et une magnifique largeur d'esprit, cette vaste consultation de tous qui paralyse les syndicats capitulards craignant l'avis des personnels. C'est aussi la CGT 1986/1987 de la RATP qui s'y met et s'en trouve bien. C'est également la CGT 1986/1987 style PTT.

C'est la CGT 1987 des fonctionnaires, qui réalise un exploit, compte tenu du poids du passé, en organisant une négociation salariale à ciel ouvert par l'information à tous les personnels de tout ce qui se dit et de qui le dit ! Elle fait passer dans la pratique, à grande échelle, une conception qui n'était admise qu'intérieurement, et encore... Ce qui place FO, la FEN, la CFDT et les autres dans la situation peu confortable de négociateurs masqués qui ont peur de dire la vérité aux fonctionnaires.

J.E. : *Mais quelles conséquences, en bas, pour une vie syndicale d'établissements, d'administrations, pour une authentique démocratie de masse ?*

H.K. : Pourquoi les fonctionnaires seraient-ils moins bons que les cheminots et condamnés à perpétuité aux pratiques réformistes de « délégation de pouvoir » — Payez et votez une fois par an, et laissez-nous faire ! — A l'instar de la célèbre publicité d'une entreprise de pompes funèbres américaine : « Mourrez, nous ferons le reste ! »

On assiste aux mêmes évolutions dans la FEN, où les habitudes réformistes sont semblables de la part des dirigeants actuels. Voilà Unité et Action en tant que tendance et les syndicats nationaux qu'elle dirige : SNES, SNES-SUP, SNEP (Education physique) et certaines sections départementales du SNI et de la FEN, à majorité Unité et Action qui prend la tête d'une pratique du même genre. Evidemment, c'est un vrai renouveau syndical dans la lutte chez les enseignants et avec leur appui, grâce à la franchise, la clarté. Tandis que de son côté la CGT se donne les moyens de s'adresser directement aux enseignants pour les informer de ses propres positions sur tous les problèmes d'intérêt commun : l'enseignement, les revendications, l'action syndicale, l'unité mais aussi, plus largement, sur tout ce qui se passe dans le monde du travail.

Si, durant toute une période, l'autonomie a permis aux enseignants de rester unis, bien que non sans problèmes, elle les a isolés des grands courants qui ont fait évoluer le syndicalisme dans les autres branches. Ils ont beaucoup à découvrir.

Et puisque Jacques Pommatau et les dirigeants de l'actuelle majorité réformiste UID de la FEN parlent avec tant de morgue de « recomposition syndicale », parlons-en ! Mais grandeur nature, dans l'action et en toute clarté, sans tricher, chacun tel qu'il est et non tel qu'il dit. Il pourrait bien y avoir des surprises.

Une autre nouveauté remarquable : la CGT style Renault des dernières années. La CGT de Renault a fait naître dans un grand nombre des établissements du groupe des pratiques syndicales vivantes, inventives, très décentralisées, enracinées dans les ateliers et bureaux, bien adaptées aux OS immigrés et français, aux professionnels, aux employés, aux techniciens, à la maîtrise, aux cadres et aux chercheurs. Il faut voir ce que c'est.

Je vais m'arrêter là. J'aurais bien d'autres exemples à signaler, aussi importants, souvent moins connus mais de même qualité et de même mérite. Ce serait une trop longue énumération.

Est-ce que ce style neuf est déjà le fait de toute la CGT ? Non évidemment. Même ceux-là dont nous venons de parler ne réussissent pas à 100%, et continuent à avoir bien des lacunes et des fragilités : le retour à la routine guette à tout moment. Mais, quand il s'agit de branches entières aussi importantes, de grandes usines, et qu'on trouve maintenant un peu partout, dans pratiquement chaque département, des cas équivalents, grands ou petits, cela commence à compter ! Il ne s'agit plus d'expérimentations de laboratoire, c'est une mise en œuvre à grande échelle qui est en train de prendre corps.

La CGT est en train de prendre un grand coup de jeune ! Il est tout de même plus agréable de diriger cette mise à jour de toute la CGT quand on peut dire à tous ceux qui déjà sont dans le coup ou ont au moins le pied à l'étrier : « C'est bon, allez-y, ne craignez rien. Surtout continuez, foncez, innovez davantage encore, on ajustera tout ça en marchant. » A ceux qui commencent à se dire : « C'est intéressant, c'est donc faisable, on pourrait peut-être essayer », on peut répondre : « Mais oui, vous n'êtes pas plus mauvais qu'eux. Lancez-vous et vous verrez comme c'est mieux, plus efficace et qu'on s'y sent bien. »

A ceux qui sont encore en panne, bloqués par de vieilles habitudes, on tape sur l'épaule : « S'il vous plaît les amis, réveillez-vous, ne restez pas comme ça, vous aussi vous pouvez le faire. Faites un effort et on vous donnera un coup de main. Sinon vous serez un jour ou l'autre dépassés par les événements et ce serait dommage. »

C'est autre chose que d'avoir sans cesse à répéter : « Il faut, il faut, il faut » sur tous les tons, avec toutes les images qu'on peut inventer et renouveler, sans se fatiguer durant des années, avec seulement quelques résultats intéressants, encourageants, mais loin de l'envergure nécessaire.

A ce point de notre histoire, nous en sommes là. Seulement là. Mais déjà là. Chapeau ! On monte sur la terrasse, on jette un regard lucide. Il peut être joyeux mais non extasié. Puis l'on fait les comptes pour évaluer soigneusement le chemin à parcourir encore, en prenant en considération les phénomènes d'accélération et aussi les obstacles.

J.E. : *Nous venons de parler des grèves qui ont marqué cette dernière période, de tout ce qu'elles ont apporté de nouveau dans la pratique syndicale et dans la conduite même de ces mouvements. Cependant, cette qualité nouvelle de l'action syndicale, j'imagine que ce n'est pas venu tout seul ?*

H.K. : Bien sûr. J'ai évoqué au chapitre précédent les débats de la dernière période. Je devrais souligner l'importance particulière du congrès de Lille en 1982 (le 41e) et nos efforts depuis qui marquent un certain tournant. Mais nous avions engagé avec plus ou moins de succès une réflexion importante dans les congrès précédents. Je dirai même que cela vient de beaucoup plus loin et qu'au-delà des mises à jour qu'exige le présent, c'est le résultat d'un travail qui appartient à plusieurs générations. Nous sommes porteurs d'une culture syndicale, elle-même héritière d'une longue expérience et d'une grande histoire. Nous n'avons pas tout inventé. L'assimilation de tout un passé de luttes enrichit notre pratique présente. L'expérience et la novation ne se contredisent pas, ne s'excluent pas l'une l'autre. Elles s'imbriquent étroitement.

J.E. : *Il y a quelque temps tu as publié dans* la Vie ouvrière *une série d'articles sous le titre « Cultivons notre jardin* *syndical ». Ce jardin, je te propose de le parcourir ensemble, dans ses allées et jusque dans ses recoins, disons les plus secrets. Pour commencer, puisque tu ne sépares pas l'élaboration et la pratique syndicales d'aujourd'hui de l'expérience du passé, quelle est la valeur présente de l'héritage ?*

H.K. : Le plus marquant c'est ce qui, dès l'origine, a distingué la CGT de ce que sont aujourd'hui la plupart des autres centrales syndicales d'Europe. Ses premiers statuts la déclaraient indépendante du patronat, du gouvernement, de tout gouvernement, des formations politiques, des mouvements philosophiques, des Eglises. Dès l'origine les fondateurs de la CGT l'ont voulu telle. Un syndicalisme *indépendant et révolutionnaire.*

Notre originalité vient de là. Nous l'avons conservée et nous y tenons. Elle s'exprime à présent dans le fait que nous sommes restés un syndicat de lutte de classe. Pas seulement dans les principes. Dans tous nos actes. On l'a vu une fois de plus dans les grèves récentes. Être un syndicat de lutte de classe, c'est en particulier ne pas lâcher les grévistes en route, ne pas céder aux pressions du patronat et du pouvoir, ne pas signer d'accords désavantageux. C'est tenir compte de ce que veulent les travailleurs.

Ceci étant, la CGT actuelle n'est plus celle du siècle dernier ni de 1936, ni de la Libération, ni même celle de 1968 ou des années qui ont suivi.

Les conceptions de l'action syndicale ont évolué avec le temps. C'est le changement dans la continuité des principes fondamentaux. Je souligne « fondamentaux », parce qu'ils existent bel et bien et ce n'est pas pour s'asseoir dessus. Mais il arrive qu'on prenne pour principes généraux des positions ou attitudes circonstancielles qu'il faut situer dans leur contexte du moment. Il faut vraiment faire preuve de discernement et d'une réflexion plus fine tant sur l'acquis, le passé et le présent.

Chaque génération a contribué à cette évolution en même temps que chaque génération a produit ses dirigeants. Quand on pense à eux, on les voit dans leur maturité. On oublie qu'ils ont été jeunes, qu'ils ont changé, qu'ils sont eux-mêmes les cadets des dirigeants de l'époque antérieure. Chaque génération a engendré et éduqué la suivante en même temps que chacune d'elle a eu sa pensée propre et a cherché, sans rester figée, les réponses appropriées aux problèmes nouveaux de son temps. L'élaboration, la pratique, l'adaptation syndicales, c'est tout à la fois l'assimilation critique de l'héritage et une création continue dans l'enchaînement des générations.

Je n'en ai pas une vue idéalisée : c'est l'œuvre d'êtres humains, non sans défauts, tâtonnements, heurts parfois : la contradiction, c'est la vie elle-même. Mais l'essentiel est bien ce dont je viens de parler. Il faut rendre à chacun ce qui lui est dû.

J.E. : *Toi, personnellement, tu te situes dans quelle génération ?*

H.K. : J'appartiens à la génération dont une partie a fait ses débuts, toute jeune, dans la Résistance, et qui a appris, mûri durant tout l'après-guerre. J'ai en commun avec d'autres la chance d'avoir vécu mon enfance dans un admirable environnement de militants ouvriers de base ou de responsabilités moyennes. J'ai fait aussi l'expérience d'une épatante organisation d'enfants, les pionniers de « la Bellevilloise », qui m'ont donné l'occasion de vivre de l'intérieur, tout gamin, les principaux événements des années trente.

J'ai la plus grande admiration pour ceux que j'appelle « la génération de 1936 ». Ceux qui ont préparé et accompli le mouvement de mai-juin 1936. La plupart et les meilleurs d'entre eux ont assuré la suite. Entre autres, la direction de l'action dans la Résistance. Car si ce que nous — ceux qui ont eu la même trajectoire que moi — avons fait nous appartient, nous n'étions cependant que les jeunes, les apprentis, et ce sont nos aînés qui assumaient les principales responsabilités. C'est à ces dirigeants de l'époque que je dois ma formation. J'ai eu le bonheur d'en connaître la plupart et de devenir leur disciple, leur compagnon, mais sans complexe, car ils n'avaient aucune condescendance envers les jeunes. Pour les représenter je n'en citerai qu'un, la plus grande figure entre toutes : Benoît Frachon. Je considère qu'il est le plus grand syndicaliste que la classe ouvrière française ait produit dans toute son histoire, un grand politique, de la stature d'un homme d'Etat exceptionnel. Penseur et homme d'action, dirigeant révolutionnaire du mouvement ouvrier français et international. L'histoire lui donnera sa place.

Cette génération chaleureuse, fraternelle, pétrie de qualités humaines, attachante, a opéré un tournant décisif de l'évolution de la CGT. Elle a été tragiquement fauchée à la fleur de l'âge dans les combats de la Résistance, pour la France, la liberté, leur idéal et la paix. Nombre de ceux qui ont péri sont tombés du fait des collabos issus des milieux de la haute bourgeoisie. Tous étaient des cadres parmi les meilleurs, les plus prometteurs. Ils avaient généralement entre vingt et quarante ans. Il est difficile, même pour les adversaires, de ne pas saluer les morts mais c'est souvent pour mieux salir ceux qui ont eu le mauvais goût de survivre, souvent par chance. De cette période, il ne reste aujourd'hui qu'un petit nombre de femmes et d'hommes dont les plus valides mettent encore leur expérience et leur notoriété au service de l'Union confédérale des retraités CGT, avec ceux qui leur ont succédé aux responsabilités. Je leur souhaite santé et longue vie. Je les vois toujours dans la force de l'âge, avec tous leurs compagnons. Oui je l'admire, cette génération.

La génération d'après, celle des années de la Libération, représente un immense capital pour la CGT. Elle a vécu des années tumultueuses et a dû faire face à des événements de première grandeur : la reconstruction du pays, la scission syndicale, la guerre froide, les guerres coloniales, la répression.

Adultes dans l'immédiat après-guerre, ces hommes et ces femmes-là sont nés au militantisme dans la lutte pour la reconstruction de la France, contre la scission syndicale, contre la bombe atomique, contre les guerres du Vietnam. La guerre américaine certes, mais, avant elle, la guerre de l'impérialisme français en Indochine. Et il est autrement difficile de combattre son propre impérialisme que celui des autres. Nous qui représentons le courant révolutionnaire dans le mouvement ouvrier, nous avons combattu le colonialisme français et apporté, quoi qu'il est pu en coûter, notre soutien aux peuples vietnamien et algérien en lutte pour leur indépendance ainsi qu'à tous les autres. Ce qu'aucune autre force n'a fait dans le mouvement syndical. Nous étions de mauvais Français, paraît-il. Et c'est nous qui représentions l'honneur et l'intérêt de la France. Personne ne peut, dans les anciennes colonies françaises, être dans le cœur des populations des ambassadeurs comparables du peuple français : j'ai pu le vivre lors de mes voyages en Afrique, au Maghreb et au Viet-nâm. Cela appartient à l'histoire.

Donc la génération des luttes anticolonialistes, puis celle de 1958 et de la venue de De Gaulle au pouvoir. Celle qui ensuite a dirigé en 1968. Près de vingt ans se sont écoulés depuis !

Voici maintenant qu'arrive cette nouvelle et prometteuse génération de 1986-1987.

Quelle expérience accumulée dans ce presque demi-siècle qui nous sépare de la Libération ! Deux fois plus de temps qu'entre les deux guerres mondiales, et avec une fantastique accélération de l'histoire.

Mener au quotidien les luttes sociales, la défense constante des revendications face au capital et à des gouvernements de tout genre dans les tumultueux événements nationaux et internationaux de ces quarante années, et savoir s'adapter à mesure, même si ce fut parfois laborieux et avec des décalages dans le temps, ce n'est pas peu de chose. Plusieurs classes d'âge se sont agrégées, chacune avec son apport, pour accomplir cette œuvre au fil du temps et au rythme des grands événements qui se sont succédé. Les coups n'ont pas manqué : ils sont venus de l'adversaire, mais également des forces qui, finalement, choisissent de coopérer avec le capital. Ils sont venus aussi, malheureusement, des conséquences de ce qui s'est passé de négatif dans la plupart des pays socialistes. Et encore des conséquences de méthodes anciennes, de défauts réels de la CGT. Oui, nous avons pris des coups. Nous en avons rendu : c'est la lutte. Certains n'ont pas tenu le choc : c'est dur et long... Il en est qui ont changé d'idées : c'est leur droit. Ceux qui sont restés ont mûri et, forcément, appris et changé. Moi autant que ceux de ma génération ou que nos cadets.

Comme d'autres j'ai mes blessures et mes cicatrices. Je ne les porte pas en sautoir. Je n'oublie rien, j'assume tout au contraire.

Cependant je ne vis pas au passé. A l'inverse, je suis toujours plongé dans le présent et l'avenir. J'ai perdu des illusions — cela vaut mieux, même si c'est douloureux — mais j'ai conservé des convictions et je n'en finis pas de les enrichir. Au fond, je ne suis jamais blasé, je demeure fidèle comme au premier jour à l'idéal et à l'élan de ma jeunesse. Toujours du même côté. J'ai choisi, j'ai vécu, j'ai combattu, je continue à le faire et le ferai autant que j'en aurai la force. J'ai même la faiblesse d'en éprouver une certaine fierté.

J.E. : *Dans ce tumulte de l'histoire, au fil des générations, la CGT a-t-elle toujours maintenu le cap sur son objectif fondamental : « Bien-être et liberté » pour la classe ouvrière ?*

H.K. : Oui, à travers tous les problèmes qui se sont posés à elle, les générations qui se sont succédé ont su maintenir ce cap. Heureusement, au fil de l'expérience, elles ont su se dégager des tâtonnements du début et de certaines conceptions étroites. Parallèlement, elles ont eu la lucidité de se défendre sans complaisance contre ceux qui cherchaient à les attirer sur les chemins de la collaboration de classes. Car il est vrai qu'une organisation syndicale peut aussi, et bien des syndicats au monde nous en ont apporté l'expérience, se laisser dévoyer.

L'histoire d'un grand syndicat n'est jamais une voie royale, et celle de la CGT n'a manqué ni d'embûches, ni de chausse-trappes. Dès sa formation, certains ne pensaient déjà qu'à l'écraser ou la soumettre à leurs intérêts. Ils n'ont reculé devant aucun moyen pour y parvenir. Songeons que, dès 1908, le journal *le Gaulois* appelait le gouvernement de l'époque à « fermer *manu militari* » ce qu'il nommait « le Conservatoire de la grève » ! Et « à coffrer sans plus tarder ceux qui le dirigent ». Les dirigeants de la CGT ont tout connu : la calomnie, la répression, la prison... Continuellement en butte aux sarcasmes des classes dirigeantes et à la haine des possédants, combien de fois n'a-t-on pas tenté de les salir. Malgré tout, ils ont persisté dans la voie fixée : obtenir « bien-être et liberté » pour tous les travailleurs, réaliser le grand rassemblement fraternel des exploités, créer l'organisation qui permettrait à ceux-ci de se défendre et de bénéficier du fruit de leur travail.

Heureusement, oui, que la CGT a existé, qu'elle a su mener le combat de classe en évoluant, en se perfectionnant, en apprenant à rassembler. Elle a toujours refusé de vendre son âme, et est restée, en toutes occasions, digne de la confiance des travailleurs de notre pays...

J.E. : *On doit d'ailleurs à son action l'essentiel de la législation sociale actuelle de la France. Car rien n'est venu tout seul, rien n'a été octroyé aux travailleurs par le patronat et le pouvoir politique. Chaque conquête sociale est le fruit d'une lutte.*

H.K. : En effet, avant il y avait quoi ? Avant il n'y avait rien ! Rien d'autre qu'un immense désert social. Le règne sans partage du pouvoir patronal et de l'exploitation à outrance.

Pierre par pierre, la CGT a dû tout bâtir, c'est-à-dire tout imposer par la lutte des travailleurs. La journée de huit heures : signé CGT. Les conventions collectives : signé CGT. Les statuts professionnels : signé CGT. Les congés payés : signé CGT. Les comités d'entreprise : signé CGT. La Sécurité sociale : signé CGT... Et je pourrais continuer longtemps l'énumération ! Car du côté patronal, soit dit en passant, que trouverait-on au plan social ? Rien de positif, rien de constructif, rien de ce qui fait l'humanité d'une civilisation. Le seul comportement permanent du patronat a été la volonté inlassable de reprendre, de récupérer ce que l'action syndicale l'avait obligé à lâcher.

La CGT, c'est d'abord des résultats ! A ce seul titre déjà, elle prend place dans l'histoire. C'est l'organisation qui a permis aux travailleurs de ne pas se laisser écraser. Et qu'on ne dise pas que je force le trait ! Quand est née la CGT, des enfants d'une dizaine d'années étaient contraints de travailler dans les mines, dans les filatures, dans les verreries, dans les forges... Il faut relire Zola ; c'était cela la condition des travailleurs « avant » la CGT ! C'est de là que nous sommes partis.

Depuis, tout ce que la CGT a obtenu appartient aux salariés de notre pays. Cela est devenu leur patrimoine. Les luttes qu'elle a menées se sont inscrites dans leur conscience, l'ont façonnée, et nombreux sont des nôtres qui ne le savent pas. Ils portent en eux les traces de ce passé. Il est impossible aujourd'hui de comprendre l'histoire de ce siècle sans y inclure le grand combat mené par la CGT à la tête des travailleurs. Elle a marqué notre vie nationale d'empreintes indélébiles. Plus que bien d'autres forces, elle a concouru à la faire accéder à un certain degré de civilisation. Y compris de la part de ceux qui ne partagent pas ses opinions, son œuvre mérite le respect.

Voilà pourquoi il faut savoir, dans la vie d'une organisation comme dans sa vie personnelle, s'arrêter de temps à autre et regarder le chemin parcouru.

La mémoire fait partie de la lutte, c'est une condition pour la mener avec intelligence. Nous assumons l'héritage d'un passé riche, digne, que nous devons conduire encore plus haut. L'ignorer, ce serait recommencer indéfiniment les erreurs d'hier, mettre ses pas dans ceux du passé, ne pas tirer profit des acquis, ne pas utiliser les fruits de l'expérience. Ce serait se condamner à faire du sur-place, donc à reculer. Ceux qui vont de l'avant ne sont pas ceux qui, tous les matins, prétendent réinventer le syndicalisme de A à Z mais ceux qui font fructifier l'héritage en le prolongeant.

J.E. : *La CGT est le fruit d'une histoire sociale typiquement française. Toutefois, être à la fois un syndicat de masse et de classe, n'est-ce pas la source d'affrontements internes permanents qui, à une certaine époque, ont débouché sur la scission ?*

H.K. : Depuis sa naissance, la CGT a été traversée par des courants d'idées fort divers. On ne peut pas être l'organisation rassemblant des travailleurs de toutes professions, de toutes opinions, de toutes origines, sans que ceux-ci n'y apportent leurs idées et même les idées reçues ! Chacun estime que les siennes sont les meilleures, les défend, souhaite les faire partager par les autres. Quand tout le monde respecte les règles de la démocratie et les nécessités de l'action, ce débat ne peut être qu'enrichissant pour l'organisation. Ça c'est la vie courante, actuelle. Mais il y a, historiquement, un phénomène fondamental.

Dès les premiers jours de la CGT, et avant même sa naissance, deux conceptions du syndicalisme se sont affrontées. L'une conduisant à la lutte, l'autre à la compromission. L'une fondée sur la divergence fondamentale d'intérêts qui oppose exploiteurs et exploités et la nécessité de l'action pour obtenir des résultats positifs. L'autre visant quelques aménagements, craignant l'action et escomptant obtenir par cette attitude conciliante quelques concessions, capable même de renoncements et s'accommodant du système. On la nomme « réformiste » dans ce sens-là.

Le choix initial de ceux qui ont fondé la CGT, choix réaffirmé avec force dix ans plus tard lors du congrès d'Amiens, était celui d'un syndicalisme de lutte, décidé à défendre jalousement son indépendance et à combattre pour obtenir « la suppression du salariat et du patronat ». C'est ce choix décisif qui a permis à la CGT de remporter au long de notre histoire les grands succès dont ont bénéficié tous les salariés de notre pays.

Mais la CGT ne vit pas sous globe, elle n'est imperméable ni au mouvement des idées, ni à la bataille idéologique qui s'amplifie à certains moments, et qui a toujours revêtu en France une intensité particulière. Il est arrivé que les partisans d'un syndicalisme de lutte se soient trouvés placés en minorité. Dans ce cas, tout en défendant leurs idées, ils se sont toujours pliés à la règle démocratique, avec le souci de ne pas briser l'unité de l'organisation. Inversement, les tenants du syndicalisme « réformiste » ont préféré provoquer des scissions plutôt que d'accepter d'être démocratiquement minoritaires. C'est ce qui est arrivé en 1948 et, en s'appuyant sur cette caractéristique, le capital, les gouvernants français et américain qui veulent affaiblir la capacité d'action des travailleurs français, ont favorisé la scission. Les faits sont historiquement démontrés. Pourtant, le passé même de la CGT a suffisamment démontré que les uns et les autres peuvent vivre et agir ensemble utilement, et je dirai volontiers : intelligemment.

C'est pourquoi nous n'accepterons jamais la scission comme un mal irrémédiable. Nous ne serons pas les résignés de la division.

J.E. : *La lutte pour la fidélité aux conceptions fondamentales de la CGT, c'est un combat qui n'est jamais terminé ?*

H.K. : Oui, ne serait-ce que parce que la CGT vit dans la société où fait rage ce que d'aucuns ont appelé la guerre idéologique. Egalement parce que les formes concrètes qu'épouse le réformisme se renouvellent constamment. A chaque étape de la lutte, on en voit apparaître une mouture nouvelle dont il est important de reconnaître la véritable nature derrière le camouflage. L'emballage peut sembler neuf, ce qu'il contient reste semblable : obtenir la démission des travailleurs, leur faire abandonner la défense de leurs véritables intérêts, obtenir leur « consensus » pour une orientation économique et sociale allant à l'encontre de leurs besoins.

Je veux dire par-là que s'il nous a fallu jadis nous débarrasser de ces obstacles, il faut bien avoir conscience qu'ils ressurgissent et ressurgiront constamment. Car ils sont sécrétés par les conditions mêmes de la lutte. Ils naissent de l'évolution de la société, des interrogations des travailleurs, comme de l'action du patronat et des forces hostiles. A tout moment, il nous faut donc trouver, dans des conditions nouvelles, notre propre voie d'organisation syndicale, et être capables de faire le syndicalisme qui correspond à cette réalité nouvelle.

Au fil des luttes et des décennies, la CGT a rejeté certaines conceptions maximalistes qui, jadis, la conduisaient parfois à opter pour « le tout ou le rien ». Elle a appris à ne pas confondre avec la collaboration de classe le fait de savoir tirer parti d'un rapport de forces donné pour arracher des concessions mêmes partielles, pour conclure des accords, conquérir des réformes qui apportent aux salariés des améliorations immédiates et qui représentent toujours des points d'appui pour d'autres succès plus importants.

Elle a aussi appris à corriger des outrances ou des erreurs de jeunesse qui avaient conduit à rejeter comme réformistes des initiatives et activités utiles. Par exemple, les réalisations sociales, culturelles, sportives, touristiques, la mutualité, le mouvement coopératif... Il y a belle lurette que nos aînés ont commencé à rectifier et nous-mêmes continuons à aller de l'avant. Car on peut se situer par rapport à ces réalisations d'un point de vue réformiste : comme un but en soi, ignorant les réalités de la société capitaliste et même détournant les travailleurs de la lutte. On peut à l'inverse se situer positivement, d'un point de vue de lutte unitaire respectant la spécificité de chacune de ces activités. C'est ce que nous avons appris à faire.

J.E. : *La CGT se veut un syndicat de masse. Ses adversaires la présentent volontiers comme une organisation monolithique, ouverte à un seul courant politique. Avec la baisse du taux de syndicalisation en France, peut-elle encore se prévaloir d'être un syndicat d'une grande diversité, réunissant des salariés d'options politiques, philosophiques, religieuses différentes ?*

H.K. : C'est pourtant la vérité ! Tant du point de vue de l'influence que de la composition des adhérents. En France, où le taux de syndicalisation est très insuffisant — et on ne peut pas s'en accommoder —, les élections professionnelles sont un moyen de connaissance indiscutable de l'influence des organisations syndicales. On peut rapprocher dans chaque département la carte des résultats de la CGT dans ces élections et la carte des résultats des différents partis, dans les élections politiques pour constater l'énorme différence entre le vote syndical CGT et le vote politique pour quelque parti que ce soit.

Quant aux adhérents, aujourd'hui comme hier la CGT est faite de composantes très différenciées. Il y a celles qui relèvent des courants politiques, essentiellement les courants communiste et socialiste, adhérents ou électeurs encore que l'éventail réel soit beaucoup plus étendu et révèle à certains quelques surprises.

Les communistes sont nombreux à la CGT et heureusement pour elle. Parce qu'ils comptent dans le mouvement ouvrier et parce qu'ils sont porteurs d'une capacité et d'une disponibilité militantes indiscutables et particulièrement efficaces. Nous comptons aussi de nombreux adhérents et militants socialistes. Ils sont de bons syndicalistes CGT. Leur présence dans nos rangs depuis longtemps apporte la preuve que nous pouvons vivre ensemble. Cela suppose de part et d'autre à la fois le même attachement au syndicat et le même respect de la CGT. Dans les périodes politiquement tendues, je conviens que c'est plus facile à dire qu'à faire : l'expérience prouve que c'est parfaitement faisable.

Pour la vérité de l'histoire, je dois rappeler que, pendant une longue période — de 1947 à 1967 —, le Parti socialiste (à l'époque SFIO) interdisait à ses adhérents d'être à la CGT et excluait de ses rangs ceux qui acceptaient des responsabilités dans les nôtres. C'est l'attitude unitaire de la CGT, sous l'impulsion de Benoît Frachon, qui a fait que, même alors, de nombreux militants socialistes sont restés dans la CGT et ont pu s'y sentir chez eux.

Depuis, cela s'est sensiblement amélioré et je souhaite que cela s'améliore encore. Il est arrivé que des dirigeants du Parti socialiste nous aient demandé pourquoi il n'y a pas davantage de militants socialistes à des postes de responsabilités dans la CGT. Nous avons dû leur répondre : nous formons beaucoup de militants de toutes opinions. Parfois ils sont au départ membres d'un parti politique, parfois c'est l'action syndicale qui leur en donne l'idée. Vous avez la fâcheuse propension, dès qu'ils sont un peu connus comme dirigeants d'unions locales ou départementales, d'en faire des élus locaux ou régionaux, des notables. C'est votre droit et le leur. Mais ne vous étonnez pas qu'ils nous manquent : on ne parachute pas dans la CGT, on y grandit. Nous faisons ce que nous pouvons. Il ne faut pas tuer la poule aux œufs d'or...

Mais les différences sont infiniment plus variées que celles qui relèvent des choix politiques eux-mêmes fort divers. Les mouvements chrétiens sont une excellente source de militantisme parce qu'ils entretiennent un esprit de générosité et de dévouement à partir des valeurs qui sont les leurs et qui, pour partie, nous sont souvent communes. Nombre de nos militants viennent de la JOC et de l'Action catholique ouvrière.

Par ailleurs, il y a des gens qui ne sont rien de tout cela mais qui disent : « Nous avons des intérêts à défendre. Il faut un délégué dans ma boîte. J'en suis. » Et ensuite beaucoup deviennent des dirigeants jusqu'aux plus hautes instances de la CGT. Être syndicalistes, cela suffit à remplir leur vie sociale. Ce qui ne veut pas dire qu'ils n'ont pas d'opinions politiques ou d'idées philosophiques. Simplement ils n'ont pas d'engagement dans ces domaines.

Ainsi une extraordinaire diversité est la réalité de la CGT et cela d'autant plus que, dans une même famille de pensée, les nuances peuvent être multiples. Ainsi chez les chrétiens : j'en connais qui déclarent être sur des positions de lutte de classe au nom de leur foi ; d'autres se refusent à mélanger foi et option syndicale. Ceux-là se déclarent pour un syndicalisme de lutte de classe non parce qu'ils sont chrétiens mais parce qu'ils sont ouvriers, salariés, qu'ils ont des intérêts à défendre. Je respecte les uns et les autres tels qu'ils se définissent.

La diversité des options politiques de nos adhérents n'est évidemment pas sans poser de problèmes. De ce point de vue, j'ai eu l'occasion dans les moments de rupture d'alliances entre partis politiques — ou à la suite des interventions du pape et de certains évêques condamnant les luttes de libération des peuples — de rappeler cette règle : dans la CGT personne ne doit être inquiété pour ce que fait ou ne fait pas le parti ou l'église de son choix. Chacun répond de ce qu'il fait en tant que syndicaliste CGT et uniquement. Le reste ne nous regarde pas, sinon il serait impossible de vivre et de lutter ensemble.

J.E. : *Vivre ensemble ? Sur quelles bases, communauté idéologique ou communauté d'intérêts ?*

H.K. : La base de l'adhésion à la CGT, la base de la vie dans nos syndicats c'est la communauté d'intérêts et non pas une communauté d'idéologie. Ni une communauté d'opinion politique, je le répète. Nous sommes un syndicat, donc un groupement d'intérêts, dont la raison d'être est la défense des intérêts matériels et moraux des salariés. Nous ne demandons à personne de passeport politique ou philosophique.

Dans les écoles de la CGT, on n'enseigne pas une philosophie pour cette raison de fond que tout syndiqué a le droit d'avoir celle qu'il veut. Cela ne signifie pas que la CGT n'a pas de pensée. Nous avons en commun au contraire ce qui constitue un ensemble d'idées propres à la CGT.

Il concerne nos conceptions de la lutte de classe, de l'action syndicale nationale et internationale, de la vie de la CGT et de son indépendance, de la démocratie syndicale, de la place de la CGT dans la vie du pays, et bien d'autres domaines encore qui relèvent du champ d'action de la CGT. C'est le fruit d'une longue maturation. Elle s'appuie sur ce que nous retenons des apports de la pensée du mouvement ouvrier dans ses acquis historiques, dans ses recherches actuelles. Elle s'appuie aussi sur le résultat de l'apport de la CGT elle-même qui constitue un foyer original non négligeable de la réflexion et du mouvement des idées dans le courant révolutionnaire et dans le pays. C'est ce que nous enseignons dans nos écoles sans heurter la liberté de pensée de personne. Il n'y a rien de mystérieux, cela figure dans les brochures et publications de la CGT. Mais quel lien intellectuel !

Débattre sur tout, écouter, discuter, chercher et trouver la meilleure pratique syndicale, décider ensemble, c'est tout cela qui nous lie. Nous avons appris à faire vivre ensemble des gens très différents. Différents par le caractère, l'âge, l'origine, la conception du monde, les idées politiques. Chacun a appris à respecter l'autre, à débattre, franchement, fermement, mais toujours avec esprit de tolérance.

Est-ce que « tout baigne », sans jamais de grincements ? Ce serait trop beau et il peut y avoir, ici ou là, des accrochages, des dérapages. J'aurais d'amusantes histoires à raconter, des histoires d'aujourd'hui et plus encore du passé. Mais au total, le bilan nous permet de dire que nous avons beaucoup progressé. Pour l'essentiel, la CGT apporte la preuve qu'elle est apte à rassembler des hommes et des femmes que bien des choses distinguent mais qui partagent le sens de l'intérêt individuel et collectif des salariés et la nécessité de la force et de l'action syndicales. Car nous sommes une organisation de lutte. Il faut donc savoir décider et agir. C'est la loi de la démocratie qui le permet sans violer les consciences, sans contraindre quiconque à parler contre ses propres convictions, ni à les taire, même publiquement : nous sommes une organisation de masse, si diverse qu'elle ne peut vivre autrement sans être étriquée ou étouffante.

J.E. : *Pour rester sur ce sujet, l'opinion met souvent un signe d'égalité entre CGT et Parti communiste. J'entendais l'autre soir à la radio André Bergeron interrogé sur ses rapports avec les autres centrales syndicales répondre : « Je ne parle pas de la CGT, puisque c'est le Parti communiste. » On souligne assez souvent d'ailleurs que tu es toi-même un des dirigeants du Parti communiste français.*

H.K. : Je suis communiste, je suis même membre du Bureau politique de mon parti et, j'ose le dire, à part entière. On me le reproche. Certains en toute bonne foi. D'autres dans l'espoir de nuire à la CGT. Ils ne se rendent pas toujours compte, d'ailleurs, qu'ils ne font pas si tort que cela à mon parti, alors que moi, sans me mutiler, j'observe une certaine retenue dans mon expression publique d'homme de parti pour des raisons que je trouve évidentes. Mais c'est la liberté de choix que les statuts de la CGT reconnaissent à chacun en-dehors du syndicat. D'autres dirigeants sont membres de la direction d'autres formations : Parti socialiste, ACO, JOC et autres organisations. Je l'ai déjà dit, à la CGT nous nous comportons en syndicalistes. Personne ne peut se prévaloir d'un parti politique quel qu'il soit ni être porteur d'un mandat quelconque émanant d'ailleurs que de la CGT. On ne peut que réfléchir ensemble avec notre tête de cégétiste et chacun avec ses convictions. Nous refusons l'hypocrisie. Je n'ai aucune raison de ne pas apparaître pour ce que je suis. Cela vaut pour tout autre dans la CGT, quel que soit son choix personnel. Je suis donc communiste mais la CGT, elle, ne l'est pas. Je vais dire plus. Sa véritable originalité, comme le rappelait souvent Benoît Frachon, *c'est de ne pas être anticommuniste.* Au fond, c'est cela qu'on lui reproche avant tout.

Ceux qui l'attaquent savent d'ailleurs pertinemment ce qu'il en est. Bergeron autant et mieux que les autres. Car si la CGT était le syndicat de quelque parti que ce soit, elle ne serait pas, et de si loin, la première centrale syndicale de France. Elle n'aurait pas une audience pareille et qui grandit encore en ce moment, dans un pays où l'opinion est politiquement aussi pluraliste, et avec des adhérents et des dirigeants venant d'horizons aussi divers.

Elle est la CGT de tous et de toutes. Cela se reflète dans ses directions successives. Pour m'en tenir aux générations d'autrefois, des hommes aussi différents que Gaston Monmousseau et Lucien Jayat, Léon Mauvais, Louis Saillant et Alain Le Léap ont su diriger ensemble et de façon fructueuse. C'est ce que nous continuons avec les femmes et les hommes d'opinions bien distinctes qui dirigent ensemble la CGT actuellement.

J.E. : *De ce point de vue, je viens de relire cette réplique d'André Berteloot, à l'époque secrétaire de la CGT et qui n'était pas communiste, dans sa présentation des nouveaux statuts au 37e congrès en 1969, il disait :*

« nos adversaires sont confinés dans l'idée que l'on ne peut militer dans la CGT que si l'on est ou communiste ou caution du Parti communiste ou tout simplement naïf au point d'être un instrument du Parti communiste. Pour eux, il n'y a pas d'autres choix et l'anticommunisme serait, pour un non-communiste, un brevet de bonne conduite syndicale. Eh bien, ne leur en déplaise, il y a des centaines de milliers de non-communistes dans la CGT, adhérents ou militants qui sont très conscients de leurs idées et de leurs responsabilités, qui font tous les jours la preuve que le travail avec les communistes est non seulement possible mais fructueux, alors qu'à l'inverse l'anticommunisme systématique est à la fois inconséquent et irréaliste.

« Inconséquent, *dans la mesure où cela reviendrait à nier l'apport idéologique important du Parti communiste pour la réalisation d'objectifs conformes aux intérêts des travailleurs.*

« Irréaliste, *puisque cela conduirait à la mise à l'écart des forces qui sur le plan politique sont — et de loin — les plus représentatives de la classe ouvrière et dont la présence est, par voie de conséquence, indispensable dans un rassemblement des forces de gauche réellement imprégnées de la volonté de s'opposer au pouvoir des monopoles et de promouvoir une démocratie digne de ce nom.*

« Cela n'empêche pas qu'il peut arriver — et qu'il arrive — qu'au sein des organisations de la CGT, sur certains problèmes, la discussion soit parfois sévère. Cependant, cette discussion est toujours fraternelle et l'ambition de tous demeure de mobiliser la masse des travailleurs pour la défense de leurs intérêts, sans compromission d'aucune sorte, à partir de cette réalité qui s'impose à tous, celle de la lutte des classes. »

H.K. : Voilà un authentique langage CGT, et qui n'est pas d'un communiste. Je n'ai pas oublié ce discours auquel j'ai été sensible et dont tout le congrès était fier. André Berteloot a été avec bien d'autres jusqu'à son départ pour préparer sa retraite, un excellent dirigeant de la CGT, et c'est tout à son honneur.

Je veux, pour ma part, parler de la situation des militants et dirigeants de la CGT qui ne sont pas communistes. J'ai eu récemment l'occasion de rendre hommage au nom du Bureau confédéral à Alain Le Léap qui vient de disparaître et qui, ancien secrétaire général aux côtés de Benoît Frachon, fut une grande figure de la CGT.

Ceux d'aujourd'hui sont eux aussi des hommes et des femmes de valeur. Or, quelles que soient leurs compétences personnelles, leurs capacités, leur intelligence, le rôle qu'ils jouent, ils sont calomniés ou ignorés. On dit d'eux qu'ils sont des otages, des manipulés. On leur dénie le droit d'exister syndicalement et d'avoir une personnalité, une pensée originale. Il nous est très difficile d'obtenir qu'ils puissent accéder aux médias et s'exprimer ailleurs que dans nos seules publications. Le seul moment où on leur donne facilement le micro, c'est quand il arrive à l'un d'eux d'exprimer une critique à l'égard de la CGT. Ce qui est d'ailleurs un droit dans notre organisation. C'est à ce moment-là qu'ils deviennent intéressants, qu'ils acquièrent une personnalité, qu'ils soient d'ailleurs communistes ou non. Mais s'ils sont les porteurs des orientations syndicales de la CGT, si originaux et brillants soient-ils, ils sont forcément des médiocres. Voilà où conduit l'anticommunisme. Une dégradation de la pensée et du comportement. Je ne m'y ferai jamais. J'en suis indigné et j'exprime à mes camarades ma solidarité, mon estime et mon amitié profonde. Je m'étonne que tant de bons esprits — par ailleurs souvent honnêtes — en arrivent à trouver cela normal et à se taire.

Faut-il que le matraquage soit inhibiteur pour qu'on en arrive à fermer les yeux, détourner la tête, changer de trottoir dès lors que l'infamie s'adresse à des communistes ou à des gens assez libres pour ne pas considérer les communistes comme des pestiférés !

Il m'arrive parfois de blaguer : communiste, fils d'immigrés, juif, il ne manque plus que d'être arabe ou noir et femme pour avoir un maximum. Je m'aperçois qu'il faut ajouter : et non communiste de la CGT !

Je voudrais ajouter ceci sur notre collaboration au sein de la direction confédérale. D'abord que, direction collective, chacun y a des responsabilités précises et importantes en propre mais vise à une certaine polyvalence et participe à part entière à l'élaboration et à l'expression de notre politique générale. Quand j'entends un camarade exprimer une idée avec laquelle je ne suis pas d'accord, une critique ou une réserve, j'écoute très attentivement, à plus forte raison s'il est d'une autre nuance que la mienne. Cela me fait réfléchir. Non seulement par politesse mais parce que si lui ou elle pense ainsi, cela veut dire le plus souvent que des centaines de milliers de gens pensent de façon semblable. Ça ne prouve pas que ce soit entièrement juste ni non plus que j'ai entièrement raison. Mais cela m'évite de m'enfermer dans mes convictions personnelles, cela me confronte à une réalité. J'ai une vue meilleure de l'état réel de l'opinion d'une masse de travailleurs. Le débat est enrichissant. C'est pourquoi j'y tiens. Je voudrais que tout le monde pense cela dans la CGT et y contribue. Je ne garantis pas que c'est toujours le cas, je sais même que non. Mais nous y travaillons et c'est ce qu'il faut faire mieux et partout.

J.E. : *Nous venons de parler de la diversité de la CGT. Je crois que nous ne pouvons ignorer un autre élément fondamental de diversification : les profondes mutations qui se sont produites au sein de la société française en cette dernière partie du 20e siècle. Ces mutations sociologiques ont entraîné au sein de la population active de nouvelles différenciations qui exigent une adaptation du travail syndical.*

H.K. : La France vient de connaître en quelques décennies des changements considérables. Pendant longtemps, pratiquement jusqu'au lendemain de la guerre, elle a vécu une sorte de stagnation économique et industrielle.

Depuis les années cinquante, elle a connu un développement industriel, une modernisation considérable avec la constitution des grands groupes industriels et financiers, certains acquérant une dimension internationale. Pendant que des régions connaissaient le déclin, d'autres voyaient s'implanter des sites industriels et l'urbanisation a fait un bond prodigieux.

Au cours de cette période, de profonds changements sont intervenus dans la manière de travailler, de vivre, de consommer. Cette évolution a eu des conséquences diverses sur les conditions de travail et sur le travail lui-même ainsi que sur la composition sociologique du monde des salariés.

Le développement des techniques modernes a conduit à un recul du travail qualifié traditionnel, au développement des tâches parcellisées. Mais dans le même temps, il a entraîné un développement important du nombre des techniciens et des ingénieurs. Au cours de cette période, on a vu grandir le rôle des services et s'accroître les effectifs employés. Le nombre des femmes salariées est passé de 30 à 40% en vingt ans. Les salariés constituent désormais 80% de la population active.

J.E. : *Quelles obligations nouvelles cela crée-t-il pour la CGT ?*

H.K. : Se diversifiant, le monde du travail est devenu plus complexe. Il faut donc que le syndicat prenne en compte les changements, s'y adapte, puisse s'adresser à chaque catégorie. Il doit être plus raffiné, pas au sens maniériste, mais au sens d'une plus grande capacité de répondre à tous les besoins.

J.E. : *Ce problème des mutations sociologiques a donné lieu ces dernières années à de nombreuses publications : livres, thèses, revues, articles. On s'y embrouille un peu tant c'est parfois exposé d'une façon compliquée ou indifférenciée.*

H.K. : C'est vrai. Même parfois dans la CGT ! Convenons qu'en soi ce n'est pas si simple, mais n'exagerons pas. Dans ces mutations, il y a, fondamentalement, celles qui résultent des mutations du travail lui-même comme conséquences de l'évolution des techniques, des métiers, des activités, de leurs proportions, de l'organisation du travail, etc. Donc principalement les mutations professionnelles avec tout ce qui les environne.

Il y a aussi les mutations dues à l'évolution de la société, à ce qu'on nomme souvent des phénomènes de société, aux changements des mentalités. Ce n'est pas du même ordre mais cela existe aussi. Et il y a une certaine interférence avec les mutations professionnelles.

Il faut tout prendre en considération pour ce que c'est et le traiter de façon appropriée sans tout embrouiller et uniformiser. Ce n'est pas si difficile que ça : un peu de bon sens.

Par exemple les problèmes des femmes salariées.

J.E. : *Justement : mutations dues principalement au changement du travail ou problème de société ?*

H.K. : Je pense que c'est principalement un problème d'évolution de la société, de la vie, des mentalités, qui n'est évidemment pas détaché de l'évolution du travail et s'y intègre mais ne se traite pas de la même manière que celui des catégories professionnelles comme les employés ou les techniciens, et n'appelle pas les mêmes types de solutions et d'organisation pour le syndicat.

Il en est de même pour la jeunesse dont je préfère parler plus loin, ou des immigrés que nous aurons aussi l'occasion de voir dans un autre chapitre.

Essayons de raisonner de façon rationnelle sans mélanger les oranges, les pommes, les tomates et les poivrons si je puis me permettre ce rapprochement écolo sans choquer personne : c'est beau et appétissant les marchés de Provence et d'ailleurs...

J.E. : *Parlons donc des femmes. Tu viens d'indiquer qu'elles représentent 40% des salariés. Dans la CGT, cela se traduit par quoi ?*

H.K. : Ce n'est pas d'aujourd'hui que nous signalons le fait considérable que représente l'entrée massive des femmes dans la vie professionnelle.

Cependant, il ne suffit pas de répéter cette vérité : c'est un phénomène durable et qui va augmenter ; nous en sommes effectivement à plus de 40% de femmes dans la vie professionnelle salariée.

Les femmes d'aujourd'hui veulent avoir un métier et travailler. Et ce, en dépit des contraintes de toutes sortes, parfois même quand les frais que cela peut entraîner sont tout juste couverts par le salaire. Elles y tiennent et se battent pour ça.

Pour la CGT, depuis toujours, le droit au travail pour les femmes est considéré comme une condition de leur émancipation, de leur indépendance. C'est ainsi qu'elles le ressentent au départ. Ensuite, *elles luttent,* ce qui n'est pas non plus un phénomène nouveau, mais elles sont de plus en plus présentes dans les luttes, souvent au premier rang, à l'initiative, et *elles gagnent*.

Elles gagnent et, malgré les difficultés et les discriminations, elles conquièrent certains droits. Elles se sont ouvert l'accès à certaines professions, même si ça reste limité et difficile. *Elles se syndiquent* si elles rencontrent le syndicat, et si le syndicat s'en occupe un peu. Il arrive aussi qu'elles créent elles-mêmes le syndicat, cela n'est pas complètement une découverte non plus mais c'est un phénomène qui se manifeste à présent avec une certaine ampleur.

Les militantes de la CGT sont des militantes à part entière, elles fournissent des dirigeantes de valeur capables d'exercer toutes les responsabilités, y compris les plus élevées, et qui n'ont pas à avoir de complexes. D'ailleurs, elles en ont de moins en moins. Elles ne veulent être confinées nulle part et pas davantage au syndicat, ce en quoi elles ont raison. Quatre femmes siègent au Bureau confédéral avec des responsabilités diverses, celle des femmes salariées étant confiée à Jacqueline Léonard.

Elles sont plus nombreuses effectivement à exercer des responsabilités syndicales de toutes natures *ce qui ne veut pas dire assez nombreuses.* Elles ne veulent pas considérer les problèmes féminins de femmes au travail comme une sorte de supplément, ni non plus comme leurs seuls problèmes syndicaux. C'est juste aussi. Il faut se donner partout les moyens les mieux appropriés pour répondre aux problèmes spécifiques des femmes salariées tels qu'ils se posent et qu'elles les ressentent.

De fait, les principales revendications qui font l'objet de l'action syndicale sont pour les femmes comme pour les hommes : qu'il s'agisse du pouvoir d'achat, de l'emploi, des fermetures d'entreprises, des libertés... Les luttes décisives actuelles rassemblent les travailleurs, hommes et femmes.

Et pourtant la lutte contre les discriminations de toutes sortes, de salaires, de carrière, demeure un grand problème. Il se pose partout, dans chaque catégorie professionnelle : ouvrières, employées, cadres, donc dans leur milieu, mais il se pose. Les femmes ont naturellement à agir elles-mêmes contre les discriminations, individuellement et collectivement. Mais pas seules. Ce sont les hommes qui devraient réagir le plus fort. Je n'y mets aucun « paternalisme », c'est à mes yeux un principe élémentaire de solidarité contre toute injustice. De même, lorsque les jeunes sont pourchassés, ce sont leurs aînés qui devraient réagir le plus. Et les Français lorsqu'il s'agit des immigrés.

J.E. : *Revenons aux mutations résultant principalement de celles du travail et des techniques. En quoi se caractérisent-elles et qu'est-ce qui en résulte pour la CGT ?*

H.K. : Je disais donc qu'elle doit prendre en compte tous les changements et s'y adapter pour bien correspondre à chaque catégorie telle qu'elle devient.

Ainsi les ouvriers demeurent la catégorie la plus nombreuse au sein des salariés. Mais sont-ils les mêmes qu'autrefois ? C'est une autre question.

En tout cas, première constatation à faire, la classe ouvrière est toujours là. Ceux qui prophétisaient sa disparition dans la société moderne se heurtent à la réalité de son existence. Et à la réalité des chiffres : avec 7 800 000 personnes en 1982 — 8 200 000 si l'on adjoint les contremaîtres —, les ouvriers à la production représentent 46,4% du nombre des salariés. L'augmentation des effectifs a été très faible ces dernières années, ce qui reflète l'approfondissement de la crise.

Les ouvriers restent le groupe le plus important du double point de vue des effectifs et de leur rôle dans la production des biens matériels. Ils sont aussi la force la plus consciente, la plus combative, celle qui a donné naissance au mouvement syndical, qui a fait de la CGT cette organisation que nous disons « de classe et de masse », ce sont les termes les plus exacts. Dit autrement : de lutte et de rassemblement, c'est bien de cela qu'il s'agit. La structure interne de la classe ouvrière a évolué. Le nombre d'ouvriers qualifiés s'est accru. Le groupe des OS, en croissance jusqu'en 1975, a relativement diminué dans la dernière période. L'effectif des manœuvres est resté stable. Mais tout indique que l'évolution de catégories ouvrières va connaître dans l'avenir de profondes transformations. Ces évolutions résulteront de la manière dont les mutations technologiques seront intégrées dans la société française.

J.E. : *Le logiciel comme instrument de travail n'introduit-il pas de nouvelles modalités d'intervention des hommes ?*

H.K. : Les nouvelles technologies impliquent des exigences considérables de développement des capacités humaines, tant dans les secteurs de la production que dans celui des services, un développement massif de la qualification du travail. Inévitablement, cela conduira à de profondes transformations des relations de travail et des rapports sociaux. Ces développements peuvent être très positifs pour diminuer la distance entre les diverses catégories de salariés dont ils tendent à rapprocher les caractéristiques. Il y a actuellement des recherches théoriques intéressantes sur l'évolution de la composition de la classe ouvrière. La CGT, qui s'adresse indistinctement à tous les salariés tout en donnant à la classe ouvrière la place qui lui revient, est attentive à ces travaux. En tout état de cause une telle évolution sera de nature à favoriser les rapprochements entre ces catégories de salariés. On voit donc la nécessité pour la CGT de bien être à jour dans l'analyse des mutations sociologiques présentes et à venir.

Actuellement, le patronat cherche à limiter la qualification et la promotion professionnelles à une minorité de salariés en excluant une masse de travailleurs contraints à une forme dévalorisée d'emploi.

Ces problèmes de la qualification professionnelle ont pris une importance considérable. Ils sont un terrain essentiel des luttes de classe pour une issue positive à la crise.

J.E. : *Donc comprendre tout ce qui a changé dans la classe ouvrière, le travail, les modes de vie, les mentalités, et se tourner résolument vers toutes les autres catégories ?*

H.K. : Oui, et ce n'est pas aussi simple qu'il y paraît. Parce que la CGT, historiquement, est née ouvrière. Ce sont les ouvriers qui ont créé les syndicats. Il en résulte des conséquences positives : cela aide à maintenir le syndicat sur des positions de classe. Les ouvriers demeurent par leur sens de classe, leur expérience, leur combativité, leur sens de l'organisation collective, la force principale, la « force de frappe » du monde du travail. Mais il peut y avoir aussi, si l'on n'y prend garde, des aspects négatifs : la tentation du sectarisme et de l'ouvriérisme. Je compare souvent ceux qui versent dans l'ouvriérisme à ces Parisiens qui se baladent en province en roulant des mécaniques, sous prétexte qu'ils viennent de la capitale. Ils me font honte en tant que Parisien moi-même. Heureusement que le véritable Parisien c'est autre chose et qu'il gagne à être connu. Je me sens capable d'en parler.

De même, justement parce que je suis, de mon métier d'origine, ouvrier professionnel et fils d'ouvrier, je partage la fierté ouvrière de bon aloi mais je combats la vanité et le sectarisme que représente l'ouvriérisme même si j'en comprends les causes et si je réagis sans brutalité mais sans concession lorsqu'il vient des intéressés. Je le suppporte beaucoup moins quand il est pratiqué par des gens qui ne sont pas ouvriers, si bien intentionnés soient-ils.

J'ai une trop haute idée de la classe ouvrière et de son rôle pour en accepter une caricature rétro qui me fait honte, à moi qui ai conservé ma mentalité d'ouvrier révolutionnaire cultivé. Cette outrance n'est pas vraie, elle repousse au lieu d'attirer et mutile ainsi l'activité syndicale qui s'adresse à l'ensemble du monde du travail salarié.

Or cette action a devant elle un vaste champ social. Les employés, par exemple, forment maintenant un groupe très important, le deuxième, avec ses propres différenciations. Au fil des années, plusieurs types d'employés sont apparus. Il y a des employés de vieille formation. Il y en a qui le sont devenus faute de mieux. Il y a ceux et celles qui aujourd'hui, jeunes et nombreux, le sont sans complexe, avec une formation, une fierté et une volonté d'exercer une profession utile, moderne, dans de bonnes conditions. Ils ont leur tournure d'esprit, leur vue des choses. Ni ouvriers ni cadres. Employés. Depuis un certain temps s'affirme chez eux une mentalité spécifique née d'une formation, de besoins et d'aspirations identiques. Comme les autres travailleurs, ils ont à défendre leurs intérêts mais on ne peut le faire bien qu'en faisant avec eux le syndicalisme CGT qui leur convient, avec les revendications, les méthodes de vie syndicale et d'action, le style et l'expression correspondant à ce qu'ils sont. Nous avons entrepris de le faire en grand, systématiquement, en confiant la tâche à un collectif « employés-liaison » animé par Lydia Brovelli qui, dans le Bureau confédéral, a par ailleurs la responsabilité des problèmes de l'enseignement.

Le cas des techniciens est encore différent. Leurs problèmes sont d'une autre nature. Ils constituent avec les ingénieurs et les cadres une masse nombreuse.

Le groupe des cadres moyens auquel appartiennent les techniciens a multiplié ses effectifs par trois depuis 1954. Selon l'INSEE, en 1982, il comptait 1 809 000 personnes, ce qui le classait au troisième rang des groupes de salariés.

La catégorie des cadres supérieurs qui comprend une forte proportion de salariés a eu l'expansion la plus rapide. Ses effectifs qui comptent 1 805 000 personnes se sont accrus de 267% entre 1954 et 1982. Tous rencontrent des problèmes de salariés, ce qu'ils sont bel et bien. On le leur fait d'ailleurs de plus en plus sentir et, à quarante-cinq ans, on commence à les regarder comme des vieux, dépassés dans leur métier. Il arrive qu'on s'en débarrasse et même si c'est avec une forte indemnité, on les brise.

Evidemment, quand on appartient à ce milieu, on ne parvient pas à la conscience sociale par les mêmes voies que le terrassier d'autrefois ou le métallo de 1936. C'est beaucoup plus compliqué. Il reste que beaucoup d'ingénieurs et cadres commencent à faire de la lutte de classe comme M. Jourdain faisait de la prose. Sans le savoir. Bien que certains en aient peur et persistent à le nier ! Quelquefois, c'est plutôt nous qui leur faisons peur dans la mesure où nous leur présentons la caricature de ce que nous devrions être.

J.E. : *La CGT peut-elle se prévaloir de progrès dans ce milieu des ingénieurs et cadres ?*

H.K. : Nous avons beaucoup progressé. Voilà trente ans que nous avons créé au sein de la CGT l'Union générale des ingénieurs, cadres et techniciens. C'est une organisation remarquable, bien à l'image de son milieu, très CGT, inventive, et avec un grand sens de l'initiative. Il n'y a pas d'équivalent : la classe, quoi ! Maintenant il lui faut grandir, ou plutôt : il nous faut la faire grandir.

A l'initiative de Benoît Frachon, nous avons demandé à la Fédération de l'énergie de détacher René Le Guen, qui était alors secrétaire général du Groupement national des cadres (GNC) de l'EDF et secrétaire général adjoint de la Fédération de l'énergie, pour construire l'UGICT. Il y a parfaitement réussi, avec évidemment le concours de bien d'autres militants de valeur.

Ce n'est pas un hasard si, au départ, le principal point d'appui et champ d'expérimentation fut la Fédération de l'énergie : nous avons célébré en février 1987 le cinquantenaire du « GNC » de l'EDF. Il y a cinquante ans, bien avant la nationalisation, les dirigeants de la Fédération de l'éclairage, comme on l'appelait alors, ont eu l'intelligence de comprendre qu'il fallait une organisation spécifique des cadres dans la CGT.

Ils étaient eux-mêmes des ouvriers, mais de quelle trempe : Marcel Paul, Léon Mauvais, Emile Pasquier. Et ils ont trouvé des ingénieurs à l'esprit libre et courageux autour de John Ottaway et plusieurs autres pour le faire. Car personne n'est moins libre qu'un cadre dans une entreprise privée : toute sa carrière dépend du bon vouloir du patron tant qu'il n'y a pas de statut digne de ce nom. Un cadre EDF me disait : « Avant la nationalisation et le statut, il fallait dire à un dirigeant de l'entreprise, respectueusement et toujours : "Oui, Monsieur". Après, et avec le statut, on a pu dire avec dignité et le sens de sa valeur personnelle : "Permettez, Monsieur !". »

D'autres initiatives plus ou moins menées à bien ont jalonné notre histoire. A la Libération une tentative confédérale a vu le jour. Elle fut brisée par la brutalité de la répression durant la guerre froide. Je garde le souvenir du courage de nombre de cadres CGT de cette époque dont beaucoup l'ont payé cher.

Ainsi l'UGICT a toute une histoire, un héritage. C'est la simple vérité. Il n'est pas mauvais que les nouveaux cadres et ingénieurs la connaissent.

Mais sans cesse la vie pose de nouveaux problèmes. Dans de grandes entreprises, il y a seulement vingt ans, la proportion était de 60% d'ouvriers et employés pour 40% de maîtrise, techniciens et cadres. Aujourd'hui, c'est l'inverse. EDF, SNCF, le site Renault-Billancourt et beaucoup d'autres sont dans ce cas. Pourtant la CGT demeure l'organisation majoritaire dans ces entreprises, tous collèges confondus, de l'ouvrier au directeur. 52 % à l'EDF, 59% sur tout le site de Billancourt où pourtant se trouve le siège social de Renault, 46% à la SNCF.

C'est là la concrétisation d'une sacrée évolution de notre travail syndical. Est-elle parfaite ? Sûrement pas.

J.E. : *N'y a-t-il pas des problèmes objectifs qui se posent entre catégories de salariés en raison de leur position dans le travail, de leur situation et de leurs mentalités ?*

H.K. : Dans les grandes entreprises, on n'a jamais affaire directement au patron mais à des chefs, à des cadres dirigeants qui sont aussi salariés.

Nous avons quelque chose à dire aux uns et aux autres. La franchise. Aux ouvriers : « Vous qui avez le plus d'expérience et de connaissances sociales, syndicales, ne vous trompez pas d'adversaire même si les rapports professionnels sont rugueux et s'il faut vous faire respecter. Souvenez-vous de ce que disait François Ceyrac, ancien président du CNPF, en s'adressant à un auditoire de chefs de grandes entreprises : « Si les cadres basculent, nous sommes perdus. »

Sans ignorer les contradictions et les frictions dues aux fonctions et aux exigences patronales, il y a convergence et même communauté d'intérêts sur bien des points et surtout sur l'essentiel. Il faut pourtant comprendre que les techniciens, et encore plus les ingénieurs et les cadres, ont une origine, une formation et une façon de considérer le travail, l'entreprise et la vie nécessitant un type de syndicalisme qui, bien que clairement CGT, tienne compte de ce qu'ils sont et ressentent. Pas pour faire du syndicat au rabais, mais pour faire, avec eux, un bon syndicat CGT, où ils se retrouvent.

Aux cadres ou agents de maîtrise qui exercent des fonctions de commandement nous disons : « Nous reconnaissons vos responsabilités et vos fonctions. Cependant il y a plusieurs manières de les exercer. Vous ne perdrez rien en autorité, au contraire, à agir avec tact et humanité. Longtemps vous avez cru, et souvent vous croyez encore, que vos intérêts sont du côté du patronat, des directions. Mais vous-mêmes avez des intérêts professionnels et personnels à défendre. Et vous êtes témoins de ce que l'on fait de l'industrie, des services publics, de l'économie. Quand il n'y aura plus personne à encadrer, ou seulement des sous-salariés sans qualification ni motivation professionnelles que croyez-vous qu'il vous arrivera ? »

Aux techniciens et ingénieurs qui n'ont pas de fonction de commandement nous disons : « Souvent vous pensez vous situer en-dehors des grands conflits. Mais voyez ce qui vous arrive déjà, personnellement et autour de vous. Êtes-vous si assurés de votre sort ? »

A tous nous posons la question : « De quel côté se trouvent votre intérêt et votre avenir ? Du côté de ceux qui font baisser le niveau de vie, qui détruisent les garanties sociales, bafouent la dignité des gens, leur refusent un vrai droit à la parole — qu'ils soient ouvriers, employés ou cadres — sur l'organisation du travail, la gestion de l'entreprise et son avenir ? Du côté de ceux qui gaspillent les biens, les équipements et les hommes ? Du côté de ceux qui suppriment les emplois sans en créer, qui liquident les activités ? Ou du côté des autres salariés qui en sont les victimes, comme vous l'êtes ou allez le devenir vous aussi ?

« Qui d'entre vous est à l'abri ? Et si vous pensez personnellement l'être, vous avez ou vous aurez des enfants, qui font ou feront des études. Où trouveront-ils un débouché alors que le volume des emplois existants diminue aussi gravement, que grandit la proportion d'emplois précaires et au rabais et qu'augmente le chômage, y compris pour les diplômés ?

Je pense à un cadre de Creusot-Loire devenu chômeur et qui s'est suicidé. D'autres sont moralement brisés ou pour le moins meurtris. N'aurait-il pas mieux valu se joindre plus ouvertement, plus énergiquement aux ouvriers et à cette minorité de cadres qui ont livré combat ? La sympathie et même le soutien ne suffisent pas, l'indécision conduit à l'échec. Si les cadres de Creusot-Loire avaient vraiment « basculé » avec la vigueur qu'il fallait, l'affaire était sauvée, et avec elle l'emploi et un atout industriel incomparable pour la France.

J.E. : *Justement, cela bouge sérieusement dans ces catégories de personnels, et dans beaucoup d'entreprises.*

H.K. : Oui, on enregistre des grèves d'ingénieurs, de techniciens, de cadres comme chez Technip, avec la CGT. D'autres encore, dans différentes entreprises à travers le pays.

Les progrès électoraux de la CGT dans les 2ᵉ et 3ᵉ collèges sont un fait dans la plupart des élections professionnelles.

C'est encourageant. Encore que nous avons la franchise de dire sans acrimonie mais sans tricher à bon nombre d'autres : se détacher de la CGC comme vous le faites, compte-tenu de son comportement, c'est normal. Mais si c'est pour tomber dans une CFDT dont vous ne pouvez ignorer qu'elle se contrefiche des problèmes industriels, des effectifs, de la qualité des services et de la recherche d'une autre gestion, cela mérite quelque réflexion. Les préventions sont-elles si grandes et si insurmontables ? Faut-il vraiment en arriver à la dernière extrémité pour cesser de se raconter des histoires et se décider ? Le temps n'est pas illimité...

Il y a une responsabilité mutuelle des ouvriers, des employés, des techniciens, des ingénieurs, des cadres en tant que salariés. A tous nous tenons le même langage, à l'opposé de toute démagogie, en tenant compte de la réalité vécue par chacun : « Vous êtes différents et placés dans des situations différentes. Chacun doit l'accepter *puisque c'est un fait*. Mais personne ne s'en sortira seul : ni individuellement, ni comme catégorie : l'intérêt vital de tous converge au point de devenir commun sur ce qui précisément est *vital*. »

Les plus expérimentés dans l'action syndicale doivent comprendre que tous ne peuvent faire exactement le même style de syndicat CGT qu'eux, ni s'exprimer de la même manière, ni agir dans les mêmes formes. Ce n'est pas si difficile.

Et les autres, ceux qui ne souhaitent pas faire un syndicat d'ouvriers et à qui nous ne proposons rien de tel ne se sentiront cependant pas diminués en acceptant l'idée d'avoir quelque chose à apprendre des ouvriers dans ce domaine, quitte à l'adapter à leur façon. C'est ce que leur offre la CGT avec son UGICT et toute l'expérience qu'elle représente.

Aux militants qui sont cadres ou techniciens nous demandons de faire le « syndicalisme cadres » de la CGT.

Beaucoup le font déjà d'excellente façon et réalisent du beau travail. Mais nombre d'autres, disons le franchement, préfèrent déployer leur activité dans les syndicats ouvriers : ils s'y sentent mieux et je les comprends. Mais ce n'est pas un problème de goût personnel, de confort intellectuel ou d'ambiance plus combative : car c'est dans leur milieu qu'ils ont les plus grands services à rendre à l'ensemble des salariés. C'est à eux qu'il incombe de mener une activité CGT affinée et efficace parmi leurs collègues, tels qu'ils sont et tels qu'ils peuvent et doivent évoluer.

Certes, c'est plus difficile et plus long, on n'en voit pas le résultat instantanément. Et alors ? Quand on choisit sa catégorie professionnelle, il faut l'assumer dans toutes ses implications, y compris au plan de l'action syndicale. Il ne faut pas craindre l'indifférence apparente ni l'hostilité déclarée. Aucune catégorie de salariés n'est condamnée à perpétuité à ne rien comprendre à la société, aux rapports sociaux et à la nécessité d'une organisation syndicale digne de ce nom.

J.E. : *Les ouvriers n'ont-ils pas un rôle à jouer dans l'accession des cadres, disons, à la « conscience syndicale » ?*

H.K. : Les militants ouvriers expérimentés ont aussi une grande responsabilité.

J'ai dit plus haut ce que je pensais de l'ouvriérisme, aussi puis-je tranquillement souligner maintenant ce que représente, non seulement à mes yeux mais *de fait*, ces ouvriers dont tu parles, composante fondamentale de la CGT et du mouvement ouvrier, avec les caractéristiques historiques des luttes de classe en France et de la classe ouvrière de notre pays.

Que les bons esprits à la mode glosent sur l'archaïsme, sur le rôle dépassé du militant typique de la CGT : ouvrier qualifié ayant acquis d'un même mouvement sa conscience professionnelle et sa conscience de classe. Ils ne sont plus à une ânerie près.

Bien entendu, je l'ai assez dit, le monde du travail a changé, s'est agrandi et diversifié. Mais l'ouvrier qualifié révolutionnaire, s'il n'est plus professionnellement et à bien des égards pareil que ses aînés, existe toujours, joue un rôle essentiel et a conservé, en les perfectionnant, ses qualités décisives.

Chaque génération est autre et, passée à la maturité sur les épaules de la génération précédente, elle lui est au total supérieure. N'idéalisons donc rien, ni le passé ni le présent. J'ignore jusqu'où iront les transformations encore à venir, seulement je constate que pour un temps imprévisible ce type de militant est toujours là. Or c'est effectivement eux qui ont été la force principale de la formation et de l'évolution de la CGT. Dans nombre d'entreprises industrielles, ils sont placés à la charnière. Hier, ce sont eux qui ont su aider les OS inexpérimentés à s'organiser, à former leurs propres cadres et à devenir une force organisée et syndicalement qualifiée.

Aujourd'hui, la frontière professionnelle est légère entre l'ouvrier très qualifié et le technicien, et la mentalité pas si difficile à rapprocher. Mais la conscience de classe, l'expérience sont là. Sans condescendance, avec modestie, les militants de ce type peuvent jouer un rôle capital pour faciliter aux techniciens l'acquisition d'une expérience, d'un savoir-faire syndical adapté à leur milieu.

C'est l'affaire des techniciens eux-mêmes ? Principalement. Et ce sera leur mérite. Reconnaissons tout de même qu'un coup de main intelligent des « pro », là où il faut, ne peut que faire du bien. Cette attitude donne déjà en bien des endroits des résultats encourageants. Et nous n'avons pas trop de tous nos atouts pour gagner du temps et avancer.

J'aurais bien d'autres choses à dire sur ce sujet passionnant et complexe. Je suis capable d'être torrentiel, surtout si je manque de temps. A toi de me contenir pour que ça tienne dans un livre d'environ deux cent cinquante pages ! Mais je vais me discipliner... Quoi qu'il en soit, c'est une sacrée évolution dans notre travail syndical !

Est-il parfait ? Non. Surtout par rapport aux immenses besoins. Une partie importante de la CGT n'a toujours pas compris la nécessité de s'orienter vers ces nouvelles catégories, ou ne sait pas le faire. Je connais de bons gars qui disent : « Tu me diras ce que tu voudras, mais on ne peut pas compter sur ces gens-là, ce n'est pas la peine, etc. » Ce type de raisonnement existe et n'est pas simple à surmonter : cela dépend des hommes, des lieux, des comportements réels de part et d'autre et des périodes. Mais dans l'ensemble on progresse, et des deux côtés.

On affine les syndicats ou sections UGICT où il faut souvent distinguer entre maîtrise et cadres, entre techniciens et ingénieurs, entre encadrement des hommes et matière grise sans commandement. L'idéal, dans une entreprise d'une certaine importance, c'est d'avoir un syndicat (ou une section) d'ouvriers, un autre UGICT avec ses nuances, un autre d'employés, le tout coiffé par un comité syndical de coordination. C'est une seule CGT, tirant dans le même sens, mais avec ses dispositifs bien adaptés pour un but commun. Ça commence à se réaliser. Trop lentement à mon avis.

J.E. : *La difficulté de cette mise à jour, c'est aussi que tous ces changements, toutes ces mutations dans le monde du travail relèvent d'un processus continu. On ne se réveille pas un matin en se disant : « Tiens, la société a changé ! On va donc changer notre travail, nos méthodes. » On est en présence d'un processus dont on n'a pas une claire conscience immédiatement.*

H.K. : Personne. En tout cas pas tous ensemble. Aux responsables incombe le devoir d'en prendre conscience plus tôt que tout le monde. Ça vient. On est déjà loin des schémas vieillots par lesquels on nous présente. La CGT en marche, c'est ça ! Pour autant nous n'éprouvons aucune autosatisfaction parce qu'on aurait toujours pu faire mieux et plus tôt, et parce qu'il y a un fantastique travail à accomplir dans des conditions très difficiles : ça canarde de partout. Mais on ne mène pas à la baguette un corps militant de plusieurs centaines de milliers de personnes, comportant toutes les tranches d'âge et des expériences, des idées très diverses.

J.E. : *Ça ne marche pas au sifflet ni au pas de parade comme à l'armée.*

H.K. : Non, ce n'est pas l'armée. Notre corps de militants est un ensemble de volontaires et de bénévoles. Cela fonctionne non par méthode de commandement, mais par persuasion, par la discussion, par le débat démocratique. Ce qui prend du temps et demande toute une formation. Laquelle formation inclut la critique : il faut savoir manier la critique.

Moi je préfère la conduite en souplesse à la conduite un peu trop sèche. Si j'osais une expression à la mode, je dirais : ça ne me gêne pas que "ça décoiffe", ça ne me pose pas de problème personnel particulier comme on sait, mais je comprends que tout le monde n'aime pas ça. Cela dit, il faut avancer et donc parler clair et ferme. De ce point de vue, je ne voudrais pas être mal compris de ceux qui se dépensent avec courage et dévouement, même s'ils sont parfois maladroits. Que personne ne s'offense de ce que je dis, c'est tout simplement le constat d'une réalité.

Je connais des organisations de la CGT qui sont admirables, qui font exactement comme il faut faire et s'en portent bien. D'autres ne sont pas comme ça. Certains font ce qu'ils peuvent, et ce n'est pas faute de désirer faire mieux. J'en connais qui pourraient le faire et ne le font pas. Il ne faut pas hésiter à dire la vérité et en tirer les conséquences. On n'est jamais diminué de reconnaître qu'on s'y est mal pris. Au contraire, on s'améliore soi-même et on est mieux compris, davantage estimé, quand on a su corriger ce qui est un défaut.

J.E. : *Quand tu parles des militants, de ces centaines de milliers de responsables de sections syndicales, de délégués, de collecteurs de timbres, de diffuseurs de journaux, tu en parles avec beaucoup de chaleur, de sentiment, avec une sorte de tendresse.*

H.K. : Oui, Je ne m'en cache pas. Je suis à la fois passionné et réservé, mais je suis des leurs et ils sont les miens. On dirige avec sa tête mais aussi avec ses tripes. Ils sont la chair vivante de la CGT. Et, je l'ai déjà dit, ils sont des volontaires, des bénévoles qui prennent sur leur temps libre, sur leur vie familiale tout ce qu'ils consacrent au syndicat. Ils représentent un immense capital de dévouement, de bonne volonté, de compétence. Ils sont la force de la CGT.

Lorsque des problèmes se posent, lorsqu'on veut par exemple transformer des façons de penser qui sont le fruit d'un héritage historique, il faut bien voir que ces militants sont des êtres humains, pas des machines. Ils ne sont pas des objets mécaniques répondant au quart de tour. D'ailleurs, c'est déjà démodé, « le quart de tour » ! A présent un appareil électronique répond au millième de seconde. La vie militante est faite de rapports humains auxquels il faut accorder la plus grande attention. Un dirigeant doit être ferme, ne pas craindre de dire ce qu'il faut quand il le faut.

Toutefois critiquer n'est pas maltraiter. On ne maltraite pas un combattant en difficulté ou qui a subi un échec. On l'aide. La critique, c'est le franc-parler assorti de bonne camaraderie et de fraternité. Il ne faut pas craindre de dire la vérité en tâchant de ne pas offenser. Et encourager sans flatter, mais encourager quand ça va bien.

Moi-même je revendique le droit de me tromper, sinon je me croirais infaillible et je serais alors dangereux. Je reconnais ce même droit à tout le monde. Mais l'amitié, ça ne consiste pas à laisser quelqu'un s'enfoncer sans le lui dire pour ne pas le vexer : on le laisse échouer amicalement... L'amitié vraie ça consiste dans ce cas à lui dire la vérité pour l'aider à réussir. Même si ce n'est pas bien pris sur le moment car personne n'aime ça. Je le demande pour moi, j'essaie de le faire pour les autres. On n'est pas obligé de le faire comme une brute.

J.E. : *La CGT, c'est aussi des milliers de permanents ?*

H.K. : Nos permanents syndicaux ne sont pas des gens à part. Avant tout, ils sont des militants comme les autres, mais qui militent à plein temps.

Ceux qui organisent leur dénigrement ne veulent aucun bien aux travailleurs. En face de nous, il y a de formidables appareils de permanents de luxe, bien payés. Dans les directions du personnel des entreprises, dans le CNPF et ses organisations, dans tout l'appareil d'Etat. La classe ouvrière, les salariés ont besoin de se former leurs propres cadres, leurs appareils, oui ! Avec ce qu'il faut de permanents. Il y en a actuellement 1 152 dans toute la France. Je ne compte évidemment pas les délégués élus dont le temps disponible est lié à un système sans lequel il n'y a pas de représentation des personnels. C'est peu globalement. Il n'en faut pas trop mais un peu plus ce ne serait pas mal.

Et si personne n'est parfait, ce qui les caractérise c'est un beau dévouement.

Comme beaucoup d'autres, j'ai gardé la mentalité de mes origines, de mes débuts militants. J'en suis profondément imprégné parce que ce sont à la fois mes attaches familiales, mes amitiés de jeunesse, et c'est resté mon monde. Cela ne veut pas dire que je n'ai pas de relations d'amitié extérieures au monde militant. J'ai, fort heureusement, des amis qui ne militent pas et d'autres qui n'ont pas mes opinions. J'ai horreur de tout ghetto. Mais mon milieu principal demeure celui des militants, permanents ou non, des gens simples, ordinaires. C'est mon univers. Je le dis de temps en temps : j'ai gardé mon âme de délégué du personnel. Je ne sais pas faire autrement.

Et cela m'aide dans mon travail de direction. Parce que diriger, c'est comprendre le militant *d'entreprise,* c'est être capable à tout moment de se mettre à sa place, c'est savoir qu'il ne suffit pas de dire « y'a qu'à » pour que ça se fasse. C'est comprendre les difficultés du militant qui arrive à sa boîte le lundi matin quand les gens ont dans la tête tout ce qu'y ont déversé les radios, la télé... et qu'il faut expliquer patiemment : « Attention les gars, ou les filles (je crois que les plus jeunes disent « les mecs et les nanas », mais je préfère m'en tenir à mon vocabulaire), c'est autrement que ce qu'on vous a raconté ! » Ce n'est pas facile, mais ça se fait.

Un dirigeant doit le comprendre et ne pas dire : « Tu dois faire ça » mais : « Réfléchissons ensemble pour voir ce qu'il faut faire. »

J.E. : *Tu emploies souvent les mots « camarade » et « confiance ». Je trouve cela assez extraordinaire. Quand on a connu comme toi les camps d'extermination, quand* *on a été victime de la barbarie nazie, quand on a vécu une expérience aussi démesurément inhumaine, on aurait pu être enclin à douter de l'homme, à se comporter dans la société avec une carapace de dureté et de méfiance.*

H.K. : « Camarade » je l'emploie peu dans mes interventions en public, il est des milieux où l'on peut en sourire ou ne pas l'apprécier. Tu me vois m'adresser à un auditoire d'ingénieurs ou même d'employés en hurlant : « Camarades ! » ? D'ailleurs, à la CGT, il n'y a rien d'obligatoire. Je connais des syndicats où l'on s'appelle Monsieur et Madame, ou simplement par son nom. De même, il n'y a rien qui oblige au tutoiement. C'est comme on le veut dans chaque milieu professionnel.

Moi je conçois le mot chargé de sensibilité et de fraternité. Et fraternité signifie être humain. Il n'y a pas plus humain que nous. On peut l'être autant, mais pas plus. Tu fais allusion à des périodes dramatiques que j'ai vécues. Je n'en ai pas tiré des raisons de misanthropie, de dureté ni de méfiance. J'en ai appris beaucoup sur l'homme et cela m'a rendu à la fois exigeant et beaucoup plus compréhensif. J'ai connu de braves gens que des épreuves trop cruelles ont brisés. La responsabilité ne leur en incombe pas mais à leurs bourreaux. En ces derniers, j'ai vu jusqu'à quel stade de sadisme des hommes pouvaient être pervertis. Mais j'ai appris aussi qu'on peut tenir. J'ai connu des hommes et des femmes qui font honneur à la notion d'Homme et qui, dans la pire adversité et dans les pires dangers, donnaient aux mots : dignité, courage, droiture, fraternité, leur sens le plus fort et le plus pur. En fin de compte, je n'ignore pas grand chose des faiblesses humaines mais j'en ai retiré principalement une confiance extraordinaire dans l'homme. Je suis un optimiste qui ne se raconte pas trop d'histoires, et qui mise sur le meilleur en sachant évidemment qu'il n'est pas certain. J'ouvre un crédit et il devient ce que les intéressés en font.

Quant à nos militants, ils ont la force que confère un grand idéal vécu en commun. La vie militante est très formatrice. Elle ne demande pas des héros mais de la générosité, de la disponibilité, du temps pour les autres. Même si on le fait autrement qu'à d'autres époques, il faut cela. Et, si on ne se laisse pas aller, on en devient meilleur, grâce au collectif.

J.E. : *Le syndicat cela représente des dizaines de milliers de militants de base qui sont à l'usine, qui sont des ouvriers à la production, des employés au travail. Mais la CGT, c'est aussi des milliers d'élus qui ne sont plus à la production, qui sont dans les comités d'entreprise, dans les conseils d'organismes sociaux.*

Ici même dans ce vaste immeuble de Montreuil si moderne et fonctionnel ou siègent la Confédération et les Fédérations travaillent quelque 400 permanents. Un tel appareil ne comporte-t-il pas le risque de dérapages bureaucratiques ? Pour être plus direct, la bureaucratie, ça existe à la CGT ?

H.K. : Toute forme d'organisation engendre sa bureaucratie et sa routine. Que ce soit une administration, un parti et tout ce qu'on voudra. Le syndicat a de grandes vertus. J'ai une haute idée de ce qu'est un syndicat CGT. Mais il a un revers comme le soleil a son ombre. Il engendre un certain type de bureaucratie et aussi de technocratie. Ce n'est pas une question de négligence mais un phénomène naturel. Tu donnes un bout de pouvoir à une personne qui peut influer si peu que ce soit sur le sort des autres, tu risques déjà ce phénomène. Place quelqu'un derrière un guichet, donne-lui le plus petit galon, cela confère un certain pouvoir. Il y a des gens que cela rend vaniteux. C'est la vie et cela arrive dans une organisation syndicale. Le manque de démocratie et l'autoritatisme sont source de bureaucratie.

Le plus grave est la perte de contact avec les gens. C'est le risque de toute structure organisée. De ce point de vue les anarchistes d'autrefois n'avaient pas tort. D'ailleurs, le débat ne portait pas sur ce point mais sur les moyens de le surmonter. Peut-on vivre à notre époque sans vie organisée, sans structures, etc. Il ne faut pas rêver. Nos arrière-petits neveux, comme disait Engels, trouveront eux-mêmes ce qui leur conviendra. Aujourd'hui, il faut des organisations en sachant qu'elles engendrent des formes de bureaucratie qu'il faut donc combattre en permanence. Je le répète, toute structure comporte ce risque, encore aggravé par les faiblesses humaines. Je veux supposer que nous en avons moins que d'autres. Mais nous en avons forcément aussi. Nos militants sont généreux, capables d'extrême dévouement, voire d'exploits : pourquoi n'auraient-ils pas leur part de faiblesses ?

Le plus grave, c'est quand on se laisse engluer dans un tas de choses. J'ai effectivement fait une série d'articles dans *la Vie ouvrière* sur le travail syndical d'une façon amicalement mais fermement titillante. Je rendais hommage aussi aux délégués et, en même temps, je critiquais certaines pratiques trop fréquentes. Qu'est-ce que c'est qu'un délégué ? C'est un parmi les siens. Egal. Il faut vivre au milieu des siens. Il faut bien être dans les réunions des organismes auxquels on a été élu. Je ne suis pas pour les exagérations ni dans un sens ni dans l'autre. Les organismes sociaux de toutes natures sont des conquêtes faites pour y défendre les travailleurs, exercer, non sans mal, des droits de contrôle encore bien limités, assurer la qualité des réalisations sociales. Il y a des comités d'entreprise et d'établissement, etc. Dans les grandes entreprises qui ont plusieurs établissements il y a, nous nous sommes battus pour cela, des comités centraux d'entreprise et dans les groupes industriels et financiers des comités de groupe...

Il faut y être, se qualifier, connaître les dossiers, travailler et préparer les propositions de la CGT. Cela demande une bonne coopération entre les élus et les directions syndicales de tous niveaux. Jeanine Marest, dont c'est l'une des tâches au Bureau confédéral, se bagarre assez pour que chaque direction s'en considère vraiment responsable. Pourtant, il faut rester disponibles pour continuer à travailler et consacrer du temps à ses électeurs. Les gens veulent voir leurs délégués et le délégué a besoin d'être avec eux.

Il faut distinguer cela des organismes inutiles ou des réunions « bidon » fabriquées par les directions pour isoler les élus. De même, faut-il se méfier des permanences installées dans les entreprises qui indisposent les salariés et donnent de mauvaises habitudes à certains militants. Attention à ne pas se laisser couper des gens. Le moins possible de permanents et plus de monde au travail, avec des heures de disponibilité, plus nombreuses et mieux réparties, partager au maximum les tâches et y intéresser le plus de monde possible, c'est la meilleure façon pour que chacun entretienne ses racines. Il y a de grandes entreprises où les patrons ont liquidé le syndicat en isolant ainsi les militants, quitte à y mettre le prix par un nombre inutile de permanents dont les gens se demandent à quoi et à qui ils servent. Par contre, les détachements raisonnables pour des responsabilités locales, régionales ou nationales, c'est autre chose et il en faut !

J.E. : *Alors, garder ses racines, c'est le meilleur remède contre la bureaucratie ?*

H.K. : C'est l'antidote : ne jamais attraper la grosse tête, démocratie, participation réelle du plus grand nombre, contrôle des syndiqués sur leurs responsables et des travailleurs sur leurs élus.

Il faut accepter le contrôle de ceux qui vous ont mandaté. C'est décapant. Une bonne douche et un coup de gant de crin, ça fouette le sang ! On doit non seulement accepter le contrôle mais l'organiser quand il ne vient pas assez vite. L'entretenir et en tenir compte. C'est un bon moyen d'éviter de s'encroûter et d'encroûter l'organisation.

La bureaucratie, ça n'existe pas seulement chez les autres, et il n'est pas besoin pour la rencontrer d'être dans un pays socialiste. Nous avons la nôtre, balayons devant notre porte. Partout où l'on s'est montré routinier ces temps-ci, on n'a pas obtenu de résultats de luttes, ni d'adhésions, ni de bonnes élections. Il y manque l'élan. Parce que ça ne fonctionne pas, ça ne correspond plus à la mentalité d'aujourd'hui, notamment à la mentalité des jeunes. A présent, l'aspiration à compter pour un dans l'entreprise, dans le syndicat, dans la cité, dans la société est très forte. Or, justement, cela correspond à ce que nous voulons que la CGT soit.

Cela m'amène à dire à ceux qui ne sont pas syndiqués, qui ont des préventions parce qu'on leur a donné une image différente de la CGT dans leur entreprise : « Aidez-nous ! Si ce que vous voyez chez vous ne ressemble pas à ce dont j'ai parlé, c'est qu'on y est à côté de ses pompes ! Nous travaillons à faire partout ce que nous disons. La preuve, c'est qu'on en a fait quand même un grand morceau et ça commence à se voir, surtout depuis quelque temps. Aidez-nous donc ! Si c'est ça qui vous plait, si vous n'appréciez pas une CGT routinière, bureaucratique, qui n'informe pas, qui ne demande pas l'avis des gens ou qui n'en tient pas compte, si vous n'aimez pas ça, vous avez raison ! Ce n'est pas la vraie, ce n'est pas la bonne, même si ceux qui le font n'ont pas une mauvaise intention : ils se trompent. Ils ne sont pas ou plus dans le coup. Aidons-les ensemble. S'ils sont bons, ils ne se formaliseront pas et s'y mettront de bon cœur car le résultat sera plus encourageant. Venez ! Si la CGT dont je vous parle et qui existe déjà vous convient, venez et faisons-là ensemble partout. »

Encore une fois, je ne veux offenser personne et surtout pas généraliser. Mais je dis ça pour les cas de laissez-aller, de réunions qu'on ne peut plus faire après les heures de travail — ça existe ! — ou bien pour les permanences trop souvent fermées à certaines heures ou certains jours où elles devraient être ouvertes.

Il y a comme ça des faiblesses humaines. Il n'est pas nécessaire d'être violent mais il faut savoir se ressaisir ou changer quand ça arrive.

J.E. : *Ne pas perdre ses racines pour prévenir tout dérapage bureaucratique, garder un étroit contact avec les syndiqués,* *avec les salariés, tu en fais une règle. Tu as entre autres écrit dans un certain nombre d'articles qu'il fallait pratiquer « un syndicalisme au quotidien » et tu as même employé l'expression quelque peu provocante de « syndicalisme banal ».*

H.K. : La CGT ne peut exister solidement, s'enraciner et jouer son rôle qu'en étant d'abord l'organisation qui, dans l'entreprise, la localité ou la profession, accomplit ses tâches immédiates, en prise directe avec les préoccupations des travailleurs. De quoi ont besoin les travailleurs ? Qu'est-ce qu'ils revendiquent ? C'est le pain quotidien de la vie syndicale.

Nous sommes effectivement le syndicat du quotidien, le syndicat de la feuille de paie, de la feuille d'impôt, des conditions de travail, de la dignité, de l'emploi, de la formation professionnelle, de la promotion, des histoires individuelles et des problèmes collectifs, petits ou grands. Le syndicat des réalisations sociales. Et cela vaut pour toutes les catégories de personnel.

C'est la raison première d'exister du syndicat. Il a été créé pour ça. Pour répondre avant tout à ce besoin-là ! Le rôle de la CGT s'arrête-t-il là ? Non, mais à coup sûr il commence là. C'est l'ABC du syndicalisme ! C'est en attachant une importance permanente à cette fonction immédiate du syndicat, en faisant bien ce travail enraciné dans les problèmes de la vie de chacun, que le syndicat accomplit sa mission et devient un éveilleur d'esprit, acquiert une dimension de masse. Ce qui lui permet également d'intervenir, plus que par le passé, sur toutes sortes de questions qui concernent la vie des gens : rapports sociaux, problèmes de modernisation, de formation, de santé, d'éducation, de culture, d'urbanisme, de sport, etc., pour lesquelles il a des solutions à apporter. C'est en faisant cela que nous nous mettons en mesure de contribuer à la formation de la conscience sociale, de la conscience de classe, non par des discours mais par l'expérience de la vie.

C'est aussi par là que nous nous plaçons en situation de pouvoir contribuer, à notre façon, à tout mouvement vers le progrès, la démocratie, pour la paix, les grandes causes humaines et la transformation de la société.

Je dis *contribuer* car le syndicat ne peut prétendre tout faire à la place des autres organisations qui agissent dans la vie publique. J'ai quelques références à cet égard. Ne pas faire moins que ce qu'il doit compte-tenu de ce qu'est la CGT. Mais résister à tout ce qui est déraisonnable pour le syndicat et pour tout ce qui normalement a une fonction à accomplir dans la lutte de la classe et la vie associative.

C'est délibérément, par provocation et pour attirer l'attention, que j'ai appelé ce syndicalisme « banal » pour en faire l'éloge. Parce qu'il n'est pas banal du tout. C'est LE syndicalisme et sa grandeur. « Elémentaire », pour moi, ce n'est pas un mot roturier mais un mot noble. Cela veut dire : fondamental. Et les fondations doivent être inébranlables. Les grands moments exaltants sont relativement rares, la vie est faite d'un indispensable travail de fourmi, inlassable, sans lequel rien de grand ne peut arriver. Cette humilité recouvre une immense ambition.

C'est parce que nous avons une vue élevée du rôle transformateur de la classe ouvrière et du monde du travail, et une haute idée du rôle que doit y jouer le syndicat que nous veillons à ce qu'il mène son action terre à terre de défense des intérêts individuels et collectifs des travailleurs quelles que soient les circonstances, même dans les plus grands moments : pour que l'arbre grandisse et porte tous ses fruits, il faut veiller à ses racines.

Le syndicalisme au quotidien, c'est un ensemble de tâches multiples, souvent difficiles, qui ne nécessitent pas seulement du dévouement, mais aussi de grandes capacités.

Pour bien l'accomplir, il faut, impérativement, une organisation. Oui, une organisation solide et bien vivante. On ne peut mener la lutte permanente de défense des intérêts des travailleurs en improvisant constamment avec des assises incertaines, inexpérimentées et intermittentes.

Il faut la continuité. A l'entreprise avant tout, puis à tous les échelons nécessaires.

Le minimum indispensable pour qu'une organisation ait une existence — même à l'état embryonnaire — c'est 1° d'avoir des adhérents, une certaine structuration, des cadres, donc une direction, avec une vie intérieure régulière ; 2° d'avoir des objectifs et des initiatives concrètes, au minimum le cahier de revendications ; 3° de s'exprimer : journal, autres moyens d'expression.

Il faut ces trois choses-là ensemble pour exister. Mais nous sommes et devons être ambitieux : beaucoup d'adhérents, de bonnes structures bien enracinées dans chaque entreprise, de bonnes directions avec beaucoup de militants et vivant bien, collectivement et démocratiquement, une activité revendicative incessante avec les travailleurs et un bon travail inventif pour communiquer, diffuser notre presse et nos idées. Et, partant de là, à tous les échelons nécessaires. Entre tous j'évoque celui de la localité. Il n'y a pas d'échelon plus efficace que l'union locale : c'est le plus près des entreprises, là où l'on met les forces et les expériences en commun et de là que l'on aide les plus faibles. Demande à Michel Warcholak le travail que tout cela représente : il est chargé de l'animer avec nous tous. Bien entendu tout cela nécessite de bonnes finances. Et pas question de laisser nos administrateurs si éminents soient-ils, comme Pierre Koehler mener cette bataille seuls. C'est l'affaire de tous.

J.E. : *Tu attaches un grand prix à l'éducation syndicale, à la culture, à l'effort personnel d'étude. C'est une idée qui revient souvent dans tes articles, dans tes propos.*

H.K. : Si la classe ouvrière et l'ensemble des salariés ont le rôle historique que nous croyons, ils ne peuvent l'accomplir avec des ignorants. Un militant responsable doit avoir les connaissances et la qualification voulues. Nous devons être capables de faire jeu égal avec les gens que nous trouvons en face de nous, sortis de grandes écoles, et ayant une formation spécialisée pour former l'encadrement supérieur du pays au service de la bourgeoisie.

Au plus haut niveau nous avons comme interlocuteurs le pouvoir politique et le patronat. Dans les entreprises, nos militants ont pour vis-à-vis des gens spécialement formés pour les rapports avec le personnel, des gens chargés de l'action psychologique et de la manipulation. Donc pas n'importe qui. Ils sont nombreux, formés, compétents. Nous, avec peu de monde, il faut faire face. Mais ce peu de monde-là a sa supériorité. Il s'agit de militants qui y mettent tout leur cœur, qui passent des jours et des nuits, qui s'identifient à la cause qu'ils défendent. Et cela n'a pas de prix, cela ne s'achète pas. En même temps, il faut savoir que ça ne vient pas tout seul. Il ne suffit pas d'être élu à une responsabilité, il faut coûte que coûte acquérir les connaissances nécessaires.

Les militants y parviennent.

Est-ce que c'est le fait de tous ? Non. C'est déjà beau comme ça, cela dit on ne peut se contenter de ce qu'on a. Il faut se battre, contre soi-même, surtout dans les conditions modernes où il y a tant de besoins normaux, tant de tentations, la télé et d'autres activités qui n'existaient pas dans le passé. On vit autrement aujourd'hui. Comment ne pas l'admettre ? Nous devons vivre avec les mœurs de notre temps. Nous ne pouvons pas être une sorte de personnage effrayant qui ne s'intéresse à rien de ce qui fait la richessse de la vie. Il faut pourtant arriver à acquérir et entretenir les connaissances et le bagage culturel indispensables. Il n'y a pas de recette uniforme, mais rien ne remplace l'effort personnel pour acquérir des connaissances sans lesquelles, permanent ou non, on n'est pas à la hauteur pour accomplir ses responsabilités. Qu'on ait un bagage universitaire ou non, d'ailleurs. Dès lors qu'on les a acceptées de la part des travailleurs, il faut se mettre au niveau. Y parvenir n'est pas simple. L'esprit militant, c'est très beau, mais on le pratique avec des êtres humains ayant leurs problèmes, leur famille, leurs limites personnelles et leur façon de vivre.

Moi, j'ai eu la chance de travailler avec des hommes de très haut niveau, intellectuels de formation universitaire ou d'origine ouvrière. Mais ce que j'ai lu et étudié, ce que je continue à faire pour être à jour et parce que cela me plaît, personne n'a pu le faire pour moi. C'est ce qui m'autorise à répéter : rien ne remplace l'effort personnel et le temps qu'il faut prendre pour cela. Suivre des stages et lire, lire, lire des publications et des livres. Et, tout de même, vivre ! Nous sommes nombreux a y arriver, chacun peut le faire à sa manière et à son rythme. Mais le faire...

J.E. : *Je te propose de conclure ce chapitre en parlant de la jeunesse. Les jeunes des années quatre-vingt subissent plus que tout autre génération le chômage. Un chômeur sur deux est un jeune. Des centaines de milliers d'entre eux sont à la recherche d'un premier emploi. Parfois depuis des années. Beaucoup ont le sentiment que l'avenir est fermé pour eux, que l'égalité des chances est un leurre, qu'ils sont victimes d'une sélection impitoyable à l'entrée dans la vie active. Comment la CGT aborde-t-elle cette jeune génération ?*

H.K. : Toute nouvelle génération pose des problèmes par rapport à la précédente. Je crois qu'il en est ainsi depuis que le monde est monde.

L'éternel problème posé en permanence, c'est de comprendre l'autre, donc de comprendre les jeunes. J'ai des enfants, et des petits-enfants maintenant. J'habite une cité HLM où il y a beaucoup de jeunes. On se dit bonjour. Parfois ils me posent des questions, quand ça les intéresse je n'ai pas de mal à discuter avec eux. Je les prends au sérieux. D'abord j'écoute ce qu'ils disent. J'essaie de comprendre ce qui les anime. Je suis contre le paternalisme et contre la flatterie.

Ce n'est pas parce qu'on est jeune qu'on a tous les défauts et il ne suffit pas non plus de l'être pour avoir toutes les vertus. Je crois que ce n'est pas si difficile d'établir une relation franche avec les jeunes. Il faut se souvenir comment on était soi-même au même âge, comment on réagissait face aux adultes et à quoi on pensait. Il suffit d'être sincère avec eux, en les prenant au sérieux et en essayant de les comprendre sans leur parler ni comme un vieux ni en essayant de passer pour un jeune, ce qui est ridicule. Il faut être naturel, simplement. Il est vrai que l'on rencontre dans la jeunesse, en général, une pureté, une fraîcheur, une disponibilité qu'on ne retrouve souvent plus ensuite avec la même force sauf, peut-être, chez un certain nombre de ceux qui ont su entretenir ces qualités en acceptant de prendre de l'âge.

On ne dit pas pour rien que la jeunesse est « le printemps de la vie ». C'est aussi une époque de sincérité, d'honnêteté dans les rapports humains ; les jeunes aiment le naturel et la franchise. Ceux d'aujourd'hui vivent une période particulière, celle de la crise. Or la crise accumule les phénomènes de détresse, les familles brisées, les jeunes déboussolés, souvent mal préparés par le système scolaire. Inadaptés, vulnérables.

Beaucoup d'entre eux ne reçoivent pas une bonne formation professionnelle. Ils se retrouvent ensuite sans débouchés, sans travail ou avec un travail qui ne les intéresse pas. Et ces petits boulots : ramasseurs de papiers gras à 1 200 francs par mois pendant quelques mois, et ensuite chômeur : c'est une entrée dans la vie ça ? Quel accueil !

Même les étudiants qui réussissent ne sont sûrs de rien. Pourtant on est gai quand on est jeune. Même quand on connaît les pires difficultés, on a envie de vivre. On prend les choses autrement que plus tard.

A ceux qui racontaient n'importe quoi sur la jeune génération, on a vu ce qu'a été la réponse du mouvement des étudiants et des lycéens. La jeunesse actuelle n'est pas blasée comme on pourrait le croire. Elle arrive à la vie avec son propre enthousiasme et aspire à quelque chose qui n'est pas forcément semblable à ce que souhaitait la génération précédente.

En tout cas, elle a une volonté de vivre, le besoin de gagner sa vie, d'être indépendante. D'organiser son existence comme elle veut. Donc de travailler avec une qualification. Elle a ses valeurs : solidarité, amitié, pas d'injustice, préservation de la nature, intérêt pour les grandes causes humaines comme la faim dans le monde, les droits de l'homme, les peuples qui luttent pour leur liberté, la paix. D'autres encore.

Ce sont les mêmes valeurs que celles qui animent la CGT mais, souvent, les jeunes ne le savent pas. Beaucoup ont une prévention contre tout ce qui est organisation. La crainte d'être embrigadé et manipulé.

Pour une part, ils ne nous connaissent pas. Essaient-ils ? Mais nous, faisons-nous les premiers pas vers eux ? Et, lorsqu'ils rencontrent la CGT, la trouvent-ils comme elle doit être ? Peut-elle leur plaire, les intéresser telle qu'ils la voient ?

Souvent oui, heureusement ! Nous avons un bon Centre confédéral de la jeunesse, avec des centres fédéraux et souvent départementaux actifs et vraiment jeunes. Il y a une belle et nombreuse jeunesse dans la CGT et autour d'elle. Nous avons aussi beaucoup d'initiatives envers les jeunes chômeurs, les tucards, intérimaires et autres situations précaires. Mais combien le savent-ils ? Et n'avons-nous pas, dans trop d'entreprises qui emploient des intérimaires ou d'autres personnels extérieurs souvent jeunes et maltraités, un comportement indifférent sous prétexte qu'ils ne font pas partie du personnel, au lieu de prendre leur défense, de les aider à lutter pour obtenir des embauches stables, comme on y parvient là où la CGT se bat comme elle le doit ?

J.E. : *N'y a-t-il pas une prévention chez les jeunes contre toute forme d'organisation qu'ils assimilent à un embrigadement ?*

H.K. : Il est vrai que les campagnes orchestrées contre la CGT et toute idée d'organisation ne restent pas sans effet, d'autant que le spectacle de la vie politique telle qu'ils la voient sans faire de différence entre les uns et les autres, les détourne de la vie publique. Ils ont aussi une prévention contre les syndicats en général et ne font pas spontanément la distinction entre la CGT et les autres.

A nous d'aller vers eux, avec les jeunes déjà CGT, qui sont mieux à même d'établir le contact. Mais aussi avec tous nos militants de tous âges : une CGT digne de ce nom doit savoir comprendre les jeunes et communiquer avec eux. Les événements, les luttes, notre attitude loyale et ferme lors de la bataille des étudiants, tout ce dont nous avons parlé plus haut, favorisent le contact. Et l'initiative nationale que la CGT organisera en mai 1987 avec les jeunes et avec tous les précarisés, les exclus, les rejetés, les maltraités du travail et de la protection sociale, les sous-payés, sous-employés, pour l'emploi, la formation et la dignité va y contribuer.

Cela étant, pour les jeunes et pour tous les autres, s'il est indispensable de faire le syndicat CGT d'aujourd'hui partout, il faut bien leur dire que personne ne peut le faire à leur place ou sans eux.

A tous, apprenons à dire :« Ne vous laissez pas avoir. Vous avez raison de vouloir être sûrs de ne pas être trompés. C'est faisable avec la CGT : nous voulons la même chose que vous et nous avons l'expérience en plus. Faisons-le ensemble, mais ne restez pas seuls : pour constituer une force, il faut être groupés. Vous pouvez l'être en toute liberté dans la CGT. »

J.E. : *La syndicalisation ne pose-t-elle pas aujourd'hui un problème et pas seulement pour la jeunesse ?*

H.K. : Il y a toutes sortes de raisons de fait qui lui sont défavorables : les fermetures d'entreprises, les suppressions massives d'emplois, la crainte du chômage et bien d'autres encore.

Je pourrais aussi ajouter qu'en France, il n'y a pas une tradition générale de forte syndicalisation, sauf dans certaines branches et certaines régions. A l'échelle du pays, c'est seulement aux lendemains des plus grandes victoires, *après 1936* et *après la Libération,* qu'il y a eu cinq puis six millions de syndiqués et cela n'a duré que peu d'années.

Ceci dit, ce ne doit pas être là une justification. C'est vrai qu'il n'y a pas assez de syndiqués. C'est vrai qu'il faut s'en occuper. C'est vrai qu'il faut, tout en innovant, reconstituer un savoir-faire syndical, rétablir un mode de vie syndical CGT qui implique que l'on consacre le temps suffisant à la vie de la CGT, à son existence en qualité : démocratique, de structure, de vie collective, à son enracinement dans chaque entreprise. A l'adhésion de nouvelles forces. A la diffusion de ses idées pour être bien la CGT qu'il faut impérativement afin de mener les grands combats déjà engagés et plus encore ceux qui s'annoncent. C'est proprement *vital.* Donc obligatoire par esprit de responsabilité à l'égard de l'ensemble des salariés.

J.E. : *Dès 1981, et les années suivantes, tu as entrepris une sorte de croisade dans le sens confirmé par ton rapport voté par le 41e congrès en 1982. Tu avançais un certain nombre d'idées, de réflexions, de critiques qui sont au cœur de notre entretien. Ces idées ont fait leur chemin. Les mises à jour souhaitées s'opèrent. Les grèves récentes en témoignent. Elles signifient également que la contre-offensive des salariés est en marche, que le rapport des forces se modifie. Pour reprendre l'image du bon jardinier, peut-on dire, sans verser dans un optimisme exagéré, qu'après le temps des semences, voici celui des récoltes ?*

H.K. : Je ne voudrais rien idéaliser. Mais il est vrai que les luttes et ce qui se passe dans la CGT actuellement à une assez grande échelle, ce dont nous avons parlé plus haut, sont l'expression d'une situation nouvelle.

On peut se poser la question : mais pourquoi donc tout ce temps ? Ces problèmes sont examinés, discutés dans la

CGT depuis bien plus longtemps encore. On a cherché, réfléchi, interpellé sans vraiment trouver notre voie.

C'est comme ça, que veux-tu que je te dise ! Il a fallu ce temps pour que ces idées-là se fraient leur chemin dans la CGT, même parmi nos militants, en profondeur. Parmi l'ensemble de ses militants : c'est une affaire collective de laquelle je ne m'exclus pas. Je dis : nous. Point.

C'est qu'il s'agit en fait d'une grande mise à jour, d'une remise en question de fond, par rapport à des pratiques et même à des conceptions anciennes, héritées de l'histoire syndicale. La conception révolutionnaire du syndicalisme n'a jamais craint les travailleurs, la démocratie dans les luttes ni dans la vie syndicale elle-même.

Mais la routine et des erreurs que nous avons rectifiées dès 1978 au 40ᵉ congrès ont prévalu à une certaine époque. La pratique la plus répandue a été bien longtemps : la direction décide et ça suit. Ou ça ne suit pas... Difficile de se débarrasser de ça, de concevoir les choses autrement.

Malgré tout, ça chemine. Les circonstances aidant, ça prend tournure et ils sont nombreux à faire comme l'inspecteur Bourrel et à se dire en se frappant d'un poing dans la paume de l'autre main : « Bon dieu, mais c'est bien sûr !... » Voilà alors que ça s'éclaire et que ça part. Alors, je suis heureux, pourquoi le cacher, qu'on en soit déjà là. Et assez lucide en même temps pour voir qu'on n'en est que là.

Si nous reprenons l'image du jardin syndical, non ce n'est pas encore la saison des récoltes. Disons que ce n'est pas encore fructidor, c'est déjà floréal. Mais c'est très beau à voir. Et la récolte viendra. Je suis publié par un éditeur qui se nomme MESSIDOR!

3

Gestion, propositions : une pensée et une démarche novatrices

Jacques Estager : *Je voudrais à présent t'interroger sur une image de la CGT qu'on s'efforce d'accréditer dans l'opinion. La CGT jouerait son rôle en défendant les revendications des salariés mais elle se moquerait de savoir si on peut les satisfaire, et ne s'inquiéterait pas des conséquences qui peuvent en résulter pour l'économie. Au cours des grèves récentes, on l'a accusée de saper la politique industrielle du pouvoir et de mettre en péril la monnaie et le franc. Henri Krasucki, cette image de la CGT indifférente, incompétente en matière d'économie, vraie ou fausse ?*

Henri Krasucki : Dénuée de sens, pour des raisons qui dépassent ce que beaucoup croient. L'action syndicale pour une organisation comme la CGT, comme pour tout syndicat digne de ce nom, c'est par nature la défense des revendications. La CGT est née pour cela. C'est sa raison d'être, originelle et permanente. Cela restera sa raison d'être aussi longtemps qu'existeront des formes organisées de la société. Il en est ainsi en régime capitaliste où il s'agit de combattre les empiétements incessants du capital sur le travail et l'exploitation du travail salarié pour le profit des détenteurs du capital.

Il en est de même dans un régime socialiste digne de ce nom, bien que dans des conditions différentes. Je ne me représente pas une société correspondant à l'idéal que je m'en fais, même comportant un haut niveau de démocratie et de droits ouvriers, sans une organisation syndicale qui ait pour souci premier de veiller aux besoins personnels et collectifs de l'homme au travail. Dans le régime socialiste le plus autogestionnaire possible, ceux qui assument même très collectivement la responsabilité de l'entreprise ont forcément la préoccupation première de la gestion, du développement, de la production, de la rentabilité. Même s'ils ont le souci des gens qui travaillent. Rien ne peut remplacer une organisation syndicale servant de contrepoids, prenant en compte les besoins et les intérêts des salariés, cherchant à tout moment à obtenir le maximum de progrès social en liaison avec les réalisations économiques et le progrès technique, débusquant les abus et les négligences toujours possibles et contribuant de façon originale à l'édification et à la gestion. Car même si tout cela se passe avec des êtres humains évolués, il faut ce contrepoids.

Ceci étant, dans le régime où nous vivons et dans les conditions présentes, la capacité d'être une force de proposition dans le domaine économique, au niveau de l'entreprise, de la branche, de la région, au niveau national est devenue un élément constitutif de l'action syndicale. Revendiquer et proposer sont deux choses complémentaires qu'il faut apprendre à conjuguer et concevoir de manière créatrice. C'est même l'un des aspects les plus novateurs de l'évolution de l'action syndicale depuis un certain nombre d'années. Cette thèse sur laquelle je compte revenir dans ce chapitre, ses tenants et aboutissants, n'est pas difficile à mettre en bonne et due forme selon toutes les règles d'un travail théorique. Il me faudrait un peu de temps et de place pour la présenter dans le style approprié. Elle est déjà tout à fait conçue et vérifiée. Je trouve plus urgent de la démontrer pour un large public par des faits, des illustrations concrètes et vivantes.

J.E. : *Si ce n'est pas l'idée générale qu'on se fait de la CGT, si cet aspect de force constructive, de force de proposition échappe à l'opinion, c'est que la CGT demeure sans doute encore très timide dans ce domaine ?*

H.K. : Erreur. Ce livre ne suffirait pas à relater toute ce qui a été fait et se poursuit dans les entreprises, les branches, les localités, les départements et particulièrement les régions. Il faudrait plusieurs volumes. Je vais prendre l'un des plus réussis et le plus significatif, tout en en profitant pour saluer les nombreuses initiatives semblables prises par nos syndicats. Il s'agit de l'exemple de Renault, de la part prise en matière de gestion, de proposition, d'innovation, par notre syndicat CGT pour sauver, moderniser et développer Renault.

Côté revendications, il est difficile de les défendre mieux que dans cette entreprise où la CGT obtient les résultats que l'on sait aux élections professionnelles : 80% chez les ouvriers et les employés, 40% chez les techniciens et agents de maîtrise dans l'usine de Billancourt. Et 59 % sur l'ensemble du site, siège social compris, avec les cadres de direction.

Or ce qui est en jeu actuellement, c'est, parallèlement à la chute des salaires et des droits sociaux, *l'existence même de l'entreprise* que l'on cherche à transformer en simple groupement d'établissements de montage de voitures dont les éléments seraient achetés un peu partout ailleurs, notamment à l'étranger. Une sorte de « kit » : « Faites-le vous-mêmes. » Cela n'aurait plus rien à voir avec le grand Renault connu dans le monde entier.

Quand on demande à quelqu'un au bout du monde : connaissez-vous le nom d'une entreprise française, s'il n'en connaît qu'une ce sera Renault. L'assassinat injustifiable de Georges Besse, son P-DG, a donné lieu à des réactions qui ont rappelé l'espace de quelques jours la dimension exceptionnelle de cette entreprise, aux plans national et international. Alors qu'on essaie de la banaliser pour mieux la démolir.

Renault est, pour un ensemble de raisons, le phare de l'industrie française. L'amoindrir pour finalement ramener ce groupe industriel parmi les plus importants au monde à peu de chose est — je pèse mes mots — un crime contre la France. Une forfaiture dont la nation devra, tôt ou tard demander des comptes à ses auteurs, quels qu'ils soient.

Vue du Pont de Sèvres, l'île Seguin surmontée de l'usine frappée des grandes lettres RENAULT fait songer à un bel et puissant navire ancré en plein milieu de la Seine. Elle évoque avec on ne peut plus de force la fière devise de Paris « *Fluctuat nec mergitur* » : il flotte mais ne sombre pas.

A ceux qui veulent couler ce beau vaisseau pour faire de l'île un lieu de spéculation immobilière pour quelques milliards qui seront encore soustraits à l'investissement industriel, je me crois à même de dire avec certitude : « Vous n'y êtes pas encore, le prix à payer sera écrasant pour vous, qui que vous soyez. Si par malheur vous y parveniez provisoirement, quel que soit ce que vous construiriez à la place, cela sera rasé pour y reconstruire, plus beau, plus moderne, plus puissant, l'immense et insubmersible paquebot battant pavillon RENAULT. Vous ne ferez pas deux fois le coup du *France.* » Pour Paris, la France et le monde, Renault sur l'île Seguin et à Billancourt, c'est comme la tour Eiffel. On n'y touche pas !

Ce n'est pas une question de symbole ou d'esthétique. Encore que ce ne soit pas négligeable à cette échelle et pour une capitale comme Paris. L'esthétique industrielle existe. C'est ce qui me fait aimer Beaubourg, le Centre Pompidou. Le choix du quartier était risqué et discutable, je suppose qu'avec le temps on s'y fera probablement, mais l'idée architecturale me plaît pour un musée consacré à la vie et aux arts modernes

Cela dit, Renault sur l'île Seguin et à Billancourt, c'est l'industrie française, sa réalité et son image dans le monde. Ça n'a pas de prix.

C'est par ailleurs le cœur de la plus grande de toutes les batailles en cours pour l'industrie française, pour la France en tant que pays industriel moderne mais menacé de sous-développement, et risquant de passer en 2e ou 3e divisions.

La CGT ne néglige aucune autre de ces batailles, les intéressés le savent qui nous trouvent partout à leur tête. Dans ce livre, je dois choisir faute de pouvoir tout dire. Derrière Renault, c'est à toutes les entreprises de toutes tailles, de toutes les branches du secteur public ou privé, et de toutes les régions que je pense. Je pourrais faire un récit comparable pour la sidérurgie, les chantiers navals, l'électronique, le charbon, le textile et beaucoup d'autres : ils le méritent. Ou bien les ARCT de Roanne, qui préparent un livre dont je ferai une préface que je crois révélatrice. Chaque branche, chaque région a son Renault, il n'y a rien de petit, et toutes se conjuguent et s'entraident. Mais chacun s'en rend compte : Renault est parmi tous les points stratégiques *le plus important* et les concerne tous, pour le meilleur ou pour le pire.

Il faut s'accrocher, contre-attaquer et gagner la bataille des Renault. C'est au sens propre une *affaire nationale*.

J.E. : *La CGT a donc pris un ensemble d'initiatives qui se poursuivent et donnent lieu à des développements de plus en plus importants. De quoi s'agit-il exactement ?*

H.K. : Démontrer au personnel d'abord, dans toutes ses catégories, y compris à l'encadrement, qu'on lui ment, qu'aucun des arguments industriels, financiers et de gestion développés par la direction et le gouvernement ne tient.

Démontrer, par des propositions intelligentes et incontestables au plan technique et de gestion, qu'il est possible de faire autre chose, de développer et de moderniser

Renault, à Billancourt et dans tout le groupe, dans toutes ses activités et dans toute la France, en assurant et même en augmentant l'emploi. Un emploi plus qualifié, plus intéressant et mieux rémunéré.

En faire à la fois un moyen de la lutte pour les revendications et l'emploi *et un but* de la lutte : obtenir réellement des résultats dans ces domaines. Imposer, par l'action des Renault et de l'opinion, d'autres choix que ceux de la destruction, même hypocritement échelonnée et déguisée pour anesthésier les travailleurs et l'opinion.

Il y aurait un ouvrage à faire uniquement sur cette bataille. Je n'en mentionnerai que quelques moments particulièrement typiques et qui méritent d'être connus pour ce qu'ils sont, alors qu'ils ont été soit passés sous silence, soit honteusement falsifiés.

Billancourt, d'abord. De tout temps, les plus grands succès de Renault sont venus de la voiture populaire. Après la Libération, ce furent la 4 CV et la Dauphine. C'est ça d'abord Renault. Aujourd'hui la 4 L est vieillie. Sa production va être interrompue. Les concurrents étrangers font de la petite voiture moderne. Or Billancourt est équipée pour cela. Elle a la technologie, une bonne partie des installations, les hommes de toutes qualifications et l'état d'esprit qu'il faut. Mais la direction refuse de relancer la voiture populaire selon un modèle plus petit, différent et bien moins cher que la R 5. A l'initiative de la CGT, des techniciens, ingénieurs et des ouvriers en préretraite et en retraite du Centre de recherche de Renault ont mis au point un projet de petite voiture, qui est un bijou d'invention moderne et d'ingéniosité, pour un public jeune, pour une deuxième voiture, ou encore pour la campagne. *Et ils ont construit* par souscription un prototype avec une carosserie attrayante : la NEUTRAL (anagramme de RENAULT), qui circule et qui a été présentée dans toute la France. Un authentique exploit ! Quasiment un record !

Ils ont fait une étude de marché. Celui-ci existe. Ils ont fait une étude de prix. Ils ont annoncé qu'avec un prix de vente de 37 000 francs (40 000 francs en février 1987), la voiture laissait un bon bénéfice. Jamais la direction n'a contesté la qualité du travail, le prix et les études de marché. Tout a été fait par des professionnels hautement qualifiés de la firme. Mais jamais non plus la direction n'a pris en compte ce projet. Pire : le nouveau P-DG, M. Lévy, a déclaré en plein conseil d'administration : « On m'a déjà présenté deux projets de petites voitures, chacun excellent... J'ai demandé : avez-vous l'argent pour les faire ? On m'a dit : non. J'ai jeté les deux projets au panier. » Sans commentaire. Mais que peuvent penser de ce P-DG les chercheurs, ingénieurs, techniciens de Rueil et leurs collègues de toute la Régie ?

Je ne crains pas d'écrire cela, ce n'est pas un secret de fabrication, et les administrateurs CGT élus ne se laisseront jamais bâillonner sur tout ce dont ils sont témoins, sur tout ce qu'ils ont à dire hormis les véritables secrets techniques. Le secret des turpitudes jamais ! Nous ne mangeons pas de ce pain-là. Et mieux vaut ne pas trop nous chatouiller sur ce point en ce moment, ça peut faire boomerang.

En réalité, la direction Renault et le gouvernement actuel, après le précédent, ont décidé de renoncer à tout prix à la petite voiture pour liquider Billancourt qui en est le lieu naturel de production. Quitte à laisser le marché français et international à Fiat-Panda ou Fiat-Uno, à Austin ou Ford-RFA.

J.E. : *Ce refus ne procède-t-il pas d'un autre choix industriel fait par la direction de Renault et par conséquent par le gouvernement ?*

H.K. : Evidemment. Depuis quelques années Renault s'est affaibli en France, victime d'une véritable fuite en avant en direction de l'étranger. On a entretenu notamment l'illusion que les Américains pourraient se laisser sérieusement concurrencer sur leur propre marché, *à partir de leur propre territoire.* Aucun constructeur européen n'y est parvenu ou a seulement tenté d'y parvenir. Exporter aux

Etats-Unis est une chose, y engloutir des sommes énormes, miser tout sur une *implantation* sur le territoire américain, c'est suicidaire ! Le fait est que l'usine américaine est un gouffre insondable. Un investissement de 10 milliards qui produit un déficit de 10 milliards : inouï ! Et ils s'entêtent. De même, pour d'autres raisons, l'usine de moteurs du Mexique qui n'a pour seul effet que de concurrencer Cléon en Normandie. Il faut savoir que l'usine du Mexique est la seule usine Renault au monde à fabriquer des moteurs antipollution. Or c'est déjà ce qu'exigent les marchés de RFA et de Suisse et cela s'amplifiera. Tout moteur Renault antipollution vendu où que ce soit viendra du Mexique au détriment de Cléon en Normandie où l'on a refusé de faire l'investissement nécessaire et qui risque de péricliter à l'avenir. On peut en être révolté, non ? Il est impératif et urgent de se sortir de ces guêpiers.

Nous approuvons l'implantation d'entreprises Renault en différents points du monde si cela sert à conquérir des marchés extérieurs. A condition de le faire à bon escient. Mais si c'est pour réimporter en France et fermer des usines chez nous en supprimant des dizaines de milliers d'emplois, c'est absurde et malfaisant.

De plus, les investissements exagérés à l'étranger et une politique financière spéculative représentent un manque grave à l'investissement en France, à la modernisation de Billancourt, au perfectionnement de nombreuses autres unités de production dans le pays, à la naissance de nouveaux modèles, à l'amélioration de la qualité de la production, à l'emploi.

Notre position n'implique pourtant aucun repli. Nous disons seulement que pour être fort à l'extérieur, il faut d'abord être fort chez soi. L'exemple des Allemands, des Italiens et des Japonais le prouve. Il faut donc en revenir à ce qui a fait le succès, la force de Renault. Une solide implantation en France permettant une expansion réaliste dans le monde. Le problème posé est celui de la reconquête du marché français. C'est là que le redressement est urgent et impératif. On n'y parviendra pas en supprimant des activités indispensables à la cohérence du groupe et à la diversification de ses activités.

Se liquider dans le poids lourd, camions, autocars et bus (RVI), alors que nous y avons acquis une compétence reconnue et que les pays concurrents, eux, imposent leurs produits sur leur propre marché ultra protectionniste : USA, RFA, Japon, Suède... c'est indéfendable ! Mais nous : les administrations, les transports en commun, les entreprises nationalisées ? Voyez l'origine de leurs parcs ! Se liquider dans la machine-outil, où Renault est en pointe, les équipements, l'électronique, la céramique industrielle, etc, tout cela aboutit à compromettre l'avenir de l'ensemble de l'entreprise Renault et de l'automobile française. On en est à renoncer à une véritable recherche. A quoi bon la matière grise et le savoir-faire puisqu'on achètera ailleurs en pièces détachées et on se contentera d'assembler.

C'est mettre en cause sa capacité à retrouver sa place sur le marché national et, en même temps, abandonner aux concurrents étrangers des marchés extérieurs sur lesquels existent des possibilités immédiates. C'est ce qui se produit par exemple à propos de contrats très importants en discussion avec l'URSS et qui ne peuvent être honorés qu'avec tous les moyens dont dispose le groupe grâce à sa cohérence d'ensemble. Il est vrai que Renault adopte une étrange attitude dans ce domaine.

Au moment où les pays socialistes poursuivent un développement accéléré et sont acheteurs, sur le marché mondial, d'usines et d'équipements parmi les plus modernes, Renault refuse un contrat gigantesque avec l'Union soviétique : d'abord la commande d'une usine de construction de moteurs clé en mains. Et maintenant le refus de la vente d'une licence et de machines que Renault sait construire. Dès 1980, Renault et Peugeot ont décidé de refuser ces contrats et depuis cela ne fait qu'empirer. Il est vrai que les Soviétiques, bons clients, ne sont pas en mal de fournisseurs : Allemands, Italiens ou Japonais se sont précipités pour répondre favorablement aux offres refusées par les firmes françaises.

J.E. : *On se demande évidemment pourquoi ?*

H.K. : Tout simplement parce que Renault — et PSA, ayant décidé de liquider leurs activités de machine-outil, de robots, alors qu'ils ont de bons centres de recherche, d'excellents techniciens, des ouvriers hautement qualifiés et que leurs produits sont de première classe, ne veulent pas de clients étrangers ni français qui les obligeraient à maintenir leurs activités et même à embaucher ! Il faudra en conséquence acheter pour nos propres usines les robots et les équipements modernes à l'étranger, moyennant devises, chômage, et perte d'indépendance...

J.E. : *Incroyable, tout de même...*

H.K. : C'est pourtant la triste réalité aisément vérifiable. Ces capitaines d'industrie acceptent d'être des épiciers-comptables mal dégrossis — que les épiciers et les comptables me pardonnent : eux ne prétendent pas diriger des géants ! Colonne dépenses. Colonne recettes. Il faut « équilibrer » : on supprime tout ce qui tombe sous la main dans les dépenses sans considération pour les conséquences. De mutilation en mutilation, que restera-t-il ?

Ces hommes sont probablement capables d'autre chose mais ils admettent cette mission-là et sont prisonniers d'une logique économique aberrante. C'est celle-là qui prédomine. Nous en sommes là...

Pour favoriser le développement du marché intérieur, les syndicats CGT de l'ensemble des usines Renault ont proposé au conseil d'administration, par l'intermédiaire de leurs administrateurs élus, un ensemble de propositions pour développer la vente en France. Je n'en signale que quelques-unes, entre autres la proposition d'un accord entre Renault, les firmes pétrolières françaises, les compagnies d'assurances, les entreprises d'équipement de la voiture. Un tel accord, qui pourraît être étendu à Peugeot, consentirait un rabais à la pompe à ceux qui « roulent français ». Il faut savoir que les Suédois, chez eux, pour Volvo, font quelque chose de ce genre et les Italiens pour Fiat. Et, surtout, il faut savoir qu'on peut acheter une voiture Renault avec un crédit de zéro pour cent et un an d'essence gratuite à condition d'habiter les USA, ce qui n'empêche pas les 10 milliards de déficit là-bas, parce qu'on n'y fait pas le poids face aux géants US. Avec moins, mais chez nous, quelle force de frappe ! Quel succès et quel essor des usines Renault en France et par là dans le monde ! On ment sans vergogne, on cache la vérité aux Francais. Je ne crains pas d'être réfuté. *Idem* pour les poids lourds français dont Renault-véhicules-industriels (RVI).

De même, un arrangement avec les compagnies d'assurances françaises permettrait d'accorder des avantages aux possesseurs de voitures françaises, les banques feraient la même chose pour le crédit. Ce serait pareil pour les équipements, les réparations et l'entretien des voitures. Intéressant, non ?

La « bagnole », en France, est un des principaux sujets de conversation dans les familles. Une passion. Il y a de quoi rêver. Ces propositions ont donné lieu à une étude connue de toutes les fédérations CGT concernées. Nos syndicats ont consulté les ouvriers, techniciens, ingénieurs. Ce que la direction ne fait jamais. Ils ont joué le rôle de boîtes à idées et d'éveilleurs d'initiatives.

Au moment où nous parlons, j'apprends que nos camarades préparent un nouveau projet extrêmement sérieux et ambitieux qui concerne l'électronique, la céramique et plusieurs autres domaines, qui pourra permettre une coopération Renault, Peugeot, Thomson et d'autres pour tenir notre rang en ces domaines d'avenir pour l'automobile. Et pour reprendre les positions dans l'industrie française en France et dans le monde en matière de biens d'équipement moderne de voitures de tous types. Sinon, la France sera battue par ses concurrents, elle deviendra un pays automobile secondaire, alors qu'elle a les atouts nécessaires pour rester dans le peloton de tête. Mais tout cela est repoussé avec un dédain scandaleux de grands seigneurs. Pas seulement au nom du « Je suis le patron, je décide » mais par choix politique. Car derrière le P-DG de Renault, il y a le pouvoir politique.

J.E. : *Les choix de gestion effectués par les gouvernements, celui d'aujourd'hui et ceux d'hier, en dépit des mises en garde et de l'action de la CGT, ont des conséquences dramatiques. Pourtant, on s'obstine non seulement à ne pas prendre en compte les propositions de la CGT, mais à ne pas les examiner, les discuter. Cela dans une entreprise nationale où théoriquement les salariés ont leur mot à dire.*

H.K. : La situation est très grave chez Renault. Plus généralement l'industrie automobile est en danger.

Il faut bien voir ce que cela représente. Plus de 2 millions de salariés, toute une diversité d'entreprises, de sous-traitants, des réseaux de vente, d'entretien, de dépannage. On ne peut laisser détruire ou amoindrir cette industrie décisive. Toute l'économie du pays en serait ébranlée.

Il faut, ici comme ailleurs, sortir des clichés, des affirmations non prouvées, des solutions toutes faites, il faut cesser de refuser un examen authentique, honnête de la situation, de ses causes, des moyens de la redresser.

J'interpelle le patronat, et le gouvernement. Quand on a accumulé si longtemps les choix qui mènent à la catastrophe, on ne peut se permettre sans graves conséquences de rejeter sans discussion loyale des propositions comme celles de la CGT. On ne peut se permettre de refuser que soient vraiment débattus avec les ouvriers, les ingénieurs, les cadres, les techniciens, tous les problèmes qui concernent leurs entreprises et leur industrie.

J.E. : *On peut effectivement regretter que cette action constructive de la CGT ne soit jamais présentée aux Français par les médias. Cela fait partie de la formidable entreprise de pilonnage visant à neutraliser les travailleurs. Il reste que la CGT a aussi des attitudes de refus qui conduisent certains à l'accuser d'être contre tout ce qui est nouveau, tout ce qui bouge.*

H.K. : Notre action syndicale a nécessairement un côté refus, qu'il s'agisse de l'opposition résolue à l'injustice sociale, au déclin économique et aux licenciements. Mais notre objectif est toujours d'aboutir à des solutions positives. Prenons l'exemple de la mobilité professionnelle. Ceux qui ne connaissent de nous seulement ce que d'autres en disent pensent que nous y sommes opposés ! La CGT serait pour que rien ne bouge. Ce n'est pas du tout le cas. Non seulement nous ne sommes pas opposés à la mobilité mais nous avons formulé des propositions précises afin qu'elle s'accompagne de garanties convenables de formation, d'emploi, de rémunération. Nous prenons en compte les réalités. La seule mobilité que nous refusons, c'est celle qui consiste à passer de la situation de salarié ayant un emploi à celle de chômeur. Ou de passer d'un statut et d'un salaire normal et digne à celui d'un sous-homme livré aux loueurs d'esclaves.

J.E. : *La CGT dit-elle oui en toutes circonstances au dialogue et à la négociation ? La négociation et la grève ne sont-elles pas contradictoires ?*

H.K. : L'action syndicale est l'expression de la volonté et de la force collectives des travailleurs sous les formes les plus efficaces. Nous n'en excluons aucune. Les meilleures sont les plus efficaces et les plus appropriées à chaque situation concrète. Ceci étant, nous sommes toujours prêts à négocier avec toutes les parties concernées. Mais, pour le patronat et le gouvernement, la négociation consiste en général à mettre sur la table des choix dont on nous dit qu'ils ne sont pas négociables mais à prendre ou à laisser. La lutte, y compris la grève s'il le faut, est alors le seul moyen de contraindre nos interlocuteurs à la négociation et de créer un rapport de forces favorable aux travailleurs. Le refus de la négociation n'est jamais de notre côté.

A ce sujet je voudrais rappeler qu'en 1981 j'ai proposé que des négociations importantes soient retransmises en direct par les médias. Cela a été refusé.

Ce n'est pas sans intérêt aujourd'hui quand on nous voit organiser par nos propres moyens la publicité — donc la transparence — des négociations chez les fonctionnaires, les cheminots, à l'EDF, à la RATP et ailleurs. Ministres, directions et les autres syndicats nous le reprochent, nous en font grief et tentent de l'empêcher : qu'ont-ils donc à cacher ? Et où sont les vrais démocrates ? C'est le même état d'esprit qui conduit la direction à refuser toutes nos propositions sans même les examiner alors que le discours officiel célèbre la participation, la concertation, le dialogue social, le partenariat.

J.E. : *Ce grand débat que tu proposais en valait la peine. Les métallos de Renault ont réussi à le porter devant l'opinion publique par une série d'initiatives.*

H.K. : Les métallos de Renault défendent l'intérêt d'un très grand nombre de gens qui ne le savent même pas. Celui des commerçants du coin qui n'auront plus de clients quand l'usine sera fermée. L'intérêt d'un très grand nombre d'autres qui se disaient autrefois : « Mon garçon ou ma fille, ils auront une place dans une des usines Renault, un jour. » Eh bien non, il n'y aura pas de place pour un gosse. Les travailleurs qui luttent pour Renault défendent cet espoir et cette possibilité-là. Mais ils défendent aussi, tout simplement, l'intérêt de la France comme puissance industrielle mondiale. Ça a de l'allure, non ?

C'est non seulement la justification des revendications et la défense de l'emploi, ce qui en soi est déjà méritoire, mais c'est aussi préserver un potentiel industriel, quelque chose qui est bon pour la France, faire prévaloir des solutions, des éléments positifs là où on n'a affaire qu'à des gens qui veulent détruire, détruire, détruire, briser l'industrie et briser les hommes.

Il faut donc que la lutte se mène dans l'entreprise, mais aussi en pensant à l'indispensable soutien de la population extérieure, de l'opinion publique. Une lutte multiforme avec un grand sens de l'innovation, non seulement dans ce type de proposition, mais dans le type d'action.

Il est vrai que pour briser ceux qui ont mené ces luttes, pour les punir, on a sanctionné, licencié. Neuf de leurs dirigeants, sans motif plausible, sont jugés et condamnés comme des truands. On leur réclame des millions. Mais ils tiennent. Et ils tiendront. Toute la CGT les soutient, ce qui rend difficile certaines opérations. Et nous allons ensemble engager à plus grande échelle une offensive nationale qui ne manquera pas de souffle.

J.E. : *Ce rôle de force de proposition, la CGT l'a joué chez Renault et ailleurs. Tu m'as indiqué qu'il faudrait une encyclopédie pour relater les actions en ce sens dans toutes les branches professionnelles et toutes les régions de France. Mais la CGT a-t-elle cherché à jouer un rôle identique au niveau de la politique économique et des grands choix industriels de la France ? En 1981, une période ne s'est-elle pas ouverte permettant à la CGT d'intervenir efficacement dans la détermination des grandes options ? L'a-t-elle fait ? A-t-elle mis à profit la situation qui résultait de l'élection présidentielle et des élections législatives de 1981 ? C'est-à-dire un président : François Mitterrand, qui était le premier secrétaire du Parti socialiste et une majorité absolue pour le seul Parti socialiste à l'Assemblée nationale. Avec des gouvernements successifs ayant un Premier ministre de même couleur et la quasi-totalité des ministères. Et avec, jusqu'en 1984, une participation gouvernementale du Parti communiste français très minoritaire. Je ne fais que rappeler les faits qui résultaient de ce qu'ont voulu les électeurs à cette époque.*

H.K. : J'accepte d'en parler : cette période fut exceptionnelle, elle laisse un goût amer alors qu'il y avait-là une chance à saisir.

Je le fais à la manière de la CGT qui agit en tant que syndicat et par conséquent, comme je l'ai dit plus haut, intervient d'une autre façon que tout parti politique. Les relations entre le syndicat et un parti quel qu'il soit ne sont pas de même nature que celles qui existent entre partis. Nous agissons sur des plans différents et ne sommes pas en compétition. Nous sommes indépendants et donc nous disons ce que nous avons à dire d'une façon qui nous paraît franche et correcte. Mais nous ne désirons pas être en polémique permanente avec aucun des partis qui constituent la gauche politique.

Quand il s'agit d'un gouvernement, d'un président, nous avons alors affaire à ceux qui dirigent effectivement le pays. Leur politique et leurs décisions s'expriment en actes. Et nous ne pouvons demeurer silencieux sur les actes lorsqu'ils touchent les intérêts des travailleurs, sinon nous ne serions pas indépendants. Mais, si je puis paraphraser Saint-Just, on ne gouverne pas innocemment.

J.E. : *Compris. Venons-en à l'expérience.*

H.K. : Il a existé en effet une occasion où la CGT a estimé qu'il était possible d'être, à grande échelle et avec un succès qui aurait dû être assuré, tout à la fois le syndicat revendicatif, pas commode, indépendant de tout gouvernement, et une force de proposition positive et constructive.

Cette occasion s'est présentée après l'élection présidentielle de 1981. De ces élections, nous avons dit d'abord qu'elles constituaient une victoire qui ouvrait des possibilités, sans toutefois cacher les risques ni les difficultés. Notre évaluation était mesurée et réaliste. Tout en calculant les risques de dérapage de la politique gouvernementale, nous pensions qu'il y avait une occasion à saisir. Je ne puis mieux faire que de me reporter à quelques textes de l'époque. Devant le Comité confédéral national en juillet 1981, je déclarais :

« Oui il est possible d'apporter des améliorations sensibles aux travailleurs dans l'immédiat et dans la prochaine période dans plusieurs domaines importants des revendications sociales, économiques et démocratiques.

« Oui, il est possible d'engager le pays dans la voie du changement et de le réussir conformément aux intérêts des travailleurs. Non seulement il n'y a rien d'autre à faire, mais c'est possible. Bien que nous en voyions toutes les difficultés et que nous mettions en garde les travailleurs contre toute illusion de facilité. Rien ne nous sera donné et rien n'est garanti à l'avance. [...]

« La volonté de changement est si forte qu'elle s'impose à tout le monde. [...]

« Le gouvernement est amené à agir dans le sens de ses engagements. Les travailleurs sont plus forts qu'avant, les patrons devront en tenir compte et rabattre de leur arrogance. »

Mais j'ajoutais par ailleurs :

« Nous ne perdons pas de vue qu'il y a, dans la gauche politique et syndicale, des forces qui se contenteraient d'une gestion dite "de gauche" de la crise. Et qu'il y en a d'autres qui n'ont pas forcément la même fermeté que la CGT, face au patronat et aux pressions extérieures.

« Nous n'avons et nous ne devons avoir aucune vision angélique de la situation. Aucune illusion sur l'adversaire. Aucune non plus sur les partenaires syndicaux ou politiques. Nous savons l'opinion de chacun à l'égard de la CGT. Nous-mêmes nous avons la nôtre sur chacun : elle est basée sur la comparaison avec nos propres objectifs, fixés dans notre programme syndical, avec nos propres conceptions CGT et aussi sur les actes de chacun et son attitude réelle envers nous. »

J.E. : *Donc une évaluation très réaliste à la fois des possibilités et des obstacles réels. Tu sembles cependant n'avoir guère nourri d'illusions à l'époque sur ce que risquaient de devenir les rapports de la CGT avec le pouvoir ?*

H.K. : A vrai dire, je savais ce que François Mitterrand pensait des syndicats en général et de la CGT en particulier. Je l'avais rencontré à plusieurs reprises bien avant son élection. D'abord quand il présidait la Fédération de la gauche démocratique et socialiste (FGDS), en 1968, dans les conditions qu'on a relatées à l'époque. Puis après son élection comme premier secrétaire du Parti socialiste et enfin comme candidat à la présidence de la République en 1974. Puis par la suite en plusieurs autres circonstances. J'ai donc quelques souvenirs précis. Je pourrais relater toutes nos rencontres sans exception, elles sont très instructives. Mais ce n'est ni le lieu ni ce que je crois utile de faire aujourd'hui.

Je me souviens qu'au lendemain du congrès socialiste d'Epinay, en 1971, il avait souhaité rencontrer la CGT. En l'absence de Georges Séguy, qui était alors le secrétaire général de la CGT, je conduisais la délégation. François Mitterrand s'est présenté en ces termes : « Je sais que je suis un peu le canard de la couvée. Il y a bien des gens qui sont surpris de mon élection comme premier secrétaire du Parti socialiste. Mais je suis là et disposé à avoir des relations correctes avec la CGT comme avec les autres forces syndicales. » J'ai répondu que la CGT ne choisissait pas les dirigeants des formations avec lesquelles elle entretenait des relations et que, par conséquent, pour nous il n'y a pas de canard dans la couvée des autres : « Vous avez été élu, vous êtes pour nous le premier secrétaire du Parti socialiste de plein droit. »

J'ai eu d'autres entrevues avant 1981 au cours desquelles je me suis fait progressivement une idée de ce que François Mitterrand pouvait penser des syndicats. A l'automne 1980, son livre *Ici et maintenant* consacrait de nombreuses pages au syndicalisme en général et à la CGT en particulier. Le livre a été largement vendu. Chacun peut s'y reporter. Durant ces années, il ne m'a pas quitté, on peut comprendre pourquoi... Le moins qu'on puisse dire est, d'après ce livre, qu'il n'aime pas la CGT et ne lui veut aucun bien. C'est son droit. Il l'exprime très clairement.

Le syndicat de son rêve c'est une FEN qui serait confédération. Un projet que certains nourrissent aujourd'hui et qui n'est donc pas né d'hier.

Mais je me disais que les circonstances, les exigences mêmes de la réalité française pouvaient amener François Mitterrand devenu président de la République française, s'il voulait laisser une trace marquante dans l'histoire, à aller au-delà de ce qu'il avait envisagé. Surtout, je considérais qu'en dépit de la confusion des esprits, un fort mouvement populaire, travailleurs en tête, pouvait l'amener plus loin et donc imposer des changements réels au moins jusqu'à un certain point. Rien n'était joué ni écrit d'avance. Il fallait tout faire en tout cas pour tirer le meilleur parti de cette situation dans l'intérêt des travailleurs et c'est ce que la CGT a fait sans hésitation et en laissant de côté toutes préventions de sa part et tout ressentiment.

Tu te souviens de mai-juin 1936 ?

J.E. : *Oui, si, au lendemain des élections qui ont vu le succès du Front populaire, il n'y avait pas eu le grand mouvement gréviste et les occupations d'usines, jamais le patronat n'aurait accepté les accords Matignon. Et le gouvernement Blum n'aurait pas fait voter aussi vite les grandes lois sociales.*

H.K. : Il ne les aurait même pas fait voter du tout, mais il n'avait pas le choix. Par la suite, elles sont devenues un sujet de fierté pour Léon Blum et ses amis. Les grèves n'étaient d'ailleurs pas dirigées contre lui. Elles l'ont seulement poussé à faire vraiment ce qu'il avait annoncé, à faire vite, et à faire nettement plus. Et c'est très bien. Malheureusement à l'époque, la même mobilisation n'a pu être maintenue, d'où les déceptions ultérieures et l'échec du Front populaire.

Mais revenons à ta question. Au lendemain des élections de 1981, nous n'avions évidemment pas en tête qu'on pouvait recommencer un nouveau 1936. A cinquante ans d'intervalle, les choses ne pouvaient se répéter de la même façon. Cependant, nous retenions des mouvements sociaux d'alors l'idée plus générale que le monde du travail ne pouvait attendre passivement la suite des événements, ne pouvait s'en remettre au seul pouvoir politique pour que tout soit réglé. C'est pourquoi nous avons dit aux travailleurs : « Rien ne se fera sans vous, sans votre intervention. »

J.E. : *Ton analyse était-elle partagée à la direction de la CGT ? Faisait-elle l'unanimité ?*

H.K. : Sur le fond, oui. Il y avait évidemment des nuances d'appréciation. On peut comprendre que mes camarades socialistes, et peut-être d'autres, étaient convaincus que le président mènerait une action très différente de ce qu'elle fut en réalité. C'est bien normal... Mais nos analyses respectives débouchaient toutes sur la même conclusion : rien ne se fera sans une mobilisation populaire, sans l'intervention des travailleurs. Confiance ou pas, il fallait ça et nous avons travaillé ensemble de bonne façon.

J.E. : *Une intervention de quelle nature ?*

H.K. : D'abord faire jouer à la CGT son rôle d'organisation syndicale indépendante et sans complaisance pour tout ce qui concerne les revendications. Lui faire jouer son rôle de contrepoids aux pressions du capital national et international, aux faiblesses du pouvoir lui-même. Mais un contrepoids positif puisque le pouvoir affirmait une volonté de conduire le changement.

Quant aux travailleurs, nous pensions à des moyens de pression sous des formes multiples. Le mot d'ordre de notre 41e congrès de Lille, en 1982, était d'ailleurs : « Pour réussir avec la CGT, tout dépend de vous ! » Pour prolonger cette idée que nous avons tous, sans exception, développée toutes ces années, chacun dans son style, j'ai écrit dans *la Vie ouvrière* à cette époque :

« Ne croyez pas au Père Noël. Les enfants ne trouvent dans les chaussures qu'ils ont mises devant la cheminée que ce que les adultes y ont déposé. Le Père Noël, c'est la masse des travailleurs et ce qu'elle obtiendra sera le fruit de ses luttes. »

Nous n'avons exclu aucune forme d'action. Dans les conditions de l'époque, ce pouvait être autant le cahier revendicatif que la pétition, le vote, la consultation de masse. On n'est pas obligé de faire grève mais, si grève il devait y avoir, nous ne l'avons exclue à aucun moment, ni non plus les manifestations, bien sûr.

J.E. : *Ce grand mouvement populaire qui aurait pu changer les choses n'est pas venu.Insuffisances de la CGT, ou poids des illusions, ou les deux à la fois ?*

H.K. : Les illusions ont été fortes, y compris dans une partie de la CGT. Je suis prêt à examiner dans le détail notre action à cette époque. Je ne suis pas de ceux qui estiment ne jamais commettre d'erreur et qui se prennent pour Dieu le Père. Mais honnêtement je ne vois pas, aujourd'hui encore, quelle initiative importante d'action se serait présentée que la CGT aurait manquée pour susciter le mouvement nécessaire. Lorsque, durant ces années, il est arrivé ici ou là de lancer des actions dépassant ce que les gens jugeaient utiles, elles ont échoué. Par contre, celles qui étaient bien appropriées ont réussi.

Lors du passage à la semaine légale de 39 heures dès 1981, jusqu'au dernier moment, s'appuyant sur la position de la CFDT, le pouvoir a essayé de ne pas payer l'heure réduite, au nom du « partage des salaires et du travail ». La riposte animée par la CGT a été si forte que si le mardi soir le Premier ministre disait toujours non, le mercredi matin le président a dû dire : « Mais bien sûr, on va la payer ! »

Il y eut bien d'autres actions, des votes, des consultations de masse, des arrêts de travail. Des grèves vigoureuses et retentissantes dont j'évoquerai certaines. Les grandes batailles pour l'emploi, l'industrie et les services. Il serait injuste de minimiser ces luttes courageuses.

Mais en toute honnêteté il faut bien le reconnaître : jamais ne s'est formé le vrai grand mouvement nécessaire pour l'emporter. Le poids des illusions s'accompagnait d'une délégation totale de pouvoir. La pensée dominante chez les gens, c'était : « Attention, c'est fragile, ils ont le temps devant eux, le président est élu pour sept ans, la majorité parlementaire pour cinq. Il y a cinq ans de pouvoir politique et de stabilité assurée, ne leur demandons pas de tout faire tout de suite, ne risquons pas de les gêner. » C'était surtout ça.

A l'égard de la CGT, on tenait le discours suivant : « On vous aime bien mais vous risquez d'avoir tendance à en demander trop, soyez prudents. » C'était exprimé ou non, mais c'est bien ainsi que le plus grand nombre réagissait.

Cette idée a duré longtemps. Bien sûr, nous ne sommes pas restés figés. C'est en plein congrès confédéral à Lille qu'en juin 1982, Pierre Maurois a annoncé le blocage des salaires. C'est le congrès lui-même qui, après une délibération approfondie, a officiellement et fermement répondu : « Pas d'accord ! » et appelé à la riposte effective des travailleurs. En décembre 1983, l'action de la CGT a empêché les autres syndicats de signer avec les patrons un accord sur la fameuse flexibilité. Les cheminots présentés comme responsables des accidents de l'été ont, par une grève de 24 heures, obtenu le rejet d'un projet humiliant. Des dispositions mutilantes pour la Sécurité sociale ont été bloquées. Bien d'autres actions ont été menées et qui ont été utiles.

Nos actions pour l'industrie et l'emploi ont eu une grande force. De même dans la sidérurgie, les chantiers navals, chez Renault, pour les libertés — je parlerai des immigrés un peu plus loin. Mais cette marche des sidérurgistes lorrains en Lorraine puis à Paris, qui d'autre que la CGT l'a organisée ? Qui a « sonné le tocsin » à *Europe 1,* le 29 janvier 1984, et a été à l'initiative de toutes les actions qui ont pu se développer ? Je n'en cite que quelques exemples, mais le bilan exact existe. Tout ce qui s'est fait a produit un effet positif, a limité certains dégâts. Mais le mouvement n'a pu atteindre l'ampleur et la puissance nécessaires pour imposer le bon cap. Nous avons tenu compte d'une situation en nous efforçant de la changer. Elle ne fut pas d'ailleurs immobile : à mesure que la vie parlait, que les esprits commençaient à évoluer, nous sommes allés plus loin et nous nous sommes exprimés plus fort. Sans jamais cesser de nous comporter de façon responsable, compréhensible pour le plus grand nombre et loyale, pour tenter malgré tout de faire avancer les choses.

J.E. : *Comment expliques-tu cela ?*

H.K. : Ce qui décide, en fin de compte, c'est ce que comprennent et veulent les travailleurs au fond d'eux-mêmes. Personne ne peut faire leur bonheur sans eux, encore moins contre eux.

En réalité, tout le monde doit rendre ses comptes pour ce qui s'est passé. L'histoire décantera tout cela.

L'opinion des gens ne se forme pas uniquement dans leur tête. Même lorsqu'on croit tout inventer seul, toutes sortes d'influences y concourent : le poids des idées dominantes, celles du capitalisme avec ses moyens énormes, le rôle joué par ceux qui — pouvoir de l'époque, formations politiques ou centrales syndicales — ont tout fait pour endormir les gens, les bercer d'illusions, les détourner de l'action. L'action même de ceux qui ont détenu la réalité du pouvoir et qui s'en sont servi pour retenir les travailleurs de se mobiliser au nom de « l'état de grâce ».

Puis le découragement a succédé à l'illusion. En somme, tout ce qui, dans la période considérée, a pu contribuer à nourrir beaucoup de confusion.

Cela étant, la France, la gauche politique, les syndicats étant pluralistes, l'honnêteté veut que l'on évalue chaque formation : syndicat ou parti, ou chaque responsable : président, Premier ministre, ministre, dirigeant de tel ou tel parti, du patronat ou de tel ou tel syndicat, pour ce qu'il a réellement dit et fait. A chacun ses microbes...

La CGT, dans ses diversités, n'a certainement pas pu agir avec tous ses moyens : une partie de ses forces subissaient aussi l'ambiance générale, une autre était paralysée par l'amertume. Les unes et les autres nous ont fait défaut pour être au mieux de notre forme et de nos capacités d'action. Je ne puis le leur reprocher, mais chacun doit en tirer une leçon. Il a fallu faire avec...

Pourtant, pour l'essentiel et en tant que confédération, la CGT a agi conformément à sa mission de lutte, de défense des travailleurs, d'éveilleur de consciences et de force indépendante agissant pour contribuer à tenter de réussir, si réduites qu'en aient été les chances compte tenu de ce que j'ai dit plus haut.

Mais l'ensemble des gens, chacune, chacun de ceux qui constituent le monde du travail, est amené à s'interroger : a-t-il pensé, réagi, bougé ? Non pour se couvrir la tête de cendres, se culpabiliser, mais pour que l'expérience serve à quelque chose.

Je respecte les travailleurs tels qu'ils sont, c'est à eux qu'appartient le dernier mot. Je suis convaincu qu'ils sont capables de se situer au niveau des exigences réelles d'une époque exceptionnelle. C'est pourquoi je parle sans paternalisme, sans esprit de supériorité, sans être donneur de leçons, mais sans non plus tricher et caresser dans le sens du poil. Je parle à des adultes, tout simplement, pour contribuer à la réflexion et pour conduire l'action le plus loin possible.

L'un des plus grands dirigeants révolutionnaires de tous les temps — à mes yeux le plus grand puisqu'il a préparé, dirigé et réussi la plus grande révolution de l'histoire, bien que j'admette qu'on puisse penser différemment — écrivait, pour définir ce que doit être la position d'un *parti* révolutionnaire qu'il voulait *« d'avant-garde »* : « Un pas devant les masses. Mais pas plus. » C'est Lénine.

Alors c'est combien pour un syndicat de masse qui ne se considère pas comme une avant-garde mais se veut la masse organisée, tout en ayant un rôle d'entraînement et de formation de la conscience ?

A quelle distance la CGT doit-elle se placer à la tête des travailleurs ? Réponse : il n'y a pas de règle, c'est affaire de discernement mais, en tout cas, moins d'un pas et pourtant toujours devant. D'autant que la CGT défend des intérêts et qu'elle ne rassemble pas sur des bases idéologiques et politiques.

Jamais, dans cette période, aucun autre syndicat sur aucun problème n'a parlé plus fort que la CGT et, surtout, n'a mené des actions comme la CGT. Elle n'a jamais été derrière les travailleurs mais toujours devant.

Sur le terrain politique, elle doit voir loin et intervenir à sa main. Elle a de grandes responsabilités aussi dans ce domaine mais pas au-delà de ce que peut un syndicat, si combatif soit-il. Sinon elle devient autre chose.

Le pouvoir sorti des élections de 1981 a nourri des illusions et un fantastique espoir. Les gens étaient sûrs que la vie allait changer. L'espoir a été déçu. En ce sens c'est un échec.

J.E. : *Qu'a fait la CGT pour tenter d'éviter cela ? Puisque nous parlons de la dimension « force de propositions » de l'action syndicale et qu'en 1981 le nouveau gouvernement a manifesté son intention de coopérer avec les syndicats, vous pouviez trouver dans cette coopération le moyen de faire avancer les idées de la CGT et de jouer un rôle constructif. L'avez-vous essayé ? Et, tout en comprenant le choix d'une expression mesurée que tu as évoquée, accepterais-tu d'en dire tout de même un peu plus long sur ce qui s'est passé ?*

H.K. : Oui nous avons tout essayé, au-delà sûrement de ce que les gens peuvent imaginer, mais pas au-delà de ce qui est le rôle de la CGT.

Dès le début, et par principe, nous avons traité le gouvernement tel qu'il était, en sachant par qui il était dirigé et en tenant compte que c'était un tout.

Nous avons veillé à ce qu'il n'y ait aucune différence dans nos relations avec les ministres, quelle que soit leur appartenance politique. Des relations sur une base de travail, en fonction des responsabilités de chacun. Evidemment, la qualité des relations a beaucoup dépendu de la qualité de nos interlocuteurs. Mais surtout, en fin de compte, de ce qu'étaient les choix réels de ceux qui dirigeaient le gouvernement.

En général, le système établi dans nos rencontres était le suivant : le secrétaire général de la CGT était l'interlocuteur du président de la République et du Premier ministre, avec René Lomet qui, dans le Bureau confédéral, a notamment la responsabilité des relations extérieures.

En ce qui concerne les ministres, ils rencontraient essentiellement les divers membres du Bureau confédéral concernés par leur ministère. J'ai eu cependant à rencontrer plusieurs d'entre eux en raison de l'importance de leur fonction. Les fédérations avaient leurs relations directes.

J.E. : *Ceci étant, votre appréciation des démarches gouvernementales a-t-elle toujours été exempte de toute passion partisane ?*

H.K. : La CGT n'a pas eu d'attitude partisane. Elle a jugé sur pièce. Elle a reconnu comme tels les acquis positifs et les a mis à l'actif du gouvernement tout entier et, lorsque c'était le cas, des ministres concernés. Sans privilégier qui que ce soit. Nous avons apprécié les mesures prises au début par le gouvernement : la cinquième semaine de congé, la retraite à 60 ans. Je me souviens d'avoir dit alors que nous trouvions la plupart des mesures trop lentes, insuffisantes ou trop peu énergiques : « Des mesures dont on peut dire "c'est bien" sans avoir à ajouter : "mais"... ! Il n'y a pas de "mais". C'est bien, point à la ligne. »

Malheureusement nous n'avons pas eu beaucoup d'occasions de parler ainsi. Nous avons été contraints presque toujours de mettre un « mais ».

Je sais bien ce qu'il aurait fallu que la CGT puisse dire et faire. J'y étais pour ma part complètement préparé, intellectuellement, syndicalement, politiquement. Je crois que j'aurais trouvé les mots pour cela.

Je n'en ai jamais eu l'occasion parce que nous n'avons eu affaire qu'à des demi-mesures et souvent à des mesures décevantes pour le plus grand nombre, puis à des mesures de plus en plus négatives que nous avons dû critiquer et même combattre, comme c'est notre rôle de syndicat.

Et pourtant, si ceux qui détenaient le pouvoir avaient voulu, s'ils avaient agi avec la fermeté nécessaire, avec quel dynamisme, quelle joie et quel écho la CGT n'aurait-elle pas sonné la charge, mobilisé les travailleurs, galvanisé les énergies pour que ça marche... Cela aurait pu être irrésistible.

Mais soulever l'élan populaire pour un blocage des salaires, des caresses aux milliardaires, des fermetures accumulées d'entreprises, la douche froide pour ceux qui y avaient cru et n'en revenaient pas ? Non, merci...

Aujourd'hui encore je mesure mes paroles, je domine mes pulsions : l'important n'est pas l'indignation que j'éprouve mais d'être compris dans ce qu'il y a d'essentiel par des gens meurtris au plus profond d'eux-mêmes et qui se demandent encore : « Pourquoi ? Que pouvait-on ? »

Je n'ai pas de comptes à régler, même si je suis en droit de le penser : ce ne serait pas au niveau de l'événement et de l'époque. J'ai des comptes à rendre à la CGT et je le fais en tant que représentant le plus responsable de sa direction collective. Et j'ai, pour le monde du travail, pour tous ceux qui ont tant espéré, à rendre les comptes de la CGT. C'est ce que je fais.

Si la CGT avait forcé le trait, elle aurait été reçue comme « excessive et partisane ». Si elle avait fait moins, elle aurait été reçue comme « alignée ».

En réalité, les choses se sont passées de la façon suivante.

En même temps que nous menions notre activité syndicale pour informer, alerter, mobiliser les salariés et organiser leur intervention, leur action considérée par nous comme l'élément toujours primordial, nous avons préparé et publié nos propositions de solutions économiques, industrielles et sociales dans tous les domaines où nous le pouvions.

Nous en avons discuté avec les dirigeants du pouvoir et avec les ministres compétents. Nous l'avions déclaré, nous ne considérions pas ce gouvernement comme notre adversaire malgré nos désaccords et nous n'étions pas le sien. Nous sommes un syndicat assez indépendant pour ne pas craindre de dire qu'une chose est bonne quand elle l'est, mauvaise quand nous le pensons, capable de proposer des idées, de les mettre en œuvre en préservant notre entière souveraineté, à notre place de syndicat. Nous avons donc tout fait pour présenter des propositions nouvelles, sur pratiquement tous les problèmes relevant de notre compétence. Alors même que la plupart de mes camarades dirigeants de la CGT et moi-même, nous pensions ce que j'ai rappelé des choix de nos interlocuteurs, toute la direction de la CGT, unanimement, nous avons tenu à nous comporter *exactement comme si* nous avions affaire à des gens qui voulaient réellement faire du neuf, même s'ils s'y prenaient faiblement et de façon timorée pour m'en tenir à cette hypothèse.

Nous ne voulions rien négliger, pas la moindre petite chance de faire bouger les choses réellement et en profondeur et, ainsi, répondre aux espérances des travailleurs et de la majorité du pays. Nous pensions à tous ceux-là dont beaucoup d'entre nous considérions qu'ils avaient été bien imprudents de délivrer un chèque en blanc et dont *tous* nous estimions qu'ils pouvaient y arriver tout de même, si leur action devenait suffisamment puissante. Nous pensions que leurs espoirs, leurs aspirations étaient, dans leur contenu, légitimes et non exagérés.

Quoi que fassent pour leur part, finalement, ceux qui tenaient le volant de la France, il fallait qu'au moins une force syndicale, la plus importante, ait accompli son devoir sans tricher, sans lésiner, sans mesquinerie partisane, sans esprit de boutique.

Aussi bien pour tenter de créer les conditions d'une action de masse suffisante que pour coopérer concrètement afin d'avoir tout fait pour que des gens honnêtes et malheureux ne connaissent pas une amère déception. Nous le voulions pour eux et nous le voulions pour le pays.

Il n'y avait d'ailleurs pas autre chose à faire pour nous : même si ceux qui détenaient le pouvoir ne le voulaient pas et préféraient un échec du point de vue de ceux qui comptaient sur eux, même si les gens ne s'en rendaient pas compte et ne mesuraient pas sur le moment la réalité et la portée de ce que nous faisions — étouffé au maximum par les médias — il fallait tout faire, sans mégoter, au niveau qui correspondait réellement à la grandeur de l'occasion historique, n'avoir rien d'essentiel à regretter, à se reprocher. Les faits sont les faits. Dans le moment ils relèvent de l'actualité. Par la suite, ils appartiennent à l'histoire. Pour tout le monde.

J.E. : *Alors concrètement, comment cela s'est-il passé pour vos propositions ?*

H.K. : Dès son élection, François Mitterrand a invité successivement chaque centrale syndicale pour une prise de contact.

Le 26 mai 1981, je participais à notre délégation, conduite alors par Georges Séguy. C'était en principe une rencontre protocolaire, un geste du président. Mais pour nous, il n'y avait pas de temps à perdre. Avec toute la courtoisie qui convenait, nous avons remis au nouveau président de la République un mémorandum dans lequel était exposé l'ensemble des propositions de la CGT sur toutes les questions économiques, sociales, industrielles, de libertés et de démocratisation, bref sur tout le vaste champ que recouvre l'action syndicale telle que nous la concevons.

C'était l'état de la réflexion collective de toute la CGT à cette époque. Ce document est public. Il est certainement imparfait, discutable, mais il représentait déjà une somme impressionnante et digne de considération. Une bonne base de départ pour un examen sérieux et contradictoire pour dégager des idées et des décisions convergentes et une coopération de bon aloi entre le nouveau pouvoir et la CGT, chacun à sa place et gardant sa pleine indépendance.

Le président nous a dit qu'il constituait auprès de lui, à l'Elysée, ce qu'il appelait une « cellule de réflexion » animée par Jacques Attali et qu'il était demandeur de toute idée et proposition qui pouvaient être utiles, surtout venant de la première organisation syndicale du pays. Nous lui fournissions donc, dès le premier contact, l'ensemble de nos propositions telles qu'elles étaient alors.

C'est dans cet esprit-là que par la suite nous avons réfléchi, travaillé et présenté nos nouvelles propositions.

Car nous n'en sommes pas restés à ce document.

Au long de ces années, la CGT, sans désemparer, a accompli un immense travail de réflexion, de recherche, de solutions, n'hésitant pas à préciser, à modifier, à ajuster ses idées en fonction des réalités, de l'évolution des choses, d'une meilleure connaissance aussi des dossiers et des faits puisqu'enfin, tout de même, nous avions accès, au moins dans une certaine mesure, aux informations économiques qui nous étaient jusqu'alors interdites.

J.E. : *Quand tu parles de ce travail, tu as en vue ce qui a été accompli par la seule confédération en quelque sorte centralement, ou bien ce qui a pu être fait davantage à la base ?*

H.K. : J'ai en vue la totalité de nos actions de tous ordres. Sous notre impulsion, dans un nombre considérable d'entreprises, dans chaque département, dans chaque région et, au plan national, dans chaque branche d'industrie, de service public, d'autres services, sur tous les problèmes sans exception, un travail phénoménal a été accompli. Il constitue un ensemble d'une richesse de contenu qui surprendra tout esprit informé, tout économiste, homme de gestion ou de recherche non prévenu qui voudra bien l'examiner.

Nous ne sommes pas un gouvernement et ne disposons pas de tous les moyens techniques, humains, financiers de ceux qui dirigent l'économie et le pays. A côté du CNPF, de sa formidable machine et de l'appareil d'Etat, la disproportion de moyens est incommensurable.

Mais des milliers, des dizaines de milliers de cerveaux d'ouvriers, d'employés, de techniciens, d'ingénieurs CGT qui connaissent leur affaire, qui s'y passionnent, ont pensé, réfléchi, élaboré. Ils l'ont fait en alliant le sérieux professionnel à l'esprit militant qui soulève les montagnes.

Ce que j'ai relaté pour Renault, en détail pour permettre de se faire une idée est l'un des échantillons les plus typiques, mais nous avons produit cela à des degrés divers partout, dans d'innombrables entreprises et à tous les échelons, y compris évidemment au niveau central.

J.E. : *Je comprends bien qu'il n'est pas possible, dans ce livre consacré au syndicalisme moderne selon la CGT, de détailler tout ce que tu viens de présenter comme une fresque. Il serait tout de même intéressant, comme tu l'as fait pour Renault, ou pour certaines luttes, de donner un aperçu concret, vécu, de quelques épisodes particulièrement significatifs. Le lecteur s'y retrouve mieux.*

H.K. : C'est naturel ! En fait, dans les propositions de la CGT, il y a des mesures décisives à l'échelle de l'économie nationale, qui commandent le développement industriel, celui de la recherche, de l'enseignement, le perfectionnement des services et donc la lutte contre le chômage, pour le progrès social, la démocratie : les choix fondamentaux.

Il y a aussi tout un foisonnement de propositions, touchant aux divers aspects de la vie de la société. D'autres propositions encore, plus ponctuelles, pour faire face à toutes sortes de situations qui se sont présentées.

Le mieux serait d'essayer de donner un aperçu de cette diversité. En ayant à l'esprit que chacun des faits relatés est strictement exact, qu'ils ont tous, en leur temps, trouvé une expression publique de notre part sous une forme ou une autre, et que c'est un coup de phare éclairant et non historique systématique qui demanderait un livre monumental.

J.E. : *Tu as donc rencontré personnellement à plusieurs reprises le président de la République, le Premier ministre, les ministres de l'Economie, des Finances, de l'Industrie et d'autres. Chacun des membres du Bureau confédéral a rencontré également différents ministres.*

H.K. : De toutes ces rencontres le Bureau confédéral a évidemment été informé dans le détail. Nous travaillons collectivement. Ce dont je vais parler est connu depuis le début de tous les membres du Bureau confédéral. Nos interlocuteurs gouvernementaux ont ainsi été saisis d'une somme de propositions qui toutes visaient à satisfaire les promesses de 1981. Elles dégageaient les moyens de tenir ces promesses.

J.E. : *Dans cet ensemble-là, il n'est pas sans intérêt de connaître comment se sont passées les autres rencontres que tu as eues avec François Mitterrand, après celle de mai 1981.*

H.K. : Sans doute. L'une des plus typiques à mon avis est celle du 6 septembre 1983. Les élections municipales s'étaient déroulées au printemps de la même année et avaient donné les résultats que l'on sait : un recul du Parti socialiste et du Parti communiste, un progrès important de la droite. C'était un avertissement sérieux dont il convenait de tenir le plus grand compte. En ce mois de septembre allait commencer la discussion du budget 1984 qui risquait de marquer un tournant dans la politique économique et sociale du gouvernement, un tournant dans le sens de l'abandon des promesses de 1981. D'emblée, François Mitterrand m'a demandé si j'avais des idées en vue du budget 1985. Un peu surpris, j'ai répondu :

— « Je vais y réfléchir avec mes amis et nous aurons sûrement des propositions à vous faire. Mais ce qui me semble le plus urgent et le plus décisif, c'est le budget 1984, car il risque de remettre en cause bien des choses. »

— « 1984, c'est important, m'a-t-il dit, mais moi c'est 1985 qui m'intéresse, parce que je voudrais un budget qui amène les Français à reconnaître dans ce gouvernement un gouvernement qui a réduit les impôts. C'est l'effet que je recherche. »

Je lui fis observer :

— « Ce qui importe le plus à ceux qui vous ont élu, entre autres ceux que je représente, les salariés, ce sont les mesures que vous prendrez contre le chômage, pour la création d'emplois, c'est leur pouvoir d'achat. A mon sens, si beaucoup de temps et de substance ont été perdus, il est encore possible de prendre des mesures efficaces avec des résultats intéressants. Et c'est maintenant qu'il faut le faire. J'ai une proposition à vous présenter tout de suite pour le budget 1984. Le ministre de l'Economie et des Finances, Jacques Delors, a déclaré qu'il lui manque 25 milliards pour financer une politique sociale et de développement industriel. Or c'est par là que passe l'emploi. Je vous propose 25, 30, ou même 50 milliards.

« On connaît l'étendue de la richesse. Les 110 000 foyers — sur 22 millions — qui sont imposés au titre des grandes fortunes disposent d'une richesse qui représente une fois et demie le budget de la France, soit 1 500 milliards. Vous savez comme moi qu'ils possèdent bien davantage puisqu'ils sont dispensés de déclarer toutes sortes de biens de grande valeur tels les objets d'art, etc. Votre impôt ne représente que 4 milliards par an. Pas même leur argent de poche. Les seuls revenus annuels de ces fortunes peuvent faire rêver les salariés qui s'estiment les mieux payés.

« Quand seulement 110 000 foyers disposent d'une telle richesse et qu'il s'agit du redressement de la France, on peut leur demander 30 milliards sans gêner personne.

« Décidez un prélèvement exceptionnel pour 1984 et même pour l'année suivante qui vous assure deux années de suite 30 ou même 50 milliards nécessaires pour engager une lutte réelle contre le chômage et résoudre les problèmes sociaux. Ça n'a rien de révolutionnaire, c'est seulement un peu de justice pour une efficacité réelle. Les méthodes sont aisées à établir et vous pouvez même envisager des dispositions qui en soulignent le caractère exceptionnel. »

Le président m'a répondu :

— « Je connais votre idée. A vrai dire j'y ai pensé, du moins à une mesure symbolique : un milliard. J'en ai parlé mais Mauroy et Delors n'en ont pas voulu. »

J'ai insisté :

— « Ce n'est pas un problème de symbole mais d'efficacité. Que faire avec un milliard s'il en faut 30 ? »

Il savait bien que ces fortunes existent, qu'elles sont exorbitantes et je savais parfaitement que sa position de président lui permettait de faire prévaloir cette solution.

Les choses en sont restées là. Dans les jours qui suivirent, la Fédération CGT des finances a traduit notre proposition sous forme d'un projet très élaboré. Nous avons de grands professionnels dans cette fédération, d'excellents spécialistes en matière de fiscalité. Nous avons transmis ce projet à François Mitterrand, à Pierre Mauroy et à Jacques Delors. Nous l'avons rendu public. Nous n'avons jamais eu de réponse, sinon l'austérité renforcée pour les salariés.

Aujourd'hui, les grandes fortunes déclarées représentent 1 800 milliards de francs, soit une augmentation de valeur de 300 milliards, donc 20% en peu de temps. Merci pour elles. Et merci pour les investissements, l'emploi, les salaires, la Sécurité sociale et les « restaurants du cœur »...

Ma proposition était donc bien modeste. Je pouvais la doubler, elle n'aurait fait que stopper l'augmentation des grandes fortunes sans même les réduire alors que... Avec 300 milliards de francs et les choix que cela représente on pouvait bel et bien faire autre chose. Ce n'était pas si mal vu. Quel dommage !

J.E. : *D'une manière générale la question des moyens est fondamentale : la France a-t-elle ou non les moyens, les capitaux pour financer une politique de renouveau économique et social faisant reculer le chômage ?*

H.K. : La réponse est oui. Il y a maintenant beaucoup de pauvres en France, mais la France n'est pas un pays pauvre et tout le monde n'y est pas fauché. Dès lors le choix est entre plus de justice sociale ou non. Faire payer les petits et les moyens avec les conséquences que l'on voit ou prendre ce qui est nécessaire aux vrais privilégiés, à ceux qui ont accumulé des fortunes dont on se représente difficilement ce qu'elles sont.

J.E. : *Il est souvent reproché à la CGT de ne voir que cette question des moyens à prendre : « Faites payer les* *riches » pour toute solution. Et pourtant, vous avez bien d'autres propositions, parfois inattendues de la part de la CGT, mais elles sont peu connues du grand public.*

H.K. : Et pour cause : cela est si gênant. Encore que la question du financement par plus de justice sociale soit bien décisive, nous sommes loin de ce simplisme dont ceux qui ne veulent rien changer nous affublent.

Par exemple, il n'y a pas que les prélèvements indispensables sur les vraies fortunes mais toute la politique du crédit. Les banques ont toutes été nationalisées : quel atout pour une politique fine et efficace du crédit ! Crédits aux investissements créateurs d'emplois et d'activités utiles, facilités aux entreprises en difficulté moyennant un contrôle légitime mais non bureaucratique, crédit à la consommation bien dosé pour favoriser une progression raisonnable de la demande intérieure.

Au lieu de cela, les banques ont continué comme par le passé : taux usuraires d'intérêts, placements spéculatifs financiers, y compris à l'étranger. Et aucun compte de l'avis des administrateurs CGT élus par le personnel. Des milliers d'entreprises viables ont ainsi été étranglées et leurs emplois liquidés. La CGT a présenté un projet d'une nouvelle politique du crédit.

Parlant au président de la République de ces dirigeants des banques nommés par le pouvoir — et d'autres P-DG, hommes de la haute administration ou de cabinets ministériels —, lors de la même rencontre du 6 septembre 1983, il me répondit : — « Oui, je sais qu'il y a des gens qui se mettent en travers. »

— « Mais le pouvoir a les moyens de se faire obéir, lui dis-je. Les dirigeants d'entreprises nationalisées doivent être des hommes du service public. S'ils sont compétents, peu m'importent leurs opinions politiques, ils doivent être loyaux : personne ne les oblige à accepter une mission contraire à leurs convictions, mais s'ils le font ils doivent agir en conséquence. Sinon n'importe quel pouvoir les remplace : c'est tout simplement les règles de la démocratie et vous savez fort bien les faire appliquer. »

— « Je vais m'en occuper personnellement. Signalez-moi donc les situations anormales que vous constaterez. D'ailleurs il faudrait que nous nous voyons plus souvent... »

J.E. : *Et alors ?*

H.K. : Rien. J'ai informé, parfois par lettre explicite, parfaitement publiable. Aucune suite. Je n'ai pas insisté. J'ai le sens de la dignité et aussi celui du ridicule. Avoir dit et fait ce qu'il faut, loyalement, quoique sans illusions, oui. Me conduire comme une dupe, jamais. Ou alors ce serait par inadvertance...

J.E. : *La CGT a également été très active sur la question des prix. Puisque les salaires ne sont pas responsables de l'inflation, comme l'a reconnu officiellement et publiquement Jacques Delors, alors ministre de l'Economie et des Finances, il fallait s'attaquer aux vraies causes. Jusqu'où la CGT est-elle allée pour intervenir dans ce sens ?*

H.K. : J'ai depuis longtemps retenu des remarques de gens de divers milieux, notamment des artisans et des commerçants : vous faites souvent des grèves et des manifestations pour l'augmentation des salaires, mais pourquoi jamais contre la hausse des prix qui fait tant de tort ?

Je leur disais : je vous comprends. Mais les salaires, on peut y arriver même avec des gens qui ne veulent pas négocier, c'est une simple question de rapport de forces. Les prix, c'est plus compliqué. Pour faire quelque chose d'efficace, il faut avoir au gouvernement des gens décidés à jouer le jeu à fond et à coopérer avec nous.

Nous avons pensé que ce pouvoir pouvait y avoir intérêt et donc faire du nouveau, selon ce qu'il disait. Pour une fois qu'il n'y avait ne serait-ce qu'une petite chance, il fallait la tenter. Nous l'avons fait.

J'ai proposé à Jacques Delors, lors d'une des premières rencontres auxquelles il m'a plusieurs fois invité : « Nous avons des idées très précises sur ce qui pourrait être fait pour s'attaquer aux vraies causes de l'inflation et donc à la vie chère, au manque de compétitivité des entreprises, et cela depuis la production jusqu'à la consommation. »

Il m'a affirmé que cela l'intéressait. Je l'ai donc revu avec Gérard Alezard, secrétaire de la CGT, responsable du secteur économique confédéral. Nous lui avons présenté un ensemble de mesures qui permettaient d'agir efficacement en utilisant la loi qui donne des droits en la matière aux comités d'entreprise et permet leur coopération avec les agents de la direction générale de la concurrence et de la consommation, relevant du ministère des Finances.

Il y avait là tout un vaste domaine d'actions utiles, faisant appel non seulement aux comités d'entreprise mais aux travailleurs, pour rechercher les économies de gestion, les gâchis de toutes sortes : financiers, de fabrication, d'organisation, de malfaçons ou de rebuts.

Loin d'être dirigé contre les entreprises, c'était un élément considérable d'amélioration de leur efficacité, de leur compétitivité et de lutte contre les prix chers. Par la même occasion, ce travail pouvait bien souvent démontrer que des améliorations pour les travailleurs en conditions de travail, en effectifs, en salaires étaient avantageux pour l'efficacité de l'entreprise et la lutte contre l'inflation.

Il aurait même fallu augmenter un peu les effectifs des services concernés. Mais c'est la même chose que pour les douanes ou les impôts : des services qui rapportent ne doivent pas manquer d'effectifs...

J.E. : *Et qu'en est-il advenu ?*

H.K. : Il y a eu trois entrevues entre Gérard Alezard et ses collaborateurs avec le directeur de cet organisme, paraît-il très intéressé par ces propositions et envisageant un dispositif pratique de coopération. Tellement intéressé qu'il a fini par adresser une circulaire aux entreprises pour leur signifier que les comités d'entreprise n'avaient rien à voir dans ces questions.

Nous avons publié cette circulaire qui a fait quelque bruit. Mais rien n'a bougé du côté du pouvoir. Par contre, dans un nombre appréciable d'entreprises, des syndicats CGT, des comités d'entreprise animés par eux, et des gens intéressés par nos idées ont commencé un travail révélateur qui prouvait le vrai gisement d'économies qu'il y avait là. Et qui y est toujours...

Mais pour qu'il y ait une suite d'envergure, il fallait le relais du pouvoir et donc une volonté de celui-ci, ainsi qu'une bonne utilisation des médias. Ce ne fut pas le cas.

Nous pouvons agir à tous les stades de la production, du début à la fin, puis de la distribution. Dans ce dernier domaine, notre Fédération du commerce et de la distribution a accompli un travail absolument remarquable, notamment dans les grands magasins et les grandes surfaces. Sa secrétaire générale, Michèle Commergnat, a tenu des conférences de presse, publié des faits assez extraordinaires, sur la valse des étiquettes, les comportements des directions de ces établissements, la résistance des employés.

De même pour la vente des produits français dans le cadre de la lutte pour le marché intérieur. Que crois-tu qu'il est arrivé ? Des félicitations du gouvernement ? Non, des sanctions patronales que le pouvoir laissait faire et que seule l'action syndicale a combattues.

Si le patronat avait vraiment voulu faire du neuf et s'attaquer aux causes profondes de l'inflation et de la vie chère et non s'en prendre au pouvoir d'achat des salariés, il le pouvait. La CGT était en capacité alors de créer une véritable mobilisation qui aurait d'ailleurs rendu difficile aux autres syndicats de s'en tenir à l'écart. Mais par nos seuls moyens, nous n'avions pas la possibilité, à l'époque, de donner l'envergure nécessaire à cette action. Pourquoi cette démission ? C'est une vraie question, mais je préfère ne pas y répondre à chaque fois.

J.E. : *Vous avez eu le même accueil en ce qui concerne la reconquête du marché intérieur, présentée en 1981 comme la pièce maîtresse de tout grand développement industriel* *et disparue ensuite des préoccupations du pouvoir. Là encore la CGT a soutenu un dossier solide et réaliste ?*

H.K. : Un dossier dont nous avons discuté avec Pierre Mauroy, Jacques Delors, Pierre Bérégovoy, Jean-Pierre Chevènement, Edith Cresson et dont j'ai parlé avec François Mitterrand. Il est bien connu que la CGT a toujours insisté sur l'importance du marché intérieur, élément décisif du développement économique. C'est en fortifiant ses propres bases nationales qu'un pays industriel peut conquérir des positions fortes sur le marché mondial.

Un grand pays développé et industrialisé comme la France représente un marché intérieur considérable et infiniment diversifié, constitué par tout ce que consomment les gens, les entreprises, les collectivités territoriales et les administrations. Répondre à l'ensemble de ces besoins doit être l'objectif de toute politique industrielle soucieuse du développement économique du pays et de l'emploi. Or quel constat pouvons-nous faire en ce début d'année 1987 : près de 50 % de ce qui est vendu sur notre marché intérieur (biens de consommation et biens d'équipement) est demandé à l'importation, fabriqué à l'étranger. Pour l'essentiel, c'est parce que la France ne fabrique pas ou ne fabrique plus de nombreux produits. Son appareil industriel est plein de trous béants qui contraignent à importer ce que nous ne produisons pas. Les conséquences sont dramatiques en matière d'emploi.

J.E. : *Faut-il être protectionniste ?*

H.K. : Nous n'avons pas la vision d'un repli frileux de la France sur elle-même. Nous sommes à l'époque des grands échanges internationaux. Ils impliquent la présence de la France sur le marché mondial et son ouverture à ce marché. Mais ce n'est pas la même chose si l'on demande à l'importation 25 % de ce que l'on consomme ou 50% comme c'est le cas actuellement. La différence représente plus d'un million d'emplois, un affaiblissement de l'appareil productif grave et une dépendance économique dangereuse dans plus d'un secteur parfois vital. Si ce n'est pas beaucoup plus. Là est le problème. Alors aidons un peu plus et un peu mieux les petites entreprises étranglées par les banques, et dont la fermeture nous oblige à acheter au bout du monde ce que nous produisions chez nous. Quant au problème de la compétitivité, il dépend pour une bonne part de la volonté du grand patronat d'investir ou non, et de la mise en œuvre de mesures sérieuses comme celles que nous avons proposées au gouvernement. Au demeurant, tous les documents les plus réputés des instituts internationaux confirment que les coûts salariaux, y compris les charges sociales, sont moins élevés chez nous que dans la plupart des pays comparables, comme la RFA et les USA.

Enfin les trous dans le tissu industriel français impliquent une politique de développement de l'appareil industriel à laquelle se sont refusés les gouvernements d'hier et que n'entreprend pas plus celui d'aujourd'hui. Il faut croire pourtant que nos préoccupations relatives au marché intérieur ne sont dénuées ni de sens ni d'intérêt puisque le CNPF lui-même a engagé une réflexion interne sur ce problème en 1982.

Dans une publication officielle, *Entreprises solidaires,* éditée à l'usage des chefs d'entreprise, en mars 1982, le CNPF recommandait d'étudier la possibilité de reconstituer le tissu industriel en fonction des besoins du marché intérieur et proposait un ensemble de mesures très judicieuses : mieux connaître ce qui se produit en France et l'acheter de préférence. Même si c'est jusqu'à 10 % plus cher, c'est encore avantageux, estimait le CNPF. Il recommandait des dispositions pour une meilleure coopération entre entreprises françaises fournisseuses ou clientes pour mieux répondre aux besoins à de meilleurs prix. « Et si c'était votre intérêt ? », demandait le CNPF.

Pour une fois que nous étions d'accord avec le CNPF ! Nous étions prêts à examiner avec les patrons et plus encore avec le gouvernement ce qu'il était possible de faire dans ce domaine en préservant les intérêts et les droits sociaux des salariés. Nous étions partie prenante pour quelque chose de constructif qui pouvait déboucher sur la création de plusieurs centaines de milliers d'emplois, et cela malgré tout ce qui pouvait nous opposer aux patrons sur les problèmes revendicatifs. On cherche souvent à donner l'image d'une CGT qui dit toujours « Non ». C'est faux ! Quand c'est vraiment intéressant, nous savons être « pour ».

Je suis sûr que plus d'un Français serait surpris de découvrir une autre CGT que celle qu'on leur présente.

Le 25 août 1983, au cours d'une conférence de presse, j'ai divulgué le document du CNPF. Je dis bien « divulgué ». Parce qu'entre-temps le CNPF avait laissé tomber ses propositions et sa publication était devenue introuvable. Le grand patronat avait changé son fusil d'épaule. Des milliers de petites entreprises sont mortes parce que le CNPF n'a pas voulu faire ce qu'il avait lui-même recommandé. Des centaines de milliers d'emplois qu'on aurait pu créer n'ont pas vu le jour. Pourquoi cette attitude du CNPF ? Vraisemblablement pour des raisons de classe. Par peur que réussisse une entreprise de renouveau du pays avec la participation des travailleurs. Quoi qu'il en soit le fait est là.

Nous nous sommes alors adressés au gouvernement pour dire : « Ce que le CNPF ne fait pas, vous avez les moyens de le faire. Votre capacité d'intervention est très grande, avec le secteur nationalisé, les banques, les grands groupes industriels nationalisés, les nombreuses entreprises de sous-traitance qu'ils font vivre, et aussi les choix d'équipements de toutes sortes des établissements et entreprises publics ou nationalisés. » Nous avons dit : « Nous sommes partants. »

Mais Mauroy, Delors, Chevènement n'ont pas accepté le moindre examen avec nous de cette proposition. Quand j'en ai parlé à François Mitterrand, lors de l'entrevue du 6 septembre 1983, il m'a dit : « Pas maintenant, il va falloir étudier cela, voyez avec Bianco. » Finalement, c'est Edith Cresson, alors ministre du Commerce extérieur, qui en fut chargée. Je lui ai proposé que ses services et les responsables de la CGT aux questions industrielles entreprennent en commun une étude et examinent les possibilités d'initiatives concrètes. Elle m'a dit : « C'est très intéressant, mais il faut faire preuve de prudence. Nous sommes très surveillés, par les organismes de la Communauté européenne, par le patronat. Commençons par faire une commission, mais avec discrétion parce qu'on va nous attaquer. »

Elle a demandé qu'un de ses collaborateurs puisse rencontrer un responsable de la CGT pour s'entretenir de nos propositions, des recommandations du CNPF, et étudier ce qui pouvait être fait. J'étais sceptique. Mais j'ai accepté. C'est ainsi que Gérard Alezard a rencontré M. Kosziusko-Morizet. Ce dernier manifesta beaucoup d'arrogance au cours d'une entrevue plutôt orageuse. Les syndicats n'étaient pas son genre et la CGT moins encore. Il était vraiment l'homme qu'il fallait pour enterrer le projet. Ce qui fut fait. Nous savons être discrets lorsque c'est efficace, mais pas pour cacher une carence scandaleuse qui a coûté cher et coûte toujours cher à l'industrie et à l'emploi. Ce serait de la complicité.

J.E. : *La CGT a pris également une initiative intéressante et très originale dont l'objectif était d'enrayer le mouvement de fermeture des petites entreprises avec les conséquences qui en résultaient pour l'emploi.*

H.K. : Beaucoup d'entreprises disparaissent. Souvent le patron, aux prises avec des difficultés réelles, renonce. Nous en connaissons beaucoup. Au lieu de s'en prendre aux banques qui les étranglent, ils s'en prennent à leur personnel dont nous défendons les droits et les intérêts.

Souvent, c'est un problème d'héritage. Les héritiers prennent le magot et abandonnent l'entreprise. C'est aussi le cas de certains patrons qui, fortune faite sur le dos de leurs salariés, mettent la clé sous la porte et partent pour « faire leur vie ». Entre les entreprises et la fortune du patron, le système des vases communicants ne fonctionne qu'à sens unique. La boîte est à sec, mais pas son propriétaire... Il n'y a pas que les grandes familles qui dégénèrent...

Un haut fonctionnaire des Finances me citait, parmi de nombreux autres cas, celui d'une entreprise en faillite dont on recherchait le propriétaire, introuvable. Il était sur son bateau « heu-reux », en train de sillonner les mers chaudes pendant qu'une centaine d'ouvriers n'avaient touché ni paie ni indemnités.

Il faut se rendre compte que ce sont des dizaines et des dizaines de milliers d'emplois constituant le tissu industriel le plus enraciné qui disparaissent ainsi. Ce sont des entreprises de villages, de bourgs ou de chefs-lieux de cantons, de départements. Quand il n'y a plus ça, il n'y a plus rien. C'est la mort complète. C'est la disparition de produits qu'on ne fait plus, qu'on ne trouve plus sur le marché, qu'il faut acheter ensuite à l'étranger.

Pour arrêter cette hémorragie, j'ai donc fait, au nom de la CGT bien sûr, la proposition suivante à Pierre Mauroy ainsi qu'à Jacques Delors et à Michel Rocard chargé de « l'économie sociale » : « Nous nous ne sommes pas pour tout nationaliser. La transformation de la société doit se faire de façon diversifiée et complexe. Mais trop d'entreprises disparaissent. Prenons en moyenne cinq entreprises par département, que les patrons abandonnent, qui sont viables, et dont le personnel est compétent, courageux. Aidez à y constituer des SCOP, des coopératives ouvrières, y compris en fournissant une assistance technique, parce que les gens sont de bonne volonté, mais que la gestion, c'est un métier. Accordez des facilités pour faire marcher ces sociétés créatrices d'emplois et d'activités. Cela suppose évidemment une attitude compréhensive de la part du gouvernement et des banques. Nous ne demandons pas de cadeau, au contraire : un contrôle sérieux et stimulant, nous demandons seulement de la compréhension. Et, en contrepartie, on peut compter sur l'élan, la volonté de vivre des travailleurs animés par la CGT. Cinq dans chaque département, ce n'est pas la mer à boire, mais vous verrez que ça donnera à réfléchir à tous les autres. Ça mobilisera une bonne partie des entreprises qui flanchent, et du capital local ou régional qui fiche le camp. »

Ce n'était pas révolutionnaire, mais il était possible de faire des SCOP réussies, soit pour préserver des boîtes qui sombrent, soit pour créer des activités nouvelles. Il y avait toute une politique possible, un développement du secteur coopératif de production avec appui possible sur le secteur nationalisé. La CGT s'est constitué un début d'organisme de travail pour y contribuer. On pouvait ainsi créer plusieurs dizaines de milliers d'emplois par an. En même temps, c'était un encouragement, une incitation, et tant mieux si cela créait une compétition avec les entreprises privées. Pour le gouvernement et les banques, ce n'était pas un investissement très grand, mais combien rentable.

Refusé : ne pas effrayer le patronat gros ou moyen. Nous avons, malgré tout, créé un certain nombre de SCOP. Mais, dès lors qu'il s'agissait de la CGT, les banques et les organismes compétents de l'Etat ont tout fait pour les torpiller. Pour ce qui est de Manufrance, c'est particulièrement scandaleux. Au prix de sacrifices et d'une mobilisation extraordinaires, les travailleurs ont créé quelque chose de remarquable, une usine neuve, ultra moderne, la seule capable de produire des fusils de chasse à l'échelle industrielle : une production française qui disparaît, ne laissant place qu'à quelques petites entreprises artisanales. Place aux importations... Au lieu d'aider à bon escient, y compris par l'apport de spécialistes de gestion, le pouvoir a guetté chaque maladresse, coupé les vivres quand elles étaient indispensables. L'argent dépensé l'a été à contresens. Les propos faussement navrés de plusieurs ministres m'ont convaincu que bien du monde suivait cette affaire comme on suit un enterrement espéré. Faut-il que l'esprit partisan abaisse l'esprit d'hommes d'Etat ! Car il est évident qu'un pouvoir disposant du crédit et de tous les moyens peut rendre impossible de telles solutions : le combat est inégal mais qui est perdant ? Pas la CGT, son sort n'en dépend pas, mais l'industrie et l'emploi.

Il reste à Saint-Etienne une installation moderne créée par les salariés, livrée à l'abandon. Quel gâchis ! Et ce sont eux qui sont traînés devant les tribunaux !

On a agi de même avec la Verrerie ouvrière d'Albi, créée avec l'aide de Jaurès. On l'a mise en difficulté, ainsi que l'AOIP (Association ouvrière de l'industrie de précision, l'ancienne Dyna électronique). Grande entreprise coopérative traditionnelle, historique. Même cela leur a été insupportable. Ils ont brisé ce qui existait. Avec une orientation pareille, il n'était pas question de réussir.

J.E. : *Passons à de plus grosses pièces. C'est dans cette période, je crois, que s'est posé le problème de Creusot-Loire, l'un des plus graves qu'ait eu à régler le gouvernement de cette époque. Creusot-Loire, c'était le véritable joyau de l'industrie mécanique lourde française avec des productions très sophistiquées telles que les centrales nucléaires, le TGV, le matériel d'exploitation de l'espace et des mers, les rotatives d'imprimeries les plus modernes, les rampes de lancement de fusées. Il fournissait de l'équipement pour la plupart des groupes industriels internationaux ainsi que de nombreux centres de recherches aux Etats-Unis et au Japon. N'est-il pas invraisemblable que le gouvernement ne se soit pas opposé au démantèlement d'un tel ensemble industriel ? Mais là encore, les propositions de la CGT n'ont pas manqué ?*

H.K. : Ce joyau-là, de réputation mondiale, qui travaillait pour l'équipement en France mais aussi très largement pour l'exportation, était la propriété de quatre familles. Pas n'importe lesquelles, quatre parmi les vraies grandes, Schneider, Empain, de Wendel et Worms. Des cadres de cette entreprise ont proposé de reprendre l'ensemble. Leur étude, très intéressante, les conduisait à demander à Schneider 800 millions de francs pour la poursuite de l'activité de l'entreprise. Schneider a refusé en prétendant qu'il n'avait pas les moyens d'investir cette somme. Mais, en 1986, la même famille Schneider, s'est porté acquéreur de la CGE pour plusieurs milliards de francs.

Ils n'avaient pas 800 millions en 1983, ils en ont découvert subitement plusieurs milliards en 1986.

Ces familles, ces maîtres de forges, ont joué un grand rôle dans l'histoire du pays. Ils ont édifié une industrie lourde française, une sidérurgie, à un prix social exorbitant et avec les méthodes paternalistes que l'on sait. On les a appelés les marchands de canons. Mais, au moins, ils ont doté la France d'une grande industrie, d'une sidérurgie. Ils se sont enrichis en construisant, mais leurs rejetons dégénérés aujourd'hui s'enrichissent en démolissant et en plaçant l'argent dans des opérations spéculatives. Et il ne leur arrive rien. On les laisse faire.

En 1983, par hasard, j'ai rencontré Louis Schweitzer qui était le directeur de cabinet de Laurent Fabius, chargé de discuter de cette affaire Creusot-Loire. Fabius était alors à l'Industrie. J'avais été invité par le Bâtonnier de Paris à la cérémonie traditionnelle qui clôt l'année judiciaire pour les jeunes avocats. J'y suis allé par courtoisie et non sans une certaine curiosité. Venu y faire une apparition, Louis Schweitzer m'a aperçu, et est venu me saluer. Il paraissait indigné des discussions dont il sortait avec les représentants des propriétaires de Creusot-Loire.

Je lui ai posé cette question, simplement pour vérifier notre proposition :

— « Tout ce système juridique derrière lequel ils s'abritent pour leur jeu de cache-cache avec le gouvernement, c'est purement artificiel. Il y a une société qui chapeaute le tout et qui est le propriétaire de l'ensemble, c'est la holding. Vous nationalisez la holding et par-là toute l'affaire et vous pénalisez ces milliardaires qui méritent d'être sanctionnés, car ils travaillent contre la France. Est-ce que c'est faisable ? »

Il m'a dit : — « C'est parfaitement faisable, c'est même ce qu'il faut faire. » C'était une simple conversation.

J'ajoutai : — « Mais qu'est-ce qui s'y oppose ? »

Réponse : — « Pas une nationalisation de plus, le président en a pris l'engagement. »

« Pas une de plus. » Donc laisser détruire Creusot-Loire avec tout ce que cela représente, industriellement, socialement, humainement plutôt que de procéder à la nationalisation qui s'imposait. Raymond Barre, qui n'a vraiment pas les mêmes choix économiques que nous, a fait une déclaration publique pour dire que détruire Creusot-Loire était une grave erreur.

Fait exceptionnel, dans *le Figaro,* adversaire acharné des nationalisations, on a pu lire dans un article signé Raymond Cottat : « S'il n'y a pas d'autre solution, dans ce cas précis, il faut nationaliser. »

Dans la grande bataille que la CGT a animée, elle a insisté pour la nationalisation. Mais « pas une de plus ».

L'article du *Figaro* reflétait sans doute les inquiétudes de certains milieux de la grande bourgeoisie devant l'aberration que représente la destruction d'un des plus puissants outils industriels de la France. Leurs désaccords avec nous sont fondamentaux, mais certains, et avec eux une partie des cadres supérieurs conservateurs certes, mais qui savent ce qu'est l'industrie, sont conscients qu'aller trop loin conduit à des désastres. Rester les maîtres d'une France même diminuée, bien sûr, mais avec quelques positions, malgré tout... Les conditions existent bel et bien, même si l'esprit de classe l'emporte en fin de compte.

J'ai donné à l'époque des interviewes à *l'Usine nouvelle,* au *Figaro,* au *Monde,* au *Nouvel Economiste.* J'ai alerté l'opinion et interpellé les maîtres de l'économie : « Vous êtes la classe dirigeante, mais cette démission, où conduit-elle ? » Suis-je excessif, en relatant ces faits, de dire que la CGT n'a rien négligé, qu'elle n'avait pas tort, et que le résultat de cette affaire est consternant...

J.E. : *Du détail au plus global, vous avez concentré beaucoup d'efforts aux problèmes industriels. J'aimerais que tu en donnes un aperçu un peu global.*

H.K. : La politique industrielle était et reste la clé du développement, de l'expansion et donc de l'emploi. Elle a fait l'objet d'un « rapport » de Laurent Fabius, ministre de l'Industrie à l'Assemblée nationale en octobre 1983.

Vers la fin du mois d'août, Fabius a demandé à me rencontrer à ce sujet. J'y suis allé avec Gérard Alezard.

Il nous a dit : « La CGT est la seule centrale syndicale qui s'intéresse aux problèmes industriels. Je voudrais vous dire les thèmes essentiels de mon rapport et entendre vos observations. »

Son exposé était intéressant, mais nous lui avons fait observer qu'il n'avait aucun financement pour faire quoi que ce soit. Par la même occasion, nous avons fait le point de certaines initiatives en cours entre le ministère de l'Industrie et la CGT. Car nous avions depuis le début proposé aux ministres de l'Industrie successifs d'examiner concrètement ce qu'il était possible de faire dans toute une série d'industries.

Nos fédérations, qui sont fort compétentes et connaissent très bien leur branche et leur affaire, avaient pour la plupart engagé des discussions sur leurs propositions, qu'elles défendaient publiquement et autour desquelles elles s'efforçaient, souvent avec un certain succès, de mobiliser les travailleurs et au moins une partie de l'opinion. Pour toutes les « filières » industrielles, nous avions des propositions qui demeurent encore intéressantes. Il faut mesurer ce dont il s'agit : du plus « traditionnel » au plus nouveau, c'est de toutes les branches qu'il était question... Tout cela est du domaine public et a fait l'objet d'initiatives au grand jour. Mais tant que nous avons eu la moindre occasion, nous en avons discuté pour faire avancer les choses ne serait-ce que de quelques pas.

J.E. : *Qu'est-il résulté de ce « rapport Fabius » sur l'industrie ?*

H.K. : C'était un débat sans vote et sans budget. Quelques semaines plus tard tombaient toutes les décisions industrielles de casse que l'on sait : charbon, sidérurgie, chantiers navals, textile, cuirs, téléphonie, abandon des programmes de développement des différents services publics. Exactement l'inverse de ce que nous avait exposé Fabius au mois d'août et qu'avait semblé appuyer le président dans une déclaration télévisée en vérité ambiguë.

Nous avons réagi avec la vigueur que l'on sait. C'est à cette occasion que, lors d'un « Club de la presse d'*Europe 1* », j'ai « sonné le tocsin » avec une solennité que j'utilise rarement, précisément pour ne pas la galvauder.

Nous avons mené des luttes partout. Beaucoup sont admirables. Je pense à la téléphonie en Bretagne, dans le Trégor. Et à la marche des sidérurgistes sur Paris, aux chantiers navals ou aux mineurs de Ladrecht.

Elles n'ont pas été menées en vain même si elles n'ont pas permis le succès : il en sortira quelque chose avec le temps. Mais sur le coup et pour tout un temps, nous en sommes réduits aux dégâts causés par cette politique.

J.E. : *Tu as encore rencontré le président à ce sujet ?*

H.K. : Oui, le 13 janvier 1984. Ce fut notre dernière rencontre de travail. Il m'a dit : « Je consulte encore une fois tout le monde, puis chacun prendra ses responsabilités. » J'ai ajouté : « Et en assumera les conséquences. » Tout était dit.

J.E. : *Nous avons beaucoup parlé des problèmes industriels, mais en réalité il y a beaucoup à dire dans les autres domaines, en matière sociale, de libertés, de Sécurité sociale, de démocratisation de l'économie, de nationalisations, dans tout ce qu'on appelle les problèmes de société.*

H.K. : Nous avons pratiquement été présents sur tous les terrains sans exception. Pour l'action — autant qu'elle fut possible — et pour la proposition.

Je dois à ceux qui estiment la CGT, qui en sont membres ou à ceux qui attendent beaucoup d'elle, je dois leur dire ce que nous avons essayé de faire, et bel et bien fait. Je tiens à ce qu'on le sache. Quant à d'autres, ils auront une idée différente de celles qu'ils se font de la CGT.

Qu'ils soient salariés ou pas, qu'ils pensent que tout cela était valable ou contestable — nous ne prétendons pas avoir tout fait ni réussi tout ce que nous avons entrepris —, tous ceux qui s'intéressent à la vie du pays, aux questions économiques et sociales, qui réfléchissent aux issues possibles à la crise, doivent connaître ce que pense la CGT sur tous ces problèmes. Ils doivent connaître ce qu'elle fait sans jamais baisser les bras, avec sérieux et disponibilité d'esprit, avec le sens de l'intérêt non seulement des salariés qu'elle a pour mission de défendre, mais aussi le sens de l'intérêt du pays.

J.E. : *Dans cet ordre d'idées, peux-tu dire un mot de votre remarquable travail : le « Rapport annuel de la CGT sur la situation économique et sociale de la France », qui demeure trop méconnu ?*

H.K. : C'est peu dire : il est boycotté. Or il s'agit d'un travail qui n'a pas son équivalent. C'est une étude qui représente plusieurs volumes et qui porte sur chaque année depuis 1981. Celui de 1985 sort prochainement, à la fin mars, et celui de 1986 sortira d'ici à la fin du premier semestre 1987.

Un travail rigoureusement scientifique sous l'autorité de Gérard de Bernis, professeur à la faculté des sciences sociales de Grenoble, mondialement connu, avec la collaboration de plusieurs chercheurs universitaires dont Rolande Borrelly, professeur, et Renato Di Ruzza, maître de conférences, tous les deux à la faculté des sciences sociales de Grenoble.

Son originalité est qu'il est le produit d'une collaboration passionnante entre ces universitaires et les militants syndicalistes de la CGT, de ses fédérations et même d'entreprises. Ils ont recueilli une somme extraordinaire d'informations, étudié tout le mouvement de l'économie, les actes du pouvoir, du Parlement, du patronat, de tous les protagonistes de la vie économique et sociale et analysé l'ensemble.

Ecrit sur la base et avec les connaissances de chacune des années considérées, mais lu après coup, ce rapport fait plus qu'informer : il permet de voir comment sont dessinés les événements et les développements qui ont connu leur pleine expression une ou plusieurs années plus tard.

C'est, dans ce domaine, un travail de référence aussi indispensable que le rapport de la Cour des comptes ou celui de la Banque de France. C'est aussi la preuve matérielle qu'il existe des chercheurs en économie et en sciences sociales capables de penser et de travailler scientifiquement sur une autre base que les théories officielles ou à la mode et sans craindre d'éluder l'apport de la pensée, de la réflexion et de la politique syndicales de la CGT.

Ces ouvrages sont connus de toutes les publications économiques spécialisées, de tous les centres universitaires de recherche économique et sociale. Et, bien entendu, des autorités officielles concernées.

Pourquoi ce silence incroyable, cette censure ? Faut-il qu'ils gênent, ces universitaires incontestables, assez libres pour faire ce qu'ils font !

Mais combien de temps les commentateurs qui tiennent à leur réputation de sérieux, les chercheurs qui, tout de même, connaissent leur métier et ont une conscience, combien de temps leur passion partisane les maintiendra-t-elle dans une attitude aussi peu scientifique et aussi peu respectueuse du pluralisme et de la liberté dans la recherche, du droit de *penser autrement ?* La vie oblige tôt ou tard à mettre fin à cet ostracisme.

Nous sommes, quant à nous, disposés à travailler avec tout chercheur compétent désireux de coopérer loyalement avec la CGT indépendamment de ses convictions.

J.E. : *Je trouve indispensable de parler des combats pour la liberté et en particulier des grandes grèves de travailleurs immigrés dans la région parisienne. Elles ont joué un grand rôle et donné lieu à des interprétations particulièrement dangereuses et malveillantes.*

H.K. : Il y a eu deux périodes dans ces grèves. La première se situe au printemps 1982. Elle a commencé chez Talbot à Poissy puis s'est étendue aux usines Citroën de l'Ile-de-France, dont la plus grande est à Aulnay. Talbot comme Citroën appartiennent au groupe PSA, c'est-à-dire Peugeot.

Dans les deux firmes règne depuis longtemps un régime d'exception qui est une honte pour la France. On y emploie en majorité des travailleurs immigrés, venus du monde entier : plus de vingt nationalités, le groupe le plus nombreux étant celui des Marocains, en raison d'un véritable trafic d'hommes organisé par la direction des deux entreprises avec de hautes complicités.

Chez Talbot comme chez Citroën, c'était le régime du syndicat-maison qui a dû changer plusieurs fois de nom lorsqu'il était trop compromis. Hier CFT, plusieurs de ses responsables et activistes ont été impliqués dans des affaires crapuleuses et certains condamnés en assises pour l'assassinat d'un ouvrier gréviste à Reims, Pierre Maître ; il est donc devenu CSL. Mais c'est la même organisation constituée par la direction, dirigée par ses représentants et encadrée par de sombres nervis. Il y a dans ces usines un double encadrement : le professionnel, normal quoique dur, et l'encadrement répressif, armature de la CSL. Longtemps il était obligatoire de prendre la carte de ce « syndicat » pour travailler. Surtout pour les immigrés. Seul un noyau de militants CGT a réussi à se maintenir, à conserver une présence et un minimum de représentation aux élections.

Pour certains, cela tenait de l'héroïsme face aux brimades, aux agressions, aux sanctions et aux humiliations. Henri Rollin l'a décrit dans son livre *Militant chez Simca-Chrysler,* et Marcel Caille dans *les Truands du patronat*.

Chez Talbot, il y eut, après Henri Rollin, Joseph Tréhel, par la suite maire de Poissy, puis son épouse, Nora Tréhel, une jeune femme admirable, vénérée par tous les immigrés. A Aulnay, ce furent Christian Bonin et plusieurs autres avec, dans chaque usine, un petit nombre d'immigrés.

C'était le régime du racisme bestial, de la terreur, de diverses formes de racket. Ces travailleurs immigrés venaient le plus souvent du fin fond de pays sous-développés. Ils étaient sans instruction, généralement analphabètes et vulnérables à toute pression.

Au printemps 1982 ont explosé de formidables grèves chez Talbot, puis chez Citroën. C'était la révolte des esclaves. Spartacus. On les a nommées les grèves de la liberté. Ils ont fait sauter le système d'oppression. Ils étaient beaux ces hommes de toutes les couleurs, de toutes les nations, hier courbés et qui se redressaient, se faisaient respecter avec un sens impressionnant de la dignité reconquise.

Qui donc ont-ils trouvé, au plan syndical, pour conduire leur action, eux qui n'avaient aucune expérience syndicale ? La CGT. Personne d'autre ne faisait le poids. La poignée de militants qui avait survécu à l'intérieur et, de l'extérieur, toutes les organisations de la CGT : locales, départementales, la Fédération des métaux et le Bureau confédéral. Ils ont imposé un système de droits, dans l'entreprise, qui leur permettait vraiment de s'organiser, de se concerter et de se défendre.

Une bonne partie des commentateurs et les médias ont surtout fait ressortir qu'il s'agissait d'immigrés arabes, turcs... Certains en ont fait le thème d'une campagne raciste : les étrangers qui, avec la CGT, sabotent l'industrie française. Ils venaient seulement de conquérir des droits élémentaires dont ils étaient privés par la violence.

Aux côtés de Nora Tréhel à Poissy, Christian Bonin à Aulnay, sont apparus des syndicalistes immigrés tout neufs dont le plus connu fut Akka Gazzi, à Aulnay : il faisait tout juste son apprentissage de syndicaliste mais il l'a fait vite, sûr de la droiture de la CGT. Akka débutant, mais de quelle façon ! Dans d'autres entreprises où les conditions étaient plus normales, nous avons pu former de nombreux militants immigrés de toutes nationalités dont certains sont devenus des dirigeants nationaux de la CGT, comme Mohamed Moktari, de Renault-Billancourt, membre de la Commission exécutive confédérale de la CGT.

Je n'oublierai jamais la manifestation de la victoire à Poissy d'abord, puis à Aulnay ensuite. Quelle fête ! Ce qui s'est passé en réalité est tout simple. Ces milliers de travailleurs immigrés maltraités n'avaient pas fait grève *contre* le gouvernement, ils avaient au contraire cru en lui. Et puisque rien ne changeait dans l'entreprise, le changement de pouvoir leur a donné confiance, ils se sont sentis plus forts. Ils se sont battus pour que les promesses de droits et de libertés soient tenues. En quelque sorte, ils ont eu la réaction de 1936. Sans se poser trop de questions compliquées, sans être paralysés : en toute simplicité, au premier degré, ils y ont cru. Et ils ont gagné. Du moins pour un temps. Et personne ne pourra leur faire oublier que c'est avec la CGT.

C'est la stricte vérité. Et un bon sujet de réflexion rétrospective pour tous les autres...

J.E. : *Mais pourquoi le système CSL n'a-t-il pas été démantelé ?*

H.K. : Eux l'ont neutralisé et la direction n'a pu l'utiliser, tout un temps. Mais ni le ministre du Travail, ni le Premier ministre n'ont voulu prendre les mesures dont ils avaient les moyens pour éliminer le système illégal Citroën-Talbot. Cela s'est terminé par une commission des libertés, présidée par un représentant du ministère du Travail.

Ces commissions pouvaient faire le nécessaire, avec un président énergique. Or le gouvernement a désigné des hommes qui ont fait preuve d'une complaisance peu estimable envers une direction d'un autre âge. Et il n'a pas voulu autre chose : il ne tenait pas à liquider la CSL et le système Citroën-Talbot-Peugeot, bien qu'il soit d'extrême droite et donc dangereux pour lui aussi. Je ne trouve pas d'autre explication que celle-ci : la crainte de l'influence de la CGT.

J.E. : *On a du mal à comprendre cela.*

H.K. : Et pourtant ! As-tu une explication plus plausible à un tel comportement ? Le pouvoir a d'ailleurs vu les conséquences pour lui-même par la suite sans pour autant en tirer les conclusions. C'est ce qui s'est produit avec la deuxième vague de grèves qui a commencé à la fin de 1982, puis au début de 1983.

J.E. : *En effet, chez Talbot, Citroën et à Renault-Flins, entreprises à forte proportion de travailleurs immigrés, les directions ont eu des attitudes provocatrices. Tout s'est passé comme si l'on voulait susciter des incidents de nature à effrayer l'opinion.*

H.K. : Nous avons eu à l'époque des informations que nous ont communiquées en particulier nos militants de Citroën. L'encadrement et la direction poussaient les travailleurs immigrés à se mettre en grève. Et notre syndicat qui comprenait la manœuvre s'évertuait avec la Fédération des métaux à éviter une grève avec occupation, tout en se mettant à la tête de la défense des revendications ouvrières.

Nous étions au début de l'année 1983. Or, en mars, avaient lieu les élections municipales. J'ai eu très vite la certitude que certains milieux de la bourgeoisie, à des fins politiciennes, voulaient provoquer des grèves spécialement dans les entreprises occupant des travailleurs immigrés, pour effrayer « la France profonde ». Et j'ai prévenu, personnellement, Pierre Mauroy et le secrétaire général de l'Elysée à l'intention du président.

Il convenait de porter beaucoup d'attention à ces conflits, de faire en sorte de trouver le plus vite possible des solutions aux revendications des travailleurs, en faisant pression sur les patrons. Je leur ai dit que j'étais convaincu que les directions de ces entreprises provoquaient les travailleurs immigrés, qui n'ont pas dans ces usines-là la même expérience que chez Renault à Billancourt. Ils n'avaient que deux ans de syndicalisme, dans des boîtes où il n'avait pas pu y avoir de syndicat ni de délégué avant 1981.

J'ai dit à Mauroy : « Je te garantis que si vous n'intervenez pas, et vous en avez les moyens, pour que ces travailleurs, qui ont des revendications raisonnables et justifiées, aient satisfaction, vous aurez tous les jours à la télévision et jusqu'aux élections des images de meetings d'immigrés, avec drapeaux rouges et des scènes de plus ou moins grande excitation. Ce sera destiné à tous les villages de France. On cherchera à faire peur à l'électorat français en suggérant que tous ces immigrés fichent la pagaille dans nos industries. »

J'ai ajouté : « J'interviens comme représentant de la CGT qui soutient et soutiendra quoi qu'il arrive les revendications de ces travailleurs. Je ne veux pas qu'ils soient victimes d'une provocation. Mais je te fais observer que la CGT n'est pas impliquée dans les élections municipales. Vous par contre vous êtes concernés. Si vous imaginez que ces provocations ne visent que Poissy et Aulnay qui ont des maires communistes, vous vous trompez. Parce que la télévision, elle, va dans toute la France, et ça concerne aussi bien les communes dirigées par le Parti socialiste, que celles dirigées par le Parti communiste. »

Ils ne m'ont pas cru. Ils n'ont rien fait. Ni l'Elysée ni Matignon. Et il est arrivé ce que j'avais annoncé. Les grèves ont continué, il y a même eu une provocation particulièrement sérieuse à Aulnay. Aussitôt on en a fait un événement énorme. Les médias se sont jetés là-dessus, la direction s'en est emparée pour en faire l'affaire du siècle. Et le ministre du Travail Auroux a cru intelligent de faire immédiatement une déclaration contre la CGT.

Ici je dois faire une parenthèse. Le vrai ministre du Travail, ce n'était pas Auroux, c'était son directeur de Cabinet, Praderie. C'est Praderie qui a conçu toute une politique et dirigé en réalité le ministère. C'est ce monsieur Praderie qui a passé une partie de son temps à faire la tournée des popotes régionales pour présenter une conférence aux patrons. Celle-ci est enregistrée en cassette-vidéo produite et vendue par le CNPF. Nous l'avons achetée.

Tout le monde peut la voir. C'est un spectacle phénoménal : le directeur de Cabinet du ministre du Travail y explique avec un cynisme total aux patrons le bon usage contre les syndicats des lois dites Auroux. Plus exactement contre la CGT et pour créer une mentalité favorable à un syndicalisme de collaboration de classe, intégré à la gestion capitaliste. Le vieux rêve, quoi...

Ce même Praderie, nous l'avons retrouvé par la suite. Il est jusqu'à présent directeur du personnel chez Renault. Pour l'ensemble de la Régie Renault. Une de ses premières initiatives a été de réunir un certain nombre de jeunes ingénieurs et cadres pour leur dire : je suis ici pour liquider la CGT. Nous l'avons su aussitôt par certains de ces ingénieurs, scandalisés, qui sont venus informer le syndicat. Lequel a publié un tract, que Praderie évidemment ne pouvait pas démentir.

Pour ce qui est de démolir la CGT, c'est raté, elle n'a jamais eu autant de voix qu'actuellement. Par contre, pour ce qui est de démolir Renault, c'est plus risqué. Mais si, pour liquider la CGT, il faut liquider Renault, cela pose quelques questions. Quoi qu'il en soit, la répression, les brimades, les neuf délégués licenciés à Billancourt, sans justification, pour intimider, c'est signé Praderie.

Cet homme ne s'est pas auto-nommé directeur du personnel de la Régie Renault. Quelqu'un l'a nommé. Ces fonctions-là font partie de la liste de celles qui nécessitent un feu vert au plus haut niveau de l'Etat. Il a été désigné pour ça. La grandeur, en somme...

Refermons la parenthèse. Revenons à Citroën.

C'est donc cet homme qui, au début février 1983, directeur du Cabinet du ministre du Travail, s'est permis de lancer une campagne contre la CGT. A la faveur d'une provocation de nervis à Aulnay, à laquelle n'ont pas tout à fait su échapper quelques travailleurs immigrés, inexpérimentés, qui de plus avaient été tellement frappés, humiliés pendant tant d'années. Il a cru habile d'agir de la sorte. Mais en fin de compte, c'est ce qu'on appelait dans mon enfance des « feintes de balayeurs ». Dans le cas précis des petits calculs politiciens. Ça pouvait porter du tort à la CGT, aux immigrés. Ça contribuait à dresser les travailleurs et l'opinion publique française contre les travailleurs immigrés. Mais à qui ça a fait du bien ? A Le Pen. Cela a contribué à développer le racisme.

Finalement, les travailleurs de Citroën Aulnay ont eu satisfaction. A quelques jours des élections municipales, Mauroy s'est rendu compte que je n'avais pas eu tort. Et le gouvernement avait effectivement des arguments persuasifs pour mettre fin à ce conflit. Il pouvait le faire depuis deux mois... Les travailleurs ont obtenu un bon résultat. Mais du point de vue du racisme, le mal était fait. Les forces réactionnaires qui étaient à l'origine de l'affaire ont réussi leur coup. Pour ce qui est des élections municipales, on sait ce qu'il en a été...

J.E. : *Par la suite, vous avez eu d'autres conflits concernant les libertés, notamment chez Citroën ?*

H.K. : Oui. Au printemps 1984, la direction Citroën demandait l'autorisation de licencier deux mille salariés. Aussitôt, dans toutes les usines Citroën de la région, immigrés et Français se mirent en grève massive. Avec une force et un calme impressionnants. Le ministre du Travail du moment, Pierre Bérégovoy, s'était engagé à étudier le dossier et à ne pas prendre de décisions avant septembre. En août, Michel Delebarre, devenu ministre du Travail, autorisait les licenciements à Citroën Aulnay. Alors que l'usine était fermée et les ouvriers en congé. Un mauvais coup !

Au retour des vacances, pour humilier les travailleurs, la direction les faisait entrer dans l'usine un par un, à travers de véritables cages grillagées comme pour des animaux de cirque, et sous le contrôle de nervis protégés par la police. Les délégués syndicaux qu'on n'avait pas pu licencier, parce qu'ils étaient détenteurs d'un mandat électif, ont refusé d'entrer dans l'usine à travers ces cages. Ils se sont présentés à la porte d'entrée barrée par un rideau de policiers et de groupes de nervis du patronat. Ils ont dit : « Nous voulons entrer comme des hommes libres. Nous refusons les cages à rats. » Pour toute réponse, on les a fait charger et sauvagement matraquer par une compagnie de CRS.

J'ai rencontré Michel Delebarre avec une délégation de la CGT. J'ai protesté contre les licenciements et le non-respect des engagements pris par son prédécesseur. Le gouvernement avait changé mais un engagement gouvernemental doit être tenu.

Je lui ait dit : — « Autoriser des licenciements quand les travailleurs sont en congé et ne peuvent se défendre, cela porte un nom dans le mouvement ouvrier : c'est une lâcheté. Et cela ne s'oublie pas. Tu as empêché les travailleurs de se défendre. Tu les as contraints à subir une inqualifiable humiliation. Et ceux qui ont voulu préserver la dignité des ouvriers ont été matraqués. »

Il m'a répondu : — « J'ai agi délibérément parce que j'étais persuadé que si je ne le faisais pas, les travailleurs se mettraient en grève et occuperaient l'usine. La direction en aurait pris prétexte pour fermer l'usine. »

Je lui ai répondu : — « Au lieu de sévir contre une direction capable de cela, tu as désarmé les travailleurs et c'est contre eux qu'on a sévi. »

— « Eh bien tant pis, m'a-t-il dit, je n'entrerai pas au paradis de la CGT. »

Ce fut notre dernière rencontre. Je n'ai plus revu Michel Delebarre et n'ai pas envie de le revoir. Il est aussi l'auteur du désastreux projet de loi sur la flexibilité qu'il s'est acharné à faire voter à la veille des élections législatives du 16 mars 1986.

Le débat parlementaire ayant lieu pendant le 42e congrès confédéral, j'ai, dans mon rapport, caractérisé cette loi et interpellé ceux des députés qui s'apprêtaient à la voter dans les termes suivants :

« Quoi de plus significatif que le dernier acte exigé en urgence par le gouvernement de cette législature commencée sous le signe des droits, de la sécurité des travailleurs et de la lutte contre la précarité, que ce dernier acte soit précisément une loi allant dans le sens des exigences du patronat, en liquidant des garanties élémentaires sur la disposition du temps de travail et du temps personnel des salariés, sur leurs rémunérations, sur l'emploi. Une loi ouvrant la porte à bien des arbitraires limités par des dizaines et des dizaines d'années de luttes syndicales des travailleurs.

« Puisqu'il s'agit d'un acte législatif affectant gravement la vie des salariés en tant que tels, c'est, par nature, notre devoir d'organisation syndicale de dire, avec la fermeté et la portée que représentent un congrès de la CGT dans l'histoire sociale de la France, aux députés qui constituent l'actuelle majorité gouvernementale : vous n'avez pas été élus pour faire ça ! Voter cette loi serait prendre une bien lourde responsabilité. Une de celles qui ne s'effacent pas. Il ne faut pas le faire. »

Les travailleurs doivent savoir à qui ils sont redevables de ce qui leur arrive. C'est l'honnêteté de la vie publique. Nous qui avons eu le souci d'éviter d'intervenir en tant que syndicat dans la campagne électorale pour des raisons compréhensibles, nous n'avons pas choisi la date du débat parlementaire et il était hors de question de nous taire sur un sujet pareil sous prétexte d'élections.

Nous avons veillé à ce que les indispensables manifestations soient dirigées contre le projet de loi, contre la prétendue flexibilité et sa malfaisance, en évitant par une désignation — pourtant légitime — mais trop insistante des auteurs et des responsables d'apparaître utiliser une cause juste à des fins partisanes. Quiconque a une expérience des actions de masse et de ce que sont des travailleurs indignés comprend que ce n'était pas simple à obtenir. Nous y sommes cependant parvenus pour l'essentiel. Je n'en pense pas moins...

Il est vrai que, depuis, le gouvernement de droite en a rajouté, notamment avec la suppression de l'autorisation administrative de licenciement et les quelques garde-fous qui subsistaient. Nous avons combattu Seguin avec autant d'énergie que nous avions combattu la loi Delebarre. Mais le plus gros avait été fait par ce dernier, il faut laisser à chacun ce qui lui revient.

J.E. : *Nous avons parlé des grèves à Citroën Aulnay. La répression a été d'autant plus brutale qu'il s'agissait en grande majorité de travailleurs immigrés.*

H.K. : Oui, sans aucun doute, et je salue leur courage. En fait, le patronat utilise deux fois les travailleurs immigrés. Une première fois comme main-d'œuvre bon marché, pour créer la concurrence entre Français et immigrés. Et une deuxième fois, en période de crise, comme bouc émissaire pour détourner la colère des travailleurs français des véritables causes et des vrais responsables de leur situation sur les immigrés rendus responsables du chômage.

Dans les deux cas il s'agit de diviser le monde du travail et de faire diversion. C'est pourquoi les travailleurs français et immigrés ont un puissant intérêt à ne pas se laisser diviser mais à se dresser ensemble contre leurs exploiteurs communs.

Il n'est pas si simple de mener ce combat. La vie réelle pose toutes sortes de problèmes au travail et dans la cité. Faire vivre, travailler, voisiner ensemble des gens d'origines, de cultures, de civilisations, de mœurs, de niveaux de connaissances, aussi différents, demande un effort à chacun pour comprendre l'autre. Cela vaut dans tous les sens. Mais ce qui prime c'est l'intérêt commun et le sens de l'humain. C'est à cela que s'emploie la CGT dans son activité et dans la vie de ses organisations, comme le soulignait Alphone Veronèse à la dernière conférence nationale sur l'immigration.

J.E. : *Des atteintes aux libertés syndicales, il y en a eu bien d'autres durant toute cette période, comment les as-tu ressenties ?*

H.K. : Comme je ressens toutes les atteintes aux libertés : en syndicaliste CGT et en homme qui a quelques raisons de connaître le prix de la liberté et de la dignité de l'homme.

La CGT les a combattues fermement en toutes circonstances, et quels qu'en aient été les auteurs. Je ne désire pas ici tout traiter, bien que j'aie beaucoup à dire à ce sujet aussi. Mais pour évoquer tout ce qui, durant cette période, m'a heurté — car j'estime qu'il y a des choses qui ne devraient pas se faire —, je ne mentionnerai que le sort fait aux pompiers de Lorient.

Pour avoir participé lors de la visite du président de la République à Lorient, le 8 octobre 1985, à une manifestation pacifique contre des mesures économiques et sociales du gouvernement d'alors — ce qui est un droit démocratique —, tout le corps des sapeurs-pompiers de Lorient a été dissout. C'est un fait sans précédent. Lors de sa reconstitution, dix d'entre eux ont été exclus.

Ce sont tous des professionnels irréprochables, qui ont affronté tous les éléments déchaînés, le feu comme l'eau, sauvé des vies humaines, et ont été mis à l'honneur en plusieurs circonstances pour ces raisons. Aujourd'hui, eux qui étaient professionnels qualifiés, sont tous manœuvres. L'un d'eux, adjudant-chef, de pompiers ramasse les feuilles mortes, l'autre repeint les abris-bus, un troisième est garçon de ferme... Ils subissent à la fois l'humiliation, la brimade et une perte de salaire de 1 800 à 2 300 francs par mois.

C'est le ministre de l'Intérieur de l'époque, Pierre Joxe, qui a pris cette décision avec l'accord du maire de Lorient. Le président de la République le sait et estime digne de sa charge qu'on traite ainsi des hommes parce qu'ils se sont permis de manifester leur désaccord avec lui-même. Faut-il que je commente ? Et que crois-tu que j'en pense ?

Quant au syndicat CGT, il s'est reconstitué, avec une nouvelle direction... Mais ces dix hommes, ces syndicalistes, mes camarades ? Jamais nous ne les laisserons tomber.

J.E. : *Les très nombreuses propositions de la CGT, le travail créatif de tous ses syndicats dans cette période n'ont presque jamais été pris en considération dans leur fond par le pouvoir politique. Attitude étonnante, car comment prétendre introduire un changement fondamental dans la* *société sans s'appuyer sur la classe ouvrière et sur la plus importante centrale syndicale ? Finalement, les rapports de la CGT avec le pouvoir, sans être forcément conflictuels en permanence, n'ont jamais été emprunts de confiance ?*

H.K. : J'avais compris dès le début de la législature que la CGT serait sans doute écoutée mais rarement entendue. Et je ne prétends ici ni donner une idée complète de nos initiatives, ni une information détaillée sur toutes les péripéties, ni sur les relations avec chaque ministre ou administration alors qu'il y a beaucoup à nuancer. Je n'oublie pas les débuts et les expériences positives qui ont aussi existé, mais je parle de ce qui est essentiel et du résultat global.

Dès 1981, j'avais été alerté par des attitudes discriminatoires à l'égard de la CGT dans les milieux gouvernementaux. Je l'avais fait savoir à Bérégovoy à l'intention du président. Aussi la question est-elle venue lors de ma première rencontre de travail avec François Mitterrand, le 21 janvier 1983. Le président de la République m'avait invité à un petit déjeuner à cet effet. Nous avons parlé de la situation. Nous en avons donné chacun notre évaluation. Je me préoccupais surtout des mesures sociales. J'ai développé nos conceptions sur l'urgence d'une grande politique industrielle. C'était l'année qui aurait dû être décisive, où tout restait possible. Encore fallait-il vouloir le changement et s'appuyer sur la classe ouvrière et sur sa plus grande centrale syndicale pour briser l'inévitable résistance du capital.

— « Or, ai-je dit au président, au plus haut niveau de l'Etat, il se trouve des gens estimant que le but d'un septennat pouvait être d'affaiblir la CGT. »

Il a levé les bras au ciel.

J'insistai : — « Oui, oui, je les connais. Il y a des gens qui pensent cela et je les vois faire... »

Et j'ai ajouté : — « Vous savez, c'est un pari perdu d'avance. La CGT existe depuis bientôt quatre-vingt-dix ans. Elle a connu beaucoup de présidents de la République, plusieurs Constitutions et quantité de gouvernements. On lui a tout fait. On lui a porté les coups les plus terribles. On a voulu la détruire. A certaines époques, on a mis ses militants en prison. On l'a interdite. On a fusillé ses dirigeants. Dans les usines, on a licencié des syndicalistes. Et elle est toujours là. Les présidents passent et la CGT reste parce qu'elle correspond à un besoin profond de la société française. Mais quel gâchis, car cela débouche sur l'échec. » C'était au cours de mon premier entretien.

J.E. : *Ton article du 29 décembre 1981 dans* l'Humanité *intitulé « Savoir ce que l'on veut » était en quelque sorte prémonitoire. Quelques semaines avant cet entretien, tu y soulignais qu'il était impossible d'avancer dans la voie du changement sans la CGT et encore moins contre elle. Dans quelles conditions as-tu été amené à l'écrire ?*

H.K. : Les discriminations diverses dont la CGT était l'objet de la part d'instances gouvernementales nous avaient alertés. La plus importante étant le refus de faire une réforme provisoire, démocratique, de la Sécurité sociale en la soustrayant à la domination que le patronat exerce avec l'aide de FO. Situation dangereuse pour l'avenir de la Sécurité sociale, on l'a bien vu depuis. Or le prétexte invoqué pour justifier le refus visait la place pourtant légitime de la CGT.

C'est dans ces conditions que le Bureau confédéral a adopté la proposition que je lui ai faite d'écrire un article posant franchement ces problèmes et au niveau que la situation commandait. Il s'est trouvé qu'entre-temps l'état de siège en Pologne a occasionné une attaque du Parti socialiste contre la CGT. Mais ce n'était pas la raison première de l'article décidé précédemment.

C'est ainsi que j'ai été amené à poser le problème en toute clarté en écrivant notamment :

« Les désaccords, les discussions et même la lutte d'idées pour telles ou telles conceptions dans la gauche politique et syndicale font partie de la réalité sociale et de la vie démocratique.

« Elles peuvent se produire de certaines façons quand la gauche tout entière est dans l'opposition. Les choses se présentent tout à fait autrement quand la gauche est au pouvoir et qu'il faut être d'un côté parti de gouvernement et de l'autre côté syndicat du changement.

« Certes, les rapports entre la CGT et chaque parti de gauche et aussi entre la CGT et le gouvernement d'union de la gauche restent des rapports d'indépendance réciproque totale, laissant place à la liberté d'opinion, de critique, d'expression et d'action pour chacun. Il y faut pourtant un esprit de responsabilité exceptionnel. Certes encore, d'autre part, il est sain qu'il y ait une différence entre un parti, même au pouvoir, le gouvernement et les plus hautes autorités de l'État. Mais cela n'est pas illimité dans la réalité. [...]

« On ne choisit pas son époque ni les circonstances. Il faut faire face et se hisser à la hauteur. L'occasion est là, il ne faut pas la manquer. Tous les maçons sont au pied du mur. Cela crée des obligations à tout le monde. Quelles réformes ? Avec qui ? Comment se comporter avec alliés ou partenaires ? Et comment surmonter les obstacles et les oppositions de toute nature ?

« Les réformes fondamentales se heurtent et se heurteront davantage encore à la résistance acharnée des forces du capital et du conversatisme par tous les moyens dont ils pourront disposer. Et ils n'en manquent pas...

« Avec qui surmonter ces oppositions ? Sans la CGT ? Contre la CGT ? En essayant d'affaiblir la CGT ? En se privant du même coup de l'élan des forces vives, les plus dynamiques du monde du travail ? »

Dans ce même article, j'ajoutais :

« Nous sommes en présence d'une tâche historique. Elle est difficile, complexe, mais elle peut être accomplie. Il y faut des hommes d'État sachant voir loin pour réussir.

« Il y faut des partis de gouvernement capables d'agir en conséquence. La CGT a les ressources suffisantes et la volonté d'être le partenaire syndical, coopératif, indépendant, critique et responsable d'un pouvoir, d'une majorité parlementaire et de partis la composant à ce niveau-là.

« Un grand dessein nécessite une grande politique subalternes, de petits calculs basés sur de mesquins intérêts partisans ou de petites préférences syndicales.

« Autre chose sont les vrais grands débats respectant l'originalité de chaque formation et qui sont à mener avec la sérénité indispensable et la volonté d'avancer ensemble pour gagner ensemble.

« Il faut savoir ce que l'on veut et agir en conséquence avec ses partenaires. [...] »

J.E. : *Finalement, à travers tout ce que nous venons de voir, y a-t-il, selon toi, une raison fondamentale à ce qui est arrivé et laquelle ?*

H.K. : Malheureusement, nous n'avons pas eu les interlocuteurs que je définissais et que je demandais dans cet article. Non par incompétence — quelle que soit mon opinion personnelle, je ne désire pas porter de jugement de valeur — mais par absence de volonté, par choix.

Ce n'est pas moi seul qui ai répondu à la question que tu poses. C'est le 42e congrès confédéral en novembre 1985, lorsqu'il a adopté le rapport dans lequel, au nom du Bureau confédéral, je disais : « A notre 41e congrès, en concluant "c'est possible", le rapport précisait : "Il y a une question centrale dont dépend l'issue. Et cette question est celle des moyens. Désormais la question sera à tout moment : pour qui gérer ? sur quoi économiser ? à qui prendre ? avec qui et contre qui mobiliser les moyens du pays ? C'est le fond des choses, nous le pensons plus que jamais. Il fallait gérer pour et avec le monde du travail. Il fallait prendre l'argent chez les vrais détenteurs de la richesse, c'étaient les conditions de base pour mobiliser les moyens du pays et l'engager dans une voie de développement faisant reculer le chômage.

« C'est ce choix fondamental que le pouvoir n'a pas voulu faire. *Tout ce qui s'est produit découle de là.* Les choix retenus ont conduit progressivement à ce que l'on connaît. Dans ces conditions, la justice sociale ne pouvait pas être au rendez-vous et elle a reculé.

« Le chômage ne pouvait pas être refoulé et il a augmenté. L'essor ne pouvait pas se produire et c'est le déclin accéléré. Aucun des espoirs conçus ne pouvait s'accomplir.

« Quels que soient les prétextes invoqués, renoncer à s'attaquer au capital pour faire du neuf aboutit à gérer la crise contre les travailleurs avec toutes les conséquences qui en résultent. Les variantes, dans ce genre, ne changent pas grand chose à l'essentiel." »

J.E.: *Le gouvernement actuel poursuit et aggrave dans tous les domaines cette politique d'austérité inaugurée en 1983. Une telle situation ne va-t-elle pas conduire la CGT à se renfermer dans l'action revendicative sans plus intervenir dans le débat économique ?*

H.K. : Quel que soit le gouvernement, de nos jours un syndicat moderne et efficace doit intégrer et articuler les revendications sur les salaires, les conditions de travail, l'emploi, les libertés, la dignité ouvrière avec ses propres propositions sur les moyens de les satisfaire, sur les issues à la crise. C'est à la fois une légitimation des revendications et un stimulant des luttes sociales. Pour illustrer mon propos, je veux me référer aux événements récents. Il vient d'y avoir la grève des cheminots et de l'EDF en pleine vague de froid et avec des chutes de neige abondantes.

Ce froid et cette neige ont agi comme un révélateur de la misère. On a vu l'afflux des personnes sous-alimentées vers les « restaurants du cœur » qui n'ont pu répondre à toute la demande. Dans la capitale de la France, à la fin de ce 20e siècle, il a fallu ouvrir de nuit les stations de métro pour empêcher que 15 000 personnes ne meurent de froid. Et que deviennent-elles le restant de l'année ? Ce ne sont pas des clochards et des marginaux traditionnels, encore que ceux-ci posent un problème qui mérite d'être examiné. Ce sont en général des gens qui ont perdu leur travail, des chômeurs en fin de droits.

J.E. : *L'expression est incroyable. Ceux-là mêmes qui, à longueur d'année, nous parlent des droits de l'homme — chez les autres — ont inventé l'expression « fin de droits ». On a créé un univers d'exclus qui ne sont plus autorisés à se prévaloir de leurs droits aux moyens d'existence.*

H.K. : Ils ne sont plus rien. Ils sont rayés de la société. Ils n'existent plus. C'est horrible cette notion-là. Et ceux qui ont créé cette situation se sont appuyés sur un accord signé par tous les syndicats, *sauf la CGT.* Nous, nous avons proposé qu'on leur laisse un minimum pour vivre. Le vrai problème est que la société doit leur rendre le droit au travail et à la dignité. Ces exclus ne réclament pas l'aumône, mais un travail, une vie normale.

Mais j'en reviens à mon propos. La vague de froid et de neige a révélé l'état réel des services publics notamment en ce qui concerne l'énergie. L'EDF est un service public exceptionnel au monde. Avec Super-Phénix, nos techniques en matière d'énergie nucléaire sont les plus avancées qui soient. Pourtant, il a suffi d'intempéries inhabituelles pour qu'on s'aperçoive de la fragilité de notre potentiel énergétique.

Pourquoi ? Parce qu'on a refusé à EDF les investissements nécessaires. On ralentit le programme nucléaire, on ferme les mines de charbon et les centrales qu'elles alimentent, on réduit le personnel, on s'attaque au statut, on bricole sur tout. Survient un coup de froid et tout l'Ouest de la France et une partie de la région parisienne sont privés d'électricité. Il faut la compétence et le courage de ces électriciens, de ces grévistes qu'on vouait aux gémonies, de ces prétendus nantis, de ces supposés paresseux, contre qui on voulait dresser les usagers, pour rétablir la situation en un temps record.

N'avait-elle pas raison la Fédération CGT de l'énergie et avec elle les Fédérations du sous-sol et de la chimie de s'inquiéter de l'état réel du système énergétique français ? Toutes ces fédérations ensemble, avec la Confédération, ont élaboré un travail remarquable, un programme pour une politique énergétique de la France. Leurs propositions sont solides. Il existe un rapport présenté au Conseil économique et social par René Le Guen qui y représentait la CGT dont il était à l'époque secrétaire général de son Union générale des ingénieurs, cadres et techniciens. Il est lui-même un cadre supérieur de Gaz de France. Son rapport est un document de référence. Le travail collectif des organisations de la CGT a en vue l'intérêt national. Il est en même temps un instrument efficace pour justifier les revendications des personnels concernés. C'est un élément de lutte réel pour l'emploi, pour la qualification du personnel, pour sa formation.

Ce que la CGT a fait pour l'énergie, elle l'a fait pour le chemin de fer et les transports.

Un mot sur les cheminots. J'ai rendu visite la nuit à ceux qui dégelaient et déneigeaient les aiguillages pour permettre aux trains de circuler. Grévistes quelques jours auparavant, ils travaillaient cette nuit-là par un froid intense, et bien souvent à la main. Des cheminots aux paies de 5 à 6 000 francs par mois. *Antenne 2* a montré quelques images de ma visite.

La SNCF, c'est l'un des réseaux ferrés les meilleurs du monde. C'est le TGV. Mais c'est aussi des installations vétustes comme celles qu'on a pu voir à quelques centaines de mètres de Paris. Et ce service est lui aussi menacé. Je suis allé saluer ces cheminots au nom de la CGT. A travers eux, j'ai salué tous ceux qui, dans les autres services publics, font la même chose partout pour les mêmes salaires. Ce n'est pas moi seul qui aurait dû les saluer. En temps normal, les ministres concernés auraient dû leur rendre hommage, parce que travailler dans ces conditions-là, c'est se dévouer pour le pays. Mais ces ministres ne pouvaient pas le faire. Parce qu'après avoir traité les personnels comme ils l'ont fait, dans la grève, après les avoir dénigrés aux yeux de l'opinion, ils se sont disqualifiés auprès de ceux qu'ils doivent diriger.

J.E. : *Là encore s'agissant des transports de toute nature, la CGT a beaucoup travaillé. Elle a présenté tout un ensemble de propositions pour améliorer la qualité d'un service public qui est une des composantes du niveau de civilisation et d'aisance matérielle d'un pays. Ce sont des éléments trop peu connus de l'action syndicale. Ils gênent, semble-t-il. Et pourquoi !*

H.K. : Parce qu'on veut donner une image très négative de la CGT. On veut cacher cet aspect de notre démarche. C'est une entreprise délibérée.

J'ai demandé un temps d'antenne, une émission style « L'heure de vérité », pour exposer de façon convenable ce que propose la CGT dans le domaine de l'économie. On conviendra que ce n'est pas une demande exorbitante de la part de la plus grande centrale syndicale de France et alors même qu'on impose à l'opinion une image tout à fait fausse de la CGT.

Dans cet entretien, je n'ai évoqué que quelques exemples, mais nous avons fait le même travail pour toutes les branches : c'est assez impressionnant quand on en prend connaissance.

Ce chapitre est consacré en réalité à une idée centrale : le syndicalisme moderne, c'est toujours la revendication quoi qu'il arrive : le syndicat a été créé avant tout pour cela. Mais, dans les conditions de notre époque, la défense des revendications est plus efficace lorsqu'on peut justifier les moyens de les satisfaire.

En fait, elle nécessite la capacité de proposition et d'intervention sur les problèmes de gestion dans un esprit syndicaliste de lutte. Mais cette capacité de proposer, d'intervenir positivement sur les problèmes industriels, économiques et de gestion a en réalité une dimension beaucoup plus vaste, elle devient aussi un des buts de l'action de masse. Car obtenir des améliorations, une modernisation humaine, des investissements créateurs d'emplois, marquer des points dans ces domaines, c'est améliorer la situation des travailleurs, c'est faire avancer le progrès social.

Il n'y a pas opposition mais combinaison dialectique entre revendications et propositions. Cette démarche est liée au besoin général de démocratie qui caractérise notre époque.

Oui la CGT s'efforce d'être ce syndicat-là. Oui elle essaie, avec ses moyens et à sa place de syndicat, d'apprendre à le faire bien partout, sans déraper dans un sens ou dans l'autre : ni repli étriqué, ni club de réflexion, organisation syndicale de lutte des temps modernes.

Ce qui n'a pas été possible hier peut être acquis au moins partiellement par la lutte et contribue à créer une situation où il faudra bien faire du neuf. Tout est question de rapport de forces et, dans ce rapport de forces, entre en compte le niveau de conscience des travailleurs, les exigences de la vie, le besoin et la volonté de solutions neuves et effectives aux problèmes qui viennent à maturité.

4

Ce monde qui change

Jacques Estager : *La CGT est adhérente à la Fédération syndicale mondiale, dont tu es l'un des vice-présidents. Elle déploie sa propre présence dans la vie internationale, ses relations et ses initiatives. Or l'action syndicale internationale est nécessairement vaste. S'agissant des problèmes vitaux de la paix, du désarmement et notamment du désarmement nucléaire, la CGT intervient régulièrement dans le débat. Je te propose de nous entretenir de cette dimension internationale de votre activité.*

Henri Krasucki : C'est nécessaire. Il faudrait même y consacrer une forte place. Mais la rapidité de ce travail et la nécessité de respecter une longueur raisonnable de l'ouvrage vont nous obliger à faire des choix et à nous en tenir aux traits essentiels. Nos lecteurs voudront bien le comprendre, je l'espère.

La CGT depuis sa naissance a toujours attaché beaucoup d'importance aux problèmes internationaux. Elle est née internationaliste comme elle est née syndicat de lutte de classe. Son activité internationale est vaste. Joanès Galland en est le responsable. Or, de nos jours, la dimension internationale de la vie économique, sociale et culturelle s'accroît rapidement. Avec les progrès phénoménaux dans les moyens de transport, les échanges connaissent un essor fantastique. L'échange d'informations rencontre de moins en moins de barrière.

Sur le plan économique, on assiste à l'internationalisation de la production, au développement des coopérations. On peut le dévoyer pour le pire, on peut aussi en faire un élément extraordinaire de rapprochement entre les peuples et les nations. Rien n'est automatique, mais cela crée des conditions objectives favorables. Notre planète est grande, mais elle a cessé d'apparaître démesurée. Elle n'a jamais que 40 000 kilomètres de circonférence. C'était beaucoup au temps de Magellan, ça l'est moins à l'ère de Concorde et des nouveaux moyens plus rapides que nous réserve l'avenir. Nous sommes pour longtemps encore à l'époque des nations et d'une lutte de classe à l'échelle internationale, mais la Terre est déjà la planète des hommes.

C'est dans ce contexte que nous envisageons tous les problèmes internationaux. Et en priorité le problème de la paix et du désarmement.

La CGT luttait pour le désarmement dès avant la Première Guerre mondiale. A cette époque, elle montrait comment les guerres avaient des racines de classe, ce que Jean Jaurès exprimait dans sa formule célèbre : « Le capitalisme porte en lui la guerre comme la nuée dormante porte l'orage. »

J.E. : *Le problème a pris une autre dimension. C'est la survie de l'espèce humaine qui est en cause.*

H.K. : Ceux qui, pour des raisons stratégiques de classe ou à la recherche de fabuleux profits, poussent à la course aux armements jouent avec le feu atomique. Le déclenchement d'une guerre mondiale est aujourd'hui inconcevable car il signifierait la fin de toute vie sur la Terre. Les armes de destruction massive ne reconnaissent ni passeport, ni bulletin de baptême, ni couleur politique.

Elles ne distinguent pas un ouvrier d'un patron, ni un pacifiste d'un acharné du surarmement. Personne n'en sortirait indemne.

Ces données posent le problème de la paix et de la guerre en termes complètement nouveaux. Dans un conflit nucléaire, il n'y aurait ni vainqueur ni vaincu, seulement la destruction de toute vie, donc de toute civilisation. Chacune des grandes puissances sait ce dont l'autre dispose, c'est-à-dire de quoi liquider plusieurs fois toute vie sur la planète. Aucune ne peut espérer surprendre l'autre.

Alors pourquoi ne pas arrêter cette course insensée aux armements ?

L'arrêt des essais nucléaires, dans une première étape, serait une mesure de première importance, susceptible de créer un climat nouveau. L'attitude de l'Union soviétique, qui a décrété unilatéralement un moratoire des essais depuis le 6 août 1985, crée les conditions pour y parvenir. Malheureusement, les Etats-Unis ont repris les leurs malgré les appels venus du monde entier, des peuples, des Etats, de la communauté scientifique internationale. L'absurdité de cette course aux armements est évidente. Elle s'impose de plus en plus. Désarmer, ce n'est plus un rêve.

Aragon évoque dans *les Cloches de Bâle* le congrès international contre la guerre et pour la paix qui s'est tenu en 1912 dans cette ville. Il cite le discours de Jaurès en faveur du désarmement, dans lequel le grand tribun français invoque l'inscription gravée sur la cloche du célèbre poème de Schiller : « J'appelle les vivants, je pleure les morts et je brise les foudres. »

A l'époque, les conditions n'existaient pas pour progresser vers le désarmement. Aujourd'hui, il est posé à la génération actuelle comme un problème concret à résoudre parce qu'il engage la survie de l'humanité et que les forces existent, à travers le monde, pour l'imposer, ce qui ne s'était jamais produit. Naturellement, en ce qui nous concerne, nous prenons une part active à cette lutte. Toutes les organisations syndicales internationales, malgré leurs divergences, se prononcent pour le désarmement et notamment le désarmement nucléaire.

J.E. : *C'est une idée qui gagne du terrain. A-t-elle cependant suffisamment de force pour s'imposer ?*

H.K. : Oui, à condition que l'opinion adopte une attitude plus active, plus dynamique. C'est indispensable, en France comme dans le monde. Les silences, les absences pour des calculs subalternes ou des préventions idéologiques ont quelque chose de préhistorique. Quand l'existence de l'espèce humaine est en question, de quoi ont l'air les forces, les hommes et les femmes ayant une influence, qui mégotent et, sous un prétexte quelconque, se tiennent à l'écart et tentent même d'entraver la mobilisation immense de tous ceux qui veulent vivre ?

L'idée du désarmement progresse incontestablement partout. Et ce, dans des milieux de plus en plus divers. Bernard Lacombe qui anime notre action en la matière pourrait en dire beaucoup plus. Cette idée prend une force grandissante parmi la jeunesse. Poètes et artistes chantent de plus en plus fréquemment la paix. Ils ont souvent une intuition annonciatrice. Dans les années soixante, Gilbert Bécaud avec « Nathalie » annonçait la détente. Actuellement, l'un des plus grands succès de la chanson britannique s'intitule : « Les Russes aussi aiment leurs enfants ». C'est un signe des temps.

Bien des gens se disent : tout cet argent, tous ces moyens matériels et humains consacrés à la recherche de nouvelles armes pour détruire toute vie sur la planète, quel gâchis ! Est-ce que cela ne serait pas mieux employé à combattre le chômage, à assurer le mieux-être pour tous, à vaincre le sous-développement et à nourrir ceux qui ont faim ?

J.E. : *La CGT n'a jamais modifié sa position sur l'armement nucléaire ?*

H.K. : Elle se prononce toujours pour « la suppression de tout armement nucléaire de caractère national, multinational ou européen ». Elle reste et restera sur cette position. Mais nous concevons qu'il y a des étapes vers le désarmement. Pour ce qui le concerne, le gouvernement français devrait, de son propre chef, commencer par arrêter ses expériences nucléaires, qui nuisent d'ailleurs gravement au prestige de la France dans le Pacifique, plutôt que d'y être contraint tôt ou tard par l'évolution internationale.

Notre action trouve son prolongement au sein de la FSM, dont le dernier congrès a adopté une résolution votée par les représentants de plus de 300 millions de syndiqués, venus de tous les continents. Ce document pour la paix et le désarmement, une délégation a été chargée de le remettre à Mikhaïl Gorbatchev, à Javier Perez de Cuellar, secrétaire général de l'ONU et à Ronald Reagan, et d'en discuter avec eux. Perez de Cuellar et Gorbatchev ont reçu notre délégation, dont je faisais partie. Reagan n'a pas encore répondu...

La CISL (Confédération internationale des syndicats libres) parle dans le même sens. On ne peut que s'en réjouir, plus on sera, mieux cela vaudra. Mais il faut agir.

J.E. : *Vous avez remis votre résolution à Gorbatchev. Précisément, les Soviétiques ont fait des propositions concrètes et réalistes. Et il y a eu la rencontre de Reykjavik.*

H.K. : On peut penser ce qu'on veut des Soviétiques, mais, de nos jours, il est impossible d'ignorer la dimension et la portée de leurs propositions de désarmement. Elles trouvent le soutien d'Etats nombreux, divers, comme l'Inde, le Mexique, l'Argentine, la Suède, la Tanzanie et la Grèce...

Pourquoi les sceptiques et les gouvernements des puissances occidentales ne prendraient-ils pas l'Union soviétique au mot ? De l'avis des scientifiques les plus qualifiés, il existe tous les moyens de contrôle et de nombreux pays non engagés s'offrent à y participer. Après tout, l'an 2000, c'est dans treize ans ! Ce n'est pas tellement loin.

Si, en l'an 2000, on parvenait effectivement à avoir un monde sans armes nucléaires, un monde de paix, cela inaugurerait un type de relations inédit dans l'histoire. Est-ce une utopie ? Ce qui paraissait une utopie autrefois s'inscrit désormais dans le possible. Ça donne de quoi stimuler tous ceux qui constituent ce qu'on appelle parfois le « troisième grand », c'est-à-dire les forces populaires du monde entier. Travailleurs en tête. Car personne ne nous apportera ce monde sans armes, si l'on ne fait rien pour cela.

Par contre, si une volonté populaire se manifeste, si elle grandit, si, par-delà les préjugés de toutes sortes, se mettaient en mouvement les travailleurs de toutes qualifications, les scientifiques et les autres, intellectuels de toutes disciplines, tous ceux qui contribuent à faire et à exprimer l'opinion, si toutes ces forces-là se conjuguaient à l'échelle nationale et internationale, alors tout deviendrait possible. Rien que d'y penser, je trouve cela fantastique ! Vivre cela, quelle chance à mériter : les jeunes d'aujourd'hui atteindront alors leur maturité et les enfants seront les jeunes du moment : la vie devant soi ! Ça vaut la peine de se bouger, non ?

J.E. : *Et tout cela dans un monde qui change et très vite.*

H.K. : Le monde a beaucoup changé et continue de changer. Il y a soixante-dix ans, le capitalisme régnait sans partage sur le monde. Les pays industriels d'Europe occidentale et les Etats-Unis d'Amérique imposaient partout leur domination. C'était l'époque des immenses empires coloniaux. Tous les autres continents étaient transformés pratiquement en colonies. On ne voyait rien poindre qui modifie cet état de choses que bien des gens croyaient acquis pour l'éternité et en tout cas pour longtemps. C'était considéré comme l'ordre naturel des choses.

La révolution d'Octobre 1917 a non seulement bouleversé la Russie tsariste mais enclenché un processus dont les ondes de choc se répercutent encore de nos jours. On a beau le cacher, mais toute la vie internationale depuis est marquée par l'existence de l'URSS. C'est-à-dire un immense pays, qui représente un sixième de la surface du globe, peuplé actuellement de 185 millions d'habitants, et qui est devenu dans ce laps de temps la deuxième puissance mondiale, la première en bien des domaines, et l'égale des Etats-Unis au plan militaire.

Ce 20e siècle est celui de l'émergence de nouvelles sociétés qui fonctionnent et se développent non sans problèmes, mais sans le capitalisme. Elles constituent une vaste partie de la planète, y exercent un poids grandissant et connaissent des évolutions porteuses de potentialités dont personne ne peut dire jusqu'où elles iront.

En outre, ces trente dernières années ont vu l'arrivée sur la scène internationale de nombreuses nations nouvelles. L'ONU comptait une quarantaine de pays au moment de sa fondation après la Seconde Guerre mondiale. Elle en compte maintenant environ 140. Et il faut réviser souvent sa géographie pour se tenir à jour.

C'est cela, pour l'essentiel, le tableau du monde. Qui aurait eu l'audace d'espérer une telle transformation dans un tel délai ?

J.E. : *Mais un monde qui demeure dangereux et avec de graves déséquilibres : des centaines de millions d'hommes éprouvés par la faim ; un impérialisme agressif qui s'attaque aux peuples coupables de s'être libérés...*

H.K. : C'est vrai que ce monde est dangereux, et qu'il est dur. Des centaines de millions d'hommes meurent de faim. Combien sont sans toit, à peine vêtus ? Combien se couchent le soir, comme je l'ai vu, dans les rues de Calcutta ou d'ailleurs, sans savoir s'ils se réveilleront le lendemain ? On pense à tous les systèmes d'oppression qui existent. A notre époque, il y a encore des Pinochet. Il y a l'Afrique du Sud. Il y a la situation au Proche-Orient.

Il y a des petits peuples menacés comme le Nicaragua que j'ai visité. Les Nicaraguayens se sont débarrassés d'une dictature sanglante. Ils ont acquis l'indépendance, la liberté et ils le paient cher. Situés à deux pas des USA, ceux-ci leur envoient des mercenaires endurcis, bardés d'armes les plus sophistiquées, aguerris à toutes les méthodes de combat, les *contras,* qui disposent d'immenses crédits américains avec, en plus, les fameux fonds détournés qui embarrassent tant Reagan.

Mais ce peuple tient bon parce qu'il veut vivre indépendant. Il est capable de supporter beaucoup et de renoncer à bien des choses pour garder sa liberté, pour construire une société nouvelle. Son exemple est à la fois passionnant et émouvant. Nous nous associons à la solidarité matérielle, en dernier lieu au « bateau pour le Nicaragua ». De plus, nombreux sont les jeunes candidats pour les brigades organisées par la CGT, qui vont travailler au Nicaragua en fonction des besoins dont nous informent les syndicats de ce pays. Un mouvement généreux se dessine envers ce petit peuple qui fait de l'ombre au géant américain.

J.E. : *Tous ces changements dans le monde posent des problèmes nouveaux au mouvement syndical ?*

H.K. : Au mouvement syndical international et à chaque centrale nationale. Ainsi qu'aux travailleurs car ce n'est pas seulement une affaire d'états-majors.

Au lendemain de la Deuxième Guerre mondiale a été créée la FSM. Elle regroupait essentiellement les syndicats d'Europe et d'Amérique. Au 11e congrès de la FSM qui s'est tenu à Berlin en septembre 1986 étaient représentées 225 centrales nationales venant de plus de pays qu'il n'y a de membres de l'ONU.

Les syndicats, les travailleurs du monde, ont des intérêts communs, la paix comme on l'a vu, mais aussi le développement des échanges, notamment des échanges économiques. Des échanges compris comme moyens de lutte contre la crise, contre le chômage, contre l'injustice, pour le développement, la défense des droits des travailleurs, la solidarité entre travailleurs de tous les pays, la solidarité à l'égard de ceux qui mènent de durs combats et qui ont besoin du soutien de tous. Et pour la paix.

Dans ce monde tel qu'il se développe, l'apparition de toutes ces technologies qui modifient les conditions mêmes de la production demande des investissements coûteux à rentabiliser et qui dépassent les possibilités d'un seul pays. Or il y a des possibilités extraordinaires de coopération. Les puissances capitalistes industrielles ne les conçoivent que selon les lois de la jungle : les plus forts « coopèrent » en imposant leurs exigences aux plus faibles. Même entre eux, c'est une lutte sans merci et l'indépendance de ces États est mise à mal. A l'égard des pays peu ou sous-développés, c'est l'impitoyable pillage néocolonialiste.

J.E. : *Mais cela pourrait être tout autre chose quand on voit les réalisations comme le CERN (Centre d'études et de recherches nucléaires) ou Airbus.*

H.K. : Il existe déjà d'importants exemples de coopérations réussies. Mais, à mon sens, sans offenser leurs acteurs, ce ne sont que des prototypes par rapport à ce qui va devenir nécessaire et possible dans les années qui viennent.

Il est question par exemple de projets fabuleux en matière de recherche spatiale. Etant donné leurs multiples retombées sur les applications terrestres, il deviendra de plus en plus difficile de les refuser d'autant qu'elles se feront tout de même avec ceux qui le voudront et ils sont déjà nombreux.

La mise en valeur des immenses ressources de la Sibérie offre un champ vertigineux à la coopération entre pays socialistes mais aussi avec des pays capitalistes pris à la gorge par la crise et à la recherche de débouchés. De même, tôt ou tard, la mise en valeur d'autres régions du monde, au Brésil, en Afrique ou en Asie. Et, plus généralement, la mise en œuvre, de façon rentable et rationnelle, des découvertes scientifiques et techniques en cours ou sur le point d'aboutir, trop coûteuse ou trop longue pour un seul pays mais avantageuse à plusieurs.

Nous n'en sommes pas encore là ? Certes, et j'en vois bien tous les obstacles. Mais le vrai monde de notre temps, c'est bien cela. Il deviendra de plus en plus difficile de s'y dérober.

J.E. : *Ce n'est pas sur cette voie que s'engagent les sociétés transnationales ?*

H.K. : Non, bien au contraire. Le capitalisme produit des monstres aujourd'hui très dangereux et malfaisants mais qui ont leurs points faibles. Ces sociétés gigantesques dont la taille de certaines dépasse celle d'Etats importants (le budget de General Motors est supérieur à celui de la France) agissent sans foi ni loi. Au siècle dernier, dans chaque pays capitaliste, pour payer le moins cher possible le travail des salariés, les patrons mettaient en concurrence entre eux les travailleurs de la localité, de la région. Maintenant c'est à l'échelle planétaire. On ferme une usine en France ou dans d'autres pays comparables, pour l'installer à Singapour ou ailleurs, dans des pays où actuellement il n'est pas facile d'avoir des syndicats et où les gens sont traités en esclaves. Il en résulte une situation totalement déstabilisée, dans les domaines sociaux et économiques, à l'échelle internationale.

Mais est-ce possible indéfiniment et sans limites ?

A force de réduire leurs capacités de production sur leur propre territoire, tous les pays capitalistes industrialisés se fragilisent de plus en plus dangereusement. A commencer par les USA dont une publication très conservatrice et de réputation internationale : *US News and World Report* signalait récemment ce phénomène et demandait si les USA étaient encore la première puissance mondiale.

Et que dire alors de la France ?

Il en résulte au moins deux phénomènes à plus ou moins long terme.

Jusqu'à quel point les travailleurs et les peuples de ces pays peuvent-ils supporter cette chute, ce déclin industriel, le chômage qui en résulte, les emplois dévalorisés, la baisse du pouvoir d'achat, bref le recul du niveau de civilisation atteint ?

Et jusqu'à quel point les maîtres du capital cosmopolite sont-ils assurés que les pays où ils croient pouvoir exploiter honteusement, sans retenue, les travailleurs resteront docilement à leur botte ? Les empires coloniaux se croyaient indestructibles. Les seigneurs du canal de Suez se croyaient installés pour l'éternité : il est nationalisé !

Le « talon de fer » dépeint par Jack London a aussi son tendon d'Achille. Affaiblis sur leurs bases nationales, aux prises avec leurs propres travailleurs, face à un monde socialiste qui prend un nouvel essor et à un « tiers monde » qui n'a pas dit son dernier mot, ces géants encore terriblement puissants sont loin d'être invulnérables.

J.E. : *Ce tableau est impressionnant. N'est-il pas trop optimiste ?*

H.K. : Ce n'est pas la réalité de ce mois-ci, c'est pourtant une évaluation correcte et aisément démontrable des tendances les plus fortes de ce qu'est en train de devenir le monde contemporain.

J.E. : *La dette américaine ?*

H.K. : Les USA sont le pays le plus endetté du monde. Leur dette est supérieure au total de celles de tous les pays sous-développés.

Ils font payer leur dette, leurs déficits, leur chômage, et jusqu'à leur indigence culturelle aux autres pays capitalistes et au tiers monde. Egalement aux pays socialistes mais là ça durera moins que les contributions... Il ne sera pas possible longtemps de cacher la vérité sur l'état de l'économie et de l'industrie américaines. Une Lorraine, une Bretagne, à l'échelle de ce géant.

J.E. : *Et la RFA, un modèle ?*

H.K. : On a les modèles qu'on peut. Miracle ! Elle recule moins que les autres... mais elle recule en capacité de production comme tout le Marché commun, comme toute l'Europe capitaliste. Et elle a 2 400 000 chômeurs. *Tête de*

Turc, c'est là-bas et les attaques contre les garanties sociales ne sont pas différentes de chez nous.

Par nature, par tradition, le capitalisme allemand est plus industriel, plus entrepreneur que d'autres et surtout que le nôtre. Cela étant, il recule aussi. Mais pour préserver le donjon américain du système capitaliste mondial, tous les autres, bon gré, mal gré, et en dépit des fortes contradictions d'intérêt qui les opposent — et finiront par produire des effets : aucun n'a envie de se faire « hara kiri » —, reculent et s'affaiblissent. Tous.

En Europe, pour des raisons de stratégie de classe, à l'échelle mondiale, le point d'appui avancé, c'est la RFA qui fait frontière avec les pays socialistes dans une Allemagne où se sont constitués deux Etats, dont la RDA aux résultats et à l'ascension régulière qui va finir par soulever d'intéressants problèmes.

C'est pourquoi la France et d'autres doivent reculer davantage en faveur du capitalisme de RFA. Tout le reste n'est que poudre aux yeux. Mais le tableau d'ensemble est bien le recul général, industriel, social, culturel, de libertés et il devient difficile de le cacher.

J.E. : *N'est-on pas en présence d'un regain de propagande pour la recherche d'une issue européenne à la crise ?*

H.K. : Pas seulement de propagande. C'est bel et bien une entreprise très concrète et très dangereuse d'interprétation économique, politique et militaire dont la première conséquence est la perte de l'indépendance nationale de la France. Et d'autres pays également.

Pas question de l'admettre et je m'étonne du silence, de la complicité même, de certaines forces qui, en d'autres temps, ont su avoir le sursaut national qui s'imposait. En sommes-nous déjà là que, cette fois, ce serait, *sans exception,* la classe ouvrière et ses représentants qui tiendraient seuls ce drapeau ? L'esprit de classe, de caste, la peur du « rouge » auraient-ils annihilé toute personnalité, même chez ceux qui en ont une ?

Le Marché commun est un sac de nœuds d'intérêts contradictoires. L'Europe a un avenir, mais pas celui-là. Chaque fois qu'on nous annonce une réunion à Bruxelles pour parler de l'agriculture, de la sidérurgie, du charbon ou de tout autre branche, on sait par avance qu'on va y perdre. Pour masquer la capitulation on annonce cela comme la bataille de Verdun, avec un vocabulaire militaire : « Bataille de la dernière chance », « Nous ne reculerons pas », « Nous nous battrons jusqu'au bout »... A croire qu'ils se rendent aux réunions avec heaume et bouclier. Ils passent la nuit et, au petit matin, la France se retrouve un peu plus mal en point.

J.E. : *Il est au moins une question qui fait, sans trop de difficultés, l'unanimité entre partenaires européens, c'est l'attaque contre le mouvement syndical.*

H.K. : Les mêmes qui s'entredéchirent dans cette Europe forment le bloc des patronats et des États contre les travailleurs et contre les syndicats.

On assiste dans toute l'Europe occidentale, comme aux USA et dans les autres pays capitalistes, à une attaque conjuguée, concertée contre les salariés et leurs droits, contre les syndicats, quels qu'ils soient. En France c'est la CGT qui est la cible, parce qu'elle est non seulement la plus grande centrale syndicale, mais parce qu'elle se situe sur des positions de lutte. Ailleurs, où les centrales syndicales sont de conception réformiste, elles sont, elles aussi, la cible sur laquelle on frappe. N'est-il pas temps d'en tirer les conséquences ?

C'est l'idée que nous avons avancée lors de notre 42e congrès en novembre 1985, et reprise dans le rapport que j'ai présenté au 11e congrès syndical mondial à Berlin. M'adressant aux dirigeants des centrales syndicales de tous les pays capitalistes, notamment celles d'Europe occidentale, j'ai avancé cette idée vitale : toutes les centrales syndicales sont menacées dans leur existence ; quelles que soient leur orientation et les conceptions dont elles se réclament, elles deviennent insupportables au capital.

Nous sommes l'objet des mêmes attaques et c'est l'existence du syndicalisme qui est en cause. Allons-nous nous laisser détruire les uns après les autres ou bien allons-nous unir nos forces, en dépit des différences de conceptions et de positions sur certains problèmes, pour sauver l'essentiel : le syndicalisme et la capacité des travailleurs à se défendre ? Serons-nous les syndicalistes de Byzance discutant du sexe des anges quand le péril est mortel ou bien des syndicalistes authentiques de la fin du 20ᵉ siècle ? Dans ce qui a été le berceau mondial du syndicalisme, justement l'Europe occidentale ! C'est la question qui se pose.

Car il y a autre chose à faire dans cette partie de l'Europe que de la laisser décliner, détruire les conquêtes sociales et les organisations syndicales qui en sont ou doivent en être les garants.

J.E. : *Il existe une Confédération européenne des syndicats. Que fait-elle dans cette situation ? A quoi sert-elle ?*

H.K. : Je me le demande. A quoi a-t-elle servi ? Quand on représente des dizaines de millions de salariés en Europe, on représente une force. Où est l'action ? Où est la solidarité ? Dès le début, l'objectif des capitalistes avec le Marché commun, c'était l'alignement vers le bas, et c'est ce qu'ils sont en train de faire, au-delà de ce qu'on pouvait imaginer à l'origine. Mais quelle opposition rencontrent-ils qui serait organisée par la Confédération européenne des syndicats ? C'est pour le moment un organisme intégré. Et pourtant elle pourrait être autre chose. Ses résolutions ne sont pas différentes des nôtres, mais où est l'action ?

J.E. : *Pourquoi, dans ces conditions, la CGT est-elle candidate à l'entrée dans la CES ?*

H.K. : Nous sommes candidats à la CES, comme nous sommes candidats partout. Nous sommes adhérents à la FSM, c'est une chose qui se confirme utile, efficace, malgré les vissicitudes des années antérieures. Mais nous serions en même temps disposés à adhérer, si on nous y acceptait, à la CISL, et à la CES en Europe. Nous voulons être partout où des syndicats sont ensemble pour essayer de faire quelque chose, parce que nous sommes pour l'unité syndicale. Nous pensons qu'il devrait n'y avoir qu'une seule organisation syndicale internationale.

Nous ne demandons qu'une chose : être traités comme les autres, sans discrimination ni exigences qui toucheraient à notre souveraineté. Nous prenons les autres tels qu'ils sont, il faut bien qu'ils fassent de même avec nous... Ils ont autant besoin de nous que nous d'eux.

Après tout, le jour où ceux qui dirigent cette organisation voudront réellement se décider à engager une lutte de taille internationale en Europe occidentale, ils auront nécessairement besoin de la classe ouvrière française, et il faudra bien qu'ils s'arrangent avec la centrale syndicale qui anime réellement ses luttes.

Il en va de même pour les classes ouvrières espagnole et portugaise. Car la CGT du Portugal et les Commissions ouvrières d'Espagne sont victimes du même ostracisme que nous, sous des prétextes idéologiques qui n'ont rien à voir avec le syndicalisme.

Donc, que ce soit à l'intérieur de la CES ou par d'autres voies, il y a des objectifs urgents qui sont communs, qui nécessitent qu'on passe par-dessus des préventions archaïques et qu'on trouve les formes efficaces de relations, sans cérémonie, mais pour déboucher sur des actions concrètes, pour porter un coup d'arrêt partout aux attaques convergentes. D'ailleurs, nos relations syndicales réelles en Europe occidentale sont fort importantes. Mais il faudrait faire tellement plus et tellement plus vite...

J.E. : *La CGT suit de près les questions du tiers monde et l'énorme problème de la dette, je te propose d'aborder ce sujet maintenant.*

H.K. : Le tableau du tiers monde est vite dressé et il est terrible. J'ai eu l'occasion au cours des délégations que je fais régulièrement à travers le monde, au nom de la CGT et avec d'autres dirigeants de notre organisation, de visiter plusieurs de ces pays. En novembre 1984, nous nous sommes rendus dans six pays d'Afrique, dont cinq furent autrefois des colonies françaises : le Sénégal, la Côte d'Ivoire, le Ghana, le Bénin, le Togo et le Congo.

L'état de ces pays est dramatique. L'Afrique tout entière croule sous le poids de la dette. On en parle beaucoup, mais qu'est-ce donc que la dette ? C'est une rançon, un racket, c'est le pillage colonialiste sous d'autres formes. Pour tenter de se sortir du sous-développement, pour s'industrialiser et moderniser leur agriculture, donner à manger à leur population et se doter d'industries, pour s'équiper, ces pays ont acheté à crédit du matériel. Les capitalistes des pays industrialisés — je préfère le formuler comme ça, parce que les peuples n'y sont pour rien —, profitent de cette situation pour vendre leur matériel à des tarifs prohibitifs et pour acheter en échange les matières premières des pays sous-développés à des cours inférieurs à leur valeur. C'est ainsi que ces pays se trouvent endettés.

Comme de plus les emprunts ont été contractés à des taux d'intérêts vraiment usuraires, ça place tous ces pays, d'Afrique, d'Amérique latine, d'Asie et d'ailleurs, dans une situation sans issue économique. Pour payer seulement les intérêts de leur dette, sans rembourser même le capital, ils doivent y consacrer l'essentiel de leur produit national. Et pourtant, régulièrement, les organismes bancaires internationaux du monde capitaliste — du monde libre comme ils se nomment — exigent le paiement de ces dettes. Les gens meurent de faim en masse, les pays sont exsangues mais les organismes bancaires, la banque internationale, n'ont pas d'entrailles : « Payez ! »

Il m'arrive, pour caractériser les excès de l'exploitation capitaliste, d'évoquer un personnage du *Marchand de Venise* de Shakespeare : *Shylock,* l'usurier. Celui-ci avait prêté à un honnête homme une somme d'argent en la gageant sur une livre de la chair de cet homme en cas de retard dans le remboursement. Le jour venu, il exigea bel et bien *sa livre de chair humaine.*

J.E. : *Cette situation est-elle sans issue ?*

H.K. : Lors d'une délégation à Cuba, j'ai eu l'occasion de rencontrer Fidel Castro. Il réfléchissait alors à une idée qu'il a, par la suite, rapidement concrétisée. Elle mûrissait parmi les dirigeants de Cuba : est-il possible, efficacement, de rassembler tous ces peuples, toutes ces nations rançonnées, pillées, égorgées, dans un même refus de rembourser la dette ?

Finalement, c'est ce qu'ils ont entrepris. A l'initiative de Cuba, tout ce qui compte en Amérique latine s'est réuni. Les syndicats cubains — avec lesquels nous entretenons des relations fraternelles — et la plupart des syndicats d'Amérique latine se sont associés pour reprendre cette idée : « Refusons de payer la dette ! Rien ne peut nous arriver. » Cette affirmation a produit un choc énorme. Elle gagne en profondeur dans tous les peuples d'Amérique latine et centrale, et maintenant, bien au-delà, les peuples d'Afrique, d'Asie, tous ceux qui sont dans la même situation. Le 11e congrès syndical mondial de septembre 1986 l'a reprise comme objectif de lutte. La CGT la soutient, avec d'autres syndicats de pays capitalistes industriels et avec tous les syndicats des pays socialistes.

Ces peuples ont raison. Qu'est-ce qui peut bien leur arriver de pire que ce qui existe ? Ni les Etats-Unis d'Amérique ni les autres pays capitalistes ne sont en situation de pratiquer aujourd'hui, à cette échelle, la politique de la canonnière. C'est fini ! Et si réellement ces peuples parviennent à s'unir dans ce refus, ils placent tout le système des banques et du crédit des Etats-Unis d'Amérique et de l'impérialisme mondial dans une situation inextricable de banqueroute.

Il existe pour les banques une autre issue qui n'est pas sans intérêt. Il se trouve que le total de la dette des pays sous-développés correspond exactement au montant du prix annuel de la course aux armements dépensé par les USA : 1 500 milliards de dollars. Eh bien, qu'ils renoncent à la course aux armements, qu'ils renoncent à la militarisation de l'espace et on peut éponger progressivement la dette des pays sous-développés, sans drame pour le système monétaire. Et quel avantage pour le monde entier !

De nos jours, à force de voir petit et de bricoler, on finit par perdre de vue la taille des problèmes et la dimension des solutions, le sens des grands espaces. Pourtant les Etats-Unis devraient y songer. En voilà une « nouvelle frontière » ! Il faut avoir l'ambition de prendre la mesure des choses et de créer une situation qui le rende inévitable. Parce que naturellement, ils ne le feront pas de bon gré. Mais l'issue existe.

J.E. : *Problème de la dette qui écrase le tiers monde, mais aussi problème de la faim et de la malnutrition ?*

H.K. : Toute aide humanitaire désintéressée est bien venue et respectable mais elle a ses limites. Pour la seule Afrique, il faut nourrir ces 150 millions d'habitants menacés par la famine et empêcher 5 à 6 millions d'enfants de mourir de faim chaque année.

Quand je pense aux stocks européens qui regorgent de vivres, aux quotas imposés pour produire moins de toutes les nourritures et autres bienfaits de la terre en éliminant quantité de petits et moyens agriculteurs et que je le rapporte aux sommes phénoménales englouties dans la course aux armements, je me dis qu'il faut que ce monde soit bien à l'envers pour produire des situations aussi révoltantes.

Il n'est plus possible de laisser se perpétuer de telles monstruosités. Vaincre la faim ne se situe pas au niveau des discours mais de mesures concrètes. Le pillage prolongé par le capital colonisateur porte une écrasante responsabilité dans la situation actuelle de l'Afrique. Il est légitime que celle-ci exige de la part des États concernés une attitude correspondant à ces responsabilités. Ce n'est pas le chemin que prend la Communauté économique européenne. Mais les syndicats, tous les syndicats d'Europe occidentale ont un rôle à jouer pour appuyer l'action des travailleurs et des peuples d'Afrique. C'est un devoir et c'est aussi notre intérêt mutuel.

La crise en Europe occidentale ne sera pas surmontée par l'oppression économique de l'Afrique qui n'enrichit que le capital, pas les pays et encore moins les travailleurs. Des relations nouvelles, loyales et propres, de coopération, une politique de crédits honnêtes, de transfert de connaissances avec l'Afrique — comme avec tout le tiers monde — est au contraire un puissant moyen de combattre la crise, de stimuler l'économie et les échanges, de faire reculer le chômage en Europe comme dans les pays du tiers monde.

Nous appelons les syndicats d'Europe occidentale à unir leurs efforts dans ce sens. La CGT est décidée à y contribuer activement sans aucune condition préalable. C'est le sens de la déclaration que j'ai présentée à Brazzaville au nom de la CGT à l'issue de mon voyage africain en novembre 1984. J'évoque ici l'Afrique subsaharienne, mais c'est avec l'ensemble de l'Afrique, avec l'ensemble du tiers monde sur tous les continents que nous manifestons notre solidarité. Et avec l'admirable peuple noir d'Afrique du Sud dans son combat courageux contre l'apartheid, cette honte de notre temps.

J.E. : *Tu as conduit ces dernières années des délégations dans des pays très divers : le Japon, la Finlande et de nombreux pays socialistes parmi lesquels l'URSS et la Chine. Il serait passionnant mais trop long de parler de tous dans cet ouvrage. Que penses-tu de ce qui se passe dans les pays socialistes, surtout dans la dernière période, et de ce qui peut en résulter ?*

H.K. : J'y suis allé chaque fois avec des délégations bien représentatives de la CGT dans ses diversités et nous sommes revenus avec des constats unanimes. Nous n'avons pas à être les propagandistes de qui que ce soit et, d'ailleurs, je ne crois pas que les pays socialistes et leurs syndicats aient besoin de propagande. Ils ont besoin de fournir eux-mêmes, et que l'on donne à leur sujet, une information sérieuse, honnête de ce qui s'y passe.

J'ai appris depuis longtemps, pour ma part, à ne pas regarder ces pays avec des lunettes roses. Mais je n'ai pas remplacé celles-ci par des lunettes grises et déformantes comme les glaces dont on s'amuse à la foire ou au Musée Grévin.

En Chine, lors de notre premier entretien avec la délégation de la Fédération des syndicats de Chine conduite par son président, mon camarade Ni Zhe Fu, j'ai présenté notre délégation par ces mots : « Nous ne sommes ni des procureurs, ni des juges, ni des contrôleurs et encore moins des professeurs, nous sommes des camarades qui voulons nous informer, comprendre et échanger des idées et des expériences. »

Ce voyage en Chine était important comme acte politique, certes. Il le fut plus encore par son contenu : un vaste périple nous a donné un aperçu très encourageant sur une Chine socialiste tirant les conséquences du passé pour s'engager dans une modernisation conséquente avec des syndicats reconstruits et rénovés.

C'est le même état d'esprit qui m'anime dans tous mes voyages. Franc, direct, curieux de tout et surtout de l'essentiel, sans fouiller les poubelles, cherchant à comprendre et à évaluer l'état réel des choses, exigeant comme un ami authentique, comme je souhaite qu'on le soit à notre égard. Grand questionneur mais jamais conseilleur. N'hésitant pas à discuter et ne craignant pas les différences ni les divergences, sans les masquer ni les hypertrophier. Ayant à l'esprit tout ce qui nous est fondamentalement commun et n'ignorant pas l'histoire, ancienne, récente et contemporaine. Prenant en compte l'histoire réelle et l'originalité de chaque pays, de chaque classe ouvrière, de chaque organisation syndicale.

J'ai trop à l'esprit ce que Montaigne disait déjà de certains voyageurs français en Italie, selon lesquels tout ce qui est différent de la France est objet de dédain, pour ne rien regarder moi-même à l'étranger avec, si j'ose dire, des yeux « hexagonaux ». Il en va ainsi des pays, de leurs beautés, des peuples, de leur civilisation, de leurs usages, de leur culture, de leur histoire. C'est si respectable, passionnant. Il y en a pour tous les sens, l'esprit et le cœur. On s'en trouve meilleur, plus cultivé, plus humain. C'est excellent pour la modestie et pour l'ouverture d'esprit sur le monde réel des hommes et des nations.

Quand on a visité tous les continents de cette façon, on est davantage prémuni contre ce que je considère comme un « provincialisme » français ou européen, au sens le plus péjoratif de ce mot, qui est sans rapport avec le fait d'habiter la province, bien entendu.

Je fais de même concernant les réalités économiques, sociales, syndicales, politiques. Ne prétendant pas que nous soyons nous-mêmes un modèle, je ne regarde personne comme tel. Mais je suis heureux d'apprendre quelque chose de l'expérience des autres et je ne suis jamais rentré de nulle part sans un « plus » de taille et d'importance variables.

S'agissant des pays socialistes et de leurs syndicats, si je me garde de ce qui est superficiel ou incertain, et conserve intacte mon indépendance de pensée et d'observation, c'est avec une fraternité *par nature* que je les aborde. Je n'aime pas ce qui me déçoit mais je suis heureux de ce que je trouve réussi, ou en bonne voie selon mon point de vue.

Parce que je suis vraiment révolutionnaire et internationaliste, donc patriote — oui, ce dernier mot paraît incongru dans certains milieux qui pourtant... Mais Jaurès avait raison : « Un peu d'internationalisme éloigne de la patrie, beaucoup d'internationalisme y ramène » —, parce que je suis cela, je suis convaincu de la nécessité de transformer ce monde à l'envers, ce système fondé sur l'injustice.

Et, si j'ai compris que ce n'est pas facile, je sais que c'est possible, que cela conduit loin et je me réjouis de tout ce qui le prouve. Pour ceux qui le font, d'abord. Et pour l'effet bienfaisant qui en résulte au plan général, donc aussi pour notre lutte, pour les travailleurs français.

J.E. : *En somme lucide et bienveillant. Optimiste aussi ?*

H.K. : Optimiste-réaliste, je l'ai déjà dit.

Allons à l'essentiel de ce qui intéresse de plus en plus de monde. Oui il se passe du nouveau, beaucoup de nouveau « à l'Est », c'est-à-dire dans les pays socialistes. Je ne vais parler que des deux plus grands parce qu'il faut se limiter. Mais je tiens à dire que tous sont intéressants, que chacun a son originalité et que c'est même un des phénomènes les plus significatifs que cette diversité de plus en plus grande des expériences entre les pays socialistes.

Ce n'est pas une diversité qui éloigne, c'est une diversité qui enrichit et, au contraire, rapproche sur l'essentiel parce qu'elle est plus vraie, correspond mieux à chaque réalité, stimule et permet d'utiles échanges réciproques.

J.E. : *Les réformes en cours sont-elles réelles ? Sont-elles en opposition ? Qu'ont-elles de commun ?*

H.K. : Les réformes engagées en URSS et qui prennent maintenant une dimension, un souffle qu'il est impossible d'ignorer, sont réellement décisives. Un tournant authentique. Il était temps d'ailleurs.

Il est loin le temps où l'on avait tendance à croire qu'un coup de baguette magique allait tout métamorphoser. Ensuite, les yeux ouverts, nous avons mesuré l'acquis et observé ce qui se faisait ou ne se faisait pas. Il y a un certain nombre d'années que nous trouvions que bien des choses essentielles étaient périmées ou carrément pas bonnes. Dans la vie générale et dans la vie syndicale. Nous en avons souvent discuté et l'avons exprimé publiquement à plusieurs occasions.

En 1980, dans *Syndicats et unité,* j'évoquais une idée qui nous est familière : le socialisme a besoin de mécanismes adaptés aux exigences, aux besoins nouveaux. Qu'il s'agisse de l'industrie, de l'économie en général, de tous les aspects de la vie, la participation authentique des travailleurs, de tous les citoyens est une condition de la marche en avant, une nécessité pour la société tout entière.

Or c'est précisément le sens des réformes engagées.

Je ne m'avancerai pas sur le contenu de chacune, ni sur leur niveau actuel : quand le livre sortira, il serait en retard. L'important c'est le sens général et il porte un nom : *démocratie.* Manifestement, c'est le maître-mot. Qu'il faille une âpre lutte contre les pesanteurs du passé n'a rien de surprenant. Ce qui compte, c'est que cette lutte soit menée fermement, au grand jour et avec persévérance. En ce sens, les expériences en cours sont différentes et se rejoignent sous ce dénominateur commun : plus de démocratie en tout.

C'est typique de la Chine et de l'URSS.

Les deux pays sont extrêmement différents par l'histoire, la civilisation, le niveau de développement atteint, les caractéristiques de leurs mouvements révolutionnaires respectifs et les événements qu'ils ont connus.

Les recherches que nous avons vues à l'œuvre, les expérimentations, ce que nous a dit le camarade Hu Qui Li, membre du Bureau politique et secrétaire du Comité central du Parti communiste chinois, sont typiques des spécificités chinoises.

Mais, pour ce qui est fondamental, il est frappant d'observer que le sens de ces recherches et orientations « à la chinoise » rejoint celui des recherches et orientations à l'œuvre en URSS et dans d'autres pays socialistes : démocratie, décentralisation, débureaucratisation, autonomie et esprit d'initiative encouragés *en bas.*

Comment ne pas s'en réjouir ? J'aurais préféré que cela s'engage plus tôt : je ne dois pas être le seul. L'essentiel est que cela s'engage vraiment et les fruits viendront.

J.E. : *Et les droits de l'homme dans tout cela ?*

H.K. : Je vois ce qui se passe et s'accélère en URSS. Nous avons dit en son temps nos désaccords à ce sujet. Nous n'en sommes que mieux fondés à apprécier à leur importance les mesures déjà prises et celles qui s'annoncent.

Il y a quelque chose de réjouissant dans ce qui se produit, au-delà des changements positifs en eux-mêmes

— ce qui est tout de même le plus important pour les gens intéressés —, c'est la situation dans laquelle se trouvent les professionnels de l'antisoviétisme chez nous.

Parce que, si les partisans du socialisme, les amis de l'URSS et des autres pays socialistes, ou tout simplement les gens qui espéraient en eux, ont eu mal, ont connu le doute, et beaucoup — pourquoi ne pas le dire ? — au point de s'en détourner, c'est avec sincérité : le socialisme ne pouvait pas admettre des choses pareilles à leurs yeux. *Et c'était vrai.* A présent, ceux-là sont heureux, retrouvent espoir, ou pour le moins regardent les événements d'un œil nouveau, intéressé, même si le doute demeure et s'ils veulent en voir un peu plus pour être sûrs.

Mais les autres, les professionnels de l'anticommunisme, ils n'ont jamais été déçus ni tristes. Ils se réjouissaient alors de trouver matière à alimenter leur combat fondamental. Ils se moquaient bien des droits de l'homme, des syndicats et du reste. Bientôt, ils vont en vouloir à ceux dont ils faisaient un drapeau de ne pas avoir de problèmes désagréables.

Hier, ils plaignaient l'URSS d'avoir des dirigeants trop âgés et lui en souhaitaient de plus jeunes. Maintenant, ils auraient tendance à les trouver trop jeunes et trop entreprenants. Leur dernier espoir est qu'ils échouent. Car s'ils se mettent à faire un socialisme pleinement réussi, où va-t-on ?

Le métier de « chercheur de poux professionnel dans la crinière du socialisme » va connaître des temps difficiles : des pré-retraités et pas mal de chômage. Un nouveau genre de petit boulot. Tout fout le camp !

On n'en est pas encore là, mais ça vient...

J.E. : *Et sur le fond des choses, le fond véritable, quelles conclusions en tires-tu ?*

H.K. : Si je m'en tiens à ce qui est vraiment décisif, au sens plein du mot, ce qui actuellement est en mouvement pose en termes nouveaux un débat réel, de fond, qui existe depuis longtemps entre des gens qui ne sont pas pour autant de mauvaise foi mais pensent différemment. Je laisse de côté les acharnés que rien ne fera changer d'idée.

La question des questions, à propos de l'URSS et des pays socialistes tels que l'histoire les a fait naître et vivre jusqu'à présent, est celle-ci.

Pour les uns *c'est par nature* que ces pays ne peuvent se renouveler, s'adapter, instaurer de la démocratie, de la souplesse, acquérir une plus grande efficacité et finalement parvenir à faire mieux dans tous les domaines, que le capitalisme.

Pour les autres — dont je suis et dont est la CGT depuis la révolution d'Octobre —, *c'est contrairement à leur nature véritable* que ces pays ont connu toutes sortes de déformations, de drames même, et de ce fait obtenu moins jusqu'à présent que ce qu'ils pouvaient, malgré un résultat pourtant fort impressionnant et qui, en bien des domaines, demeure incomparable.

La nature même du socialisme recèle en elle les moyens d'y remédier et de parvenir à un degré de civilisation inconnu à ce jour. Mais, œuvre humaine et nouvelle, il lui faut du temps, tout un apprentissage et trouver des mécanismes qui rendent impossibles les déviations graves.

Est-ce que ce qui s'entreprend tranche déjà la question ? Certes non. La méfiance, le côté passionnel aussi des choses, la dimension même de la question et donc les conséquences de la réponse sont telles qu'il faut du temps, des preuves et une évolution des esprits.

Il reste que l'URSS, la Chine, les différents pays socialistes trouvent un deuxième souffle. Si complexe que ce soit, ça porte loin. Sans pour autant ressusciter la théorie des modèles définitivement éliminée.

Je ne fais qu'envisager les rapprochements en cours entre ces pays et surtout entre l'URSS et la Chine. Cela aussi est engagé et aboutira. Avec quelles conséquences... Personne ne peut y être indifférent. C'est bon pour le monde du travail et pour l'action syndicale.

J.E. : *Le 31 octobre dernier, tu as eu l'occasion de participer à une rencontre avec Mikhaïl Gorbatchev. Ces questions, vous les avez abordées ?*

H.K. : C'était après le 11e congrès de la FSM. Nous avions demandé à rencontrer le secrétaire général de l'ONU, Reagan et Gorbatchev. Ce dernier a répondu favorablement et a reçu une délégation représentative du congrès, conduite par son président, Sandor Gaspar, et à laquelle je participais avec plusieurs dirigeants de grandes centrales. Nous étions venus pour commenter un message sur le désarmement. Gorbatchev nous a fait part de la détermination de l'Union soviétique de poursuivre dans la voie où elle était engagée, celle de propositions constructives et réalistes en vue de premières mesures de désarmement.

La rencontre a duré deux heures et demie, ce qui a permis un large échange de vues sur la plupart des problèmes. Bien entendu, la discussion est venue sur le rôle des syndicats en général, et dans les pays socialistes. Je suis intervenu pour faire part des réflexions que m'inspirait mon expérience acquise au fil des années, des visites et des rencontres. J'ai rappelé que nous avions, en France, une histoire et une expérience syndicale originale et différente de la plupart des pays d'Europe, aussi bien de l'Ouest que de l'Est. Puis j'ai observé que dans un pays où le parti unique ou dominant exerce de droit, constitutionnellement, le rôle dirigeant pour toute la société, et sur les syndicats — ce qu'il peut faire d'une façon autoritaire ou souple selon les cas —, quand les choses vont mal dans le syndicat, quand l'orientation et l'activité n'y sont pas bonnes, il faut s'interroger sur les causes. Une part de responsabilité incombe certainement à ceux qui les dirigent. Ils doivent prendre leurs responsabilités et avoir le courage politique de dire ce qui ne va pas, même si cela n'est pas facile et peut créer des désagréments. Mais dans un tel système, la responsabilité du parti est directement engagée. Quand un parti est au pouvoir, dans ces conditions-là il a les syndicats qu'il mérite, qu'il veut ou qu'il a voulus. J'avais en vue différentes situations et surtout les plus pénibles qui se soient produites.

Mikhaïl Gorbatchev m'a répondu : « Je suis d'accord avec vous, complètement. Pour ce qui nous concerne, nous sommes en train de prendre des mesures pour que le parti, ses organes et l'administration laissent aux syndicats leur pleine responsabilité, et respectent leur rôle et leur indépendance. Nous commençons par là. Et simultanément, nous disons aux responsables des syndicats : vous avez la Constitution, toute la législation, qui vous confèrent pratiquement tous les droits et les possibilités de défendre les intérêts des travailleurs, d'empêcher toute mesure qui porterait tort aux intérêts des travailleurs, vous pouvez tout faire si vous utilisez vos droits, usez de vos droits ! Bagarrez-vous autant que c'est nécessaire, montrez vos dents ! »

Mikhaïl Gorbatchev en a profité pour donner quelques informations sur le processus de réformes et de démocratisation de la vie du pays. Plus de démocratie pour faire plus de socialisme. Plus de démocratie pour libérer les initiatives dans tous les domaines. Un homme libre, avec une pensée libre, dans un pays libre. Ce sont quelques-unes des formules qu'il a employées.

En sortant, nous avons plaisanté mon ami Stepan Chalaev, président du Conseil central des syndicats soviétiques qui participait à notre délégation, et lui, gaiement, nous montrait une excellente dentition.

Le soir même l'agence Tass diffusait un résumé fidèle des principales déclarations de Gorbatchev, leur conférant ainsi un caractère officiel et public. Le communiqué de Tass, intégralement publié dans la presse soviétique, déclarait entre autres :

« Les participants à la rencontre ont discuté avec M. Gorbatchev de leurs impressions du congrès de Berlin. Ils l'ont qualifié de nouveau facteur dans le mouvement syndical et son programme de point de départ pour le travail très important, correspondant aux exigences de notre époque. [...]

« Des idées intéressantes ont été émises sur les moyens d'améliorer l'autorité, l'indépendance et le rôle des syndicats, aussi bien à l'échelle mondiale que nationale, et sur leurs possibilités de régler les problèmes d'actualité. [...]

« En recevant le message, M. Gorbatchev a félicité les dirigeants syndicaux pour les succès remportés au congrès, il a rappelé son importance et souligné que l'application de ses documents exigeait un travail assidu, d'un style nouveau, en tenant compte de toutes les particularités et de la gravité de l'époque.

« M. Gorbatchev a informé les participants à la rencontre du large éventail des transformations au sein de la société soviétique, notamment le développement des motivations individuelles par la démocratisation, une politique sociale forte, la modernisation de l'économie et de ses mécanismes de gestion. Dans tout cela, les collectifs de travail et les syndicats jouent un rôle important.

« M. Gorbatchev a parlé des mesures concrètes visant à améliorer l'autorité et l'indépendance des syndicats soviétiques, à renforcer leur fonction dans la défense des intérêts des travailleurs et leur capacité d'action en faveur de la restructuration sociale, économique et spirituelle, ainsi que dans leurs relations avec les travailleurs des organismes économiques, administratifs et d'Etat. La relance des activités des syndicats soviétiques est la preuve des profondes transformations survenant dans la société et le renforcement considérable de la démocratie socialiste.

« Les syndicats jouent un grand rôle et assument une grande responsabilité pour que le transfert de l'économie sur une base scientifique et technique moderne — à la différence de ce qui se passe à l'Occident — serve le travailleur et n'affecte pas ses intérêts. »

Je n'ai pas connaissance qu'un document de cette teneur ait été publié en URSS avant celui-ci. C'est la première fois que je voyais une déclaration officielle de la direction soviétique ayant valeur d'engagement sur une telle conception du rôle des syndicats. Le fait n'est pas banal. Je n'ignore guère de textes de Lénine, qui avait une conception souple et ouverte des syndicats dans les conditions d'alors et contrairement aux interprétations qui en ont été faites par la suite. Mais, depuis, rien de tel. Et jamais la notion d'indépendance, même si elle est différente de notre conception : nous non plus, nous ne prétendons pas être un modèle.

J.E. : *Ces propos ont-ils entraîné des changements visibles dans l'action des syndicats ?*

H.K. : Je suis témoin, avec tout le Bureau confédéral, que des changements significatifs ont commencé depuis 1982, après le dernier congrès qui a élu Stepan Chalaev à la présidence. Et nos relations n'ont cessé de s'améliorer depuis. Andropov l'a beaucoup encouragé. Maintenant les choses se présentent à une tout autre échelle et avec une très grande rapidité. Nous allons pouvoir en juger, puisqu'à la fin de ce mois de février 1987 va se dérouler le congrès des syndicats soviétiques. J'y conduirai la délégation de la CGT, dans laquelle se trouvera mon ami Jean-Claude Laroze, secrétaire de la CGT. Nous l'avons voulu ainsi parce qu'il se trouve que nous étions tous les deux dans la délégation de l'avant-dernier congrès des syndicats soviétiques en 1978.

Mes camarades soviétiques ne se formaliseront pas si je rappelle que ce fut un congrès consternant. Le seul orateur qui ait prononcé l'expression « droits de l'homme » dans un sens positif fut le porte-parole de la CGT dans un court message de salutations. Tous les autres orateurs du congrès qui ont abordé le sujet l'ont fait au négatif, en parlant des « soi-disant droits de l'homme » et le reste à l'avenant. Parmi les délégations étrangères, les représentants des syndicats italiens ont fait une discrète allusion aux accords d'Helsinki en termes compréhensibles seulement pour les initiés. La chose avait fait quelque bruit dans la presse française et nous avions tenu une rencontre avec tous les journalistes français en poste alors à Moscou. Certains en ont rendu compte dans leurs journaux.

C'est pour cette raison — notamment — que nous y retournons cette fois les deux mêmes, avec d'autres camarades. Nous serons des témoins difficilement récusables et nous avons déjà prévu une nouvelle rencontre avec les journalistes français à Moscou. Ce livre sera imprimé à ce moment. Mais je n'ai aucune inquiétude sur ce que va donner ce congrès...

J.E. : *Ce congrès syndical mondial de Berlin en septembre 1986 a vu le retour de la CGT dans les instances dirigeantes de la FSM. Peux-tu rappeler pour quelles raisons la CGT s'était retirée de l'exécutif lors du 9e congrès en 1978, et nous dire sur quelles bases elle y est retournée au congrès de Berlin ?*

H.K. : Nous avons quitté les fonctions de direction en 1978 pour deux raisons majeures.

La première était l'impossibilité d'avoir un vrai dialogue sur les réalités économiques et sociales, sur la vie syndicale et le rôle des syndicats dans les pays socialistes. C'était alors un sujet tabou.

Ensuite, nous estimions que le fonctionnement de la FSM était paralysé en particulier en raison des conceptions et des pratiques d'alors de la plupart des syndicats des pays socialistes. Or la FSM ne peut pas bien vivre ni bien jouer son rôle si, dans la pratique, elle est conçue autrement que comme une organisation internationale au sein de laquelle chaque centrale syndicale garde sa souveraineté, et toutes ensemble mènent une action syndicale internationale indépendante de tout gouvernement, de toute formation politique... Nous l'avons dit avec force mais nous n'avons pas été compris. Nous avons réagi en syndicalistes viscéralement attachés à la solidarité internationale et profondément démocrates.

Puisque nous étions minoritaires, nous avons laissé la majorité faire la politique décidée avec les pratiques qui correspondaient à ses conceptions mais sans les cautionner. Mais nous sommes restés adhérents actifs à la FSM pour y continuer le débat et défendre nos conceptions. Car si nous avions d'importants désaccords, tous les buts fondamentaux nous sont communs et nous ne l'avons jamais perdu de vue. Ce n'est pas sans regret que l'on retire un excellent secrétaire général de la FSM comme Pierre Gensous qui a succédé au prestigieux Louis Saillant.

Au 10e congrès, qui s'est tenu en 1982 à La Havane et auquel nous avons pris une part active, les choses ont bougé. Ce congrès a marqué une étape importante. Un accord s'est dégagé sur la conception du rôle de la FSM et des syndicats, mais la pratique ne suivait toujours pas : les temps n'étaient pas encore mûrs.

Cependant, la leçon a été tirée de certaines expériences dramatiques. Je pense notamment à la Pologne. Les centrales des pays socialistes ont remis peu à peu en question ce que le président des syndicats soviétiques, Stepan Chalaev, a appelé à Berlin « les schémas et les dogmes désuets ». Le congrès de Berlin a été l'aboutissement de longs efforts, où nous avons pris toute notre part, pour que des pratiques correspondant aux besoins du mouvement syndical se fassent jour.

Il est en même temps un point de départ parce que les conditions sont réunies pour une activité syndicale nouvelle, assurant le rayonnement de la FSM et favorisant le rapprochement des syndicats du monde entier sur des questions vitales pour les travailleurs. La création d'un grand centre international pour les droits et les libertés des syndicats a été de ce point de vue une décision importante. Le congrès de Berlin a été celui du renouveau syndical. Dans ces conditions, la CGT avait le devoir de prendre sa part de responsabilités pour faire cette politique et cette pratique. Nous n'avons pas l'habitude de fuir nos responsabilités, quelles que soient les circonstances, dès lors que l'accord politique existe.

A cet égard, le communiqué de l'agence Tass officialisant les déclarations de Mikhaïl Gorbatchev a été reçu, par tous, comme la confirmation que les anciens obstacles étaient levés et qu'il était possible de faire un bon, un vrai travail syndical international collectif, de masse, indépendant, capable de répondre aux besoins de l'époque.

J.E. : *Nous venons de faire à travers l'action syndicale internationale un véritable tour du monde, un monde qui bouge, qui change, un monde en pleine mutation. Le siècle qui va finir aura vu les plus fantastiques bouleversements politiques, économiques et sociaux de l'histoire. A travers tous ces bouleversements, ne discerne-t-on pas une aspiration générale des peuples à la paix, à plus de justice et plus d'égalité, à des sociétés plus fraternelles et plus humaines ?*

H.K. : J'en suis profondément convaincu. Quelles que soient les difficultés, les dangers et le poids des forces de résignation, tous ceux qui dans le monde sont exploités ou exclus de la société, privés de liberté, humiliés dans leur dignité, tous les peuples qui connaissent l'oppression peuvent reprendre leur souffle, jeter un regard, avoir une pensée sur ce monde en mouvement : quel encouragement ! Ce qui grandit ce ne sont pas les forces du malheur, mais celles de l'espoir.

5

Et si l'on parlait du syndicalisme moderne ?

J. Estager : *Pour caractériser la situation de la France de 1986, tu m'as dit, à maintes reprises, qu'il s'agissait d'une société bloquée. Qu'est-ce que tu entends par là ?*

H. Krasucki : En fin de compte, quand on regarde la société française dans son ensemble, on arrive à ce constat imparable : ça grippe de partout ! Oui, elle est bloquée.

Si nous mettons ici tout ce dont nous avons parlé à ce sujet dans nos entretiens, la couverture explose et le lecteur risque d'être fatigué. Je vais tâcher d'aller à l'essentiel, et ce qui ne sera pas imprimé là le sera peut-être ailleurs et plus tard.

D'abord, l'abîme insondable d'injustices.

Nous avons parlé, au troisième chapitre, de l'étendue des grandes fortunes. Pour gagner un milliard de centimes, il faut pour un salarié qui gagne 500 000 centimes par mois travailler 166 ans, c'est-à-dire quatre générations à 40 ans par vie de travail ! Pour un salarié qui gagne un million de centimes, c'est-à-dire technicien d'un certain niveau : c'est 83 ans, plus de deux vies de travail... Et pour un cadre à 2 millions de centimes, ce qui n'est pas mal, il faut 41 ans, ce qui est nettement plus qu'une carrière complète.

J'ai compté en centimes pour rester à des chiffres accessibles. Mais si je compte en francs, c'est 16 600 ans pour gagner 1 milliard de francs à 5 000 francs par mois, 83 000 ans pour le technicien et 41 000 ans pour le cadre ! Amusez-vous à faire le calcul.

J.E. : *Incroyable ! Et pourtant le compte est bon...*

H.K. : Je me demande souvent ce qu'on peut bien faire avec autant d'argent : il faut une mentalité qui m'échappe totalement.

Des cadres de haut niveau, qui maîtrisent les techniques les plus modernes et assurent de lourdes et utiles responsabilités, des scientifiques, dont certains sont, par leurs découvertes, des bienfaiteurs de l'humanité, d'autres encore qui sont correctement rémunérés de leur propre avis et n'en demandent pas davantage, sont des gagne-petit à côté de ces fortunés scandaleux dont la plupart sont des oisifs intégraux couverts d'or. Et si quelques-uns ont une activité responsable qui pourrait leur valoir un traitement confortable de haut cadre, qu'est-ce qui peut bien justifier qu'ils méritent tellement plus qu'un chef de recherche dirigeant une équipe sur le point de trouver un traitement efficace contre le cancer ?

Peu m'importe les opinions de ces cadres ou grands scientifiques dont la plupart sont opposés à mes idées : je reconnais leur mérite et je les respecte. Ils croient que nous voulons les spolier, ils se trompent. Comme se trompent tous les gens qui croient que c'est eux que nous considérons « riches », parce qu'ils ont une résidence secondaire, un certain standing. Comme se trompent aussi, de leur côté, les petites gens qui sont des nôtres et qui ne voient pas qui il faut viser *réellement,* même s'il y a aussi des inégalités à réduire à certains niveaux des cadres très supérieurs qui ne relèvent pas des conventions collectives ni des grilles statutaires. Mais surtout, en faisant ces comptes, je pense qu'il y a, à un pôle de la société, une minorité riche à en crever, tandis qu'à l'autre pôle grossit le nombre de pauvres à en être détruits moralement et trop souvent physiquement.

Et, entre les deux, les millions de salariés qui s'appauvrissent d'une année sur l'autre, privés de sécurité et de droits, frappés ou menacés de précarité. C'est à ceux-là qu'on dit : « C'est pour votre bien... »

Comment ne pas en être révoltés ? Cette injustice, combien de temps sera-t-elle supportée ?

J.E. : *Parmi les blocages de la société, quelle place accordes-tu au déclin de l'industrie et des activités utiles ?*

H.K. : Objectivement, du point de vue de la gestion et de l'avenir du pays, c'est le point crucial. La situation est déjà dramatique. La France importera bientôt 50% des produits manufacturés qu'elle consomme. C'est un constat d'échec pour un pays industriel. Ouverture au monde, oui. Mais la dépendance non. Les grandes industries fondamentales, décisives, sans lesquelles il n'y a pas de pays industriel, sont toutes handicapées et en recul. Qu'il s'agisse d'industries de pointe ou traditionnelles. Choisir entre elles n'a d'ailleurs pas de sens. Parce qu'il faut de tout pour répondre aux besoins, il faut des puces électroniques, mais on n'a pas encore inventé le slip électronique, et même un informaticien doit s'habiller. Il faut aussi fabriquer des robinets et bien d'autres choses, bref il faut répondre à tous les besoins, les plus élémentaires comme les plus sophistiqués. Simplement, il faut y répondre d'une manière moderne.

J.E. : *C'est pourtant souvent au nom de la modernisation qu'on casse, qu'on détruit.*

H.K. : Oui et c'est absurde. Je peux passer en revue toutes les branches d'activité. Il y a toujours, à chaque fois, des tas de prétextes. Mais le résultat, c'est qu'on n'est bon à rien nulle part, en gros comme en détail. Et c'est partout et toujours moins. « On ferme ! ».

J'ai déjà cité nombre de branches industrielles, de services publics et d'autres services utiles et ce qui s'y passe réellement. Je pourrais faire un livre d'économiste sur l'ensemble de ces problèmes. Ce n'est pas mon propos ici. J'écris pour un large public. Les économistes eux-mêmes ont besoin par moment de sortir un peu de leur technicité pour prendre du champ et mesurer avec une vue plus vaste, plus humaine aussi, ce qui est en train de se passer.

Un jour, d'une façon ou d'une autre, il faudra bien que les affaires reprennent. Le monde ne va pas s'enfoncer ainsi jusqu'à la fin des temps. Il y aura une relance du marché intérieur et du marché international : la France, dans l'état où est et où va son appareil productif — si on laisse faire —, n'aura pas la capacité d'y tenir une place. Il faudra importer plus encore.

J.E. : *La CGT rend pouvoir et patronat responsables de la désindustrialisation, de l'abaissement du pays. Mais beaucoup de gens s'interrogent, se disent que l'intérêt d'un patron n'est pas de fermer son usine, ni celui du gouvernement de faire de la France un pays sous-développé.*

H.K. : On me pose souvent la question : « Comment est-ce possible ? Ils sont intelligents, ils ont de l'expérience, ça fait deux siècles qu'ils sont directement au pouvoir, mais cela fait bien plus longtemps qu'ils l'exercent. Ils étaient donc préparés, ils ont une longue expérience ? » Ce n'est pas un problème d'intelligence, la bourgeoisie ne manque pas d'hommes intelligents. Ce n'est pas non plus un problème de compétence, elle en a également.

J.E. : *Le prétexte invoqué, c'est le coût, mais si on va par là, il faudrait sans doute tout arrêter.*

H.K. : Mais nous ne sommes pas contre la recherche de la réduction des coûts, je l'ai prouvé plus haut par les propositions que nous avons faites et qui sont toujours valables et perfectibles. Mais il faut s'attaquer aux vraies causes des coûts trop élevés, ce qui est avantageux pour les salariés, les consommateurs, l'économie et les entreprises.

J.E. : *Vas-tu jusqu'à penser que le capitalisme français a complètement renoncé à toute industrie ?*

H.K. : Non. Il entre dans la stratégie du grand capital le souci de garder, si possible de renforcer, voire de gagner des positions sur des terrains où il s'efforce de concentrer une partie des moyens issus de son désengagement par ailleurs. Une partie seulement, car l'investissement purement financier engloutit bon nombre des milliards soustraits à l'investissement industriel efficace.

J.E. : *Qui peut affirmer que les apprentis sorciers ne seront pas emportés par les phénomènes qu'eux-mêmes ont déchaînés ?*

H.K. : A mon sens, il est probable que les capitalistes les plus clairvoyants ne souhaitent pas scier la branche sur laquelle ils sont assis. Leur stratégie comporte des aspects qui tendent à maintenir ou à développer des activités qu'ils jugent rentables, en concentrant un certain nombre d'investissements et de moyens. Mais cela ne peut équilibrer les plateaux de la balance. Au surplus, c'est plus qu'aléatoire.

En fait, il s'agit d'une stratégie établie sur un tel fond de recul qu'elle ne peut empêcher l'enchaînement du déclin. Je ne sais pas si on peut encore appeler cela « stratégie » tant elle est contradictoire. Elle ne peut surmonter aucun des blocages actuels. Elle en fait naître de nouveaux.

J.E. : *La société bloquée, c'est le blocage économique et social ?*

H.K. : C'est aussi l'aggravation massive des inégalités. Dire que nous avons affaire à une société bloquée, c'est ne pas se limiter à l'industrie, à l'économie en général, ni même au social, pour décisif que cela soit. Les blocages atteignent tous les aspects de la vie du pays. Blocage dans l'école et l'université. Blocages de toutes sortes également au niveau de la démocratie, des moyens de la vie associative, culturelle, des moyens des communes. Cette société n'a plus de grandes idées à proposer. Le conformisme économique, social, politique, intellectuel est à l'honneur. Un passéisme étriqué réprime les initiatives, détruit les personnalités, pourchasse les différences. Déboussolage et découragement atteignent une partie de la jeunesse et de la société. La drogue, la délinquance, la violence, le racisme, le chauvinisme trouvent dans cette désagrégation un aliment redoutable.

J.E. : *C'est un tableau sévère.*

H.K. : C'est un tableau de la France des années 1980. Je ne noircis rien. Je vais à l'essentiel. Il ne faut pas tricher.

J.E. : *Mais il y a forcément l'autre côté des choses : les gens veulent vivre.*

H.K. : Oui, l'austérité contre les travailleurs, la poursuite et l'accentuation du déclin dans tous les domaines télescopent le niveau de connaissances et de savoir-faire existants. Elles télescopent aussi les aspirations du monde du travail tel qu'il est et celles de la jeune génération, pour un travail qualifié et intéressant, en rapport avec le niveau des connaissances et rémunéré correctement. En même temps un travail moins pénible, moins fastidieux, avec plus de temps libre, permettant une vie différente, avec des loisirs, des activités de toutes sortes et les moyens d'y accéder.

Le monde est beau, on veut voyager, voir ce qui en vaut la peine. On veut faire du sport, cultiver son esprit ou tout simplement se distraire, aller au spectacle, au théâtre, au concert. On aspire à la liberté, à la dignité, au droit à la parole, pas seulement pour se défouler, mais pour dire son mot, jouer son rôle de citoyen, que ce soit dans l'entreprise ou dans la cité, dans la région ou à l'échelle du pays. Ce sont quelques-unes des aspirations modernes.

Dévoyées par les campagnes, la pression idéologique, elles se transforment en individualisme égoïste, et c'est Tapie. Mais pris au bon sens, ce sont des aspirations légitimes. Il n'y a pas d'opposition entre les intérêts de la collectivité et ceux de l'individu. L'épanouissement de chaque individu concourt à l'épanouissement de toute la société et réciproquement.

J.E. : *Ces aspirations se heurtent à la dureté du vécu, au point que beaucoup se demandent si l'on peut empêcher cela et même si cette situation n'est pas irréversible.*

H.K. : Rien n'est irréversible. Notre appréciation de l'étendue des dégâts ne signifie pas qu'on est en train de tout démolir et qu'il n'y aura plus rien à faire pour redresser la situation. Le drame est qu'on démolit des activités essentielles et que cela coûtera très cher de les reconstituer. Mais c'est faisable. Il y a des issues, une perspective, un avenir. A moins d'un renoncement général. Cela s'est vu dans l'histoire, des peuples qui s'abandonnent, des civilisations qui s'effondrent et disparaissent. Ça peut aussi nous arriver, personne n'est à l'abri.

J.E. : *C'est ce qui faisait dire à Paul Valéry : « Nous autres, civilisations, nous savons que nous sommes mortelles. »*

H.K. : Oui, les civilisations sont mortelles. L'histoire le démontre, mais ce n'est pas inévitable.

Les luttes de la dernière période et le climat qui commence à se créer prouvent avant tout que, lorsqu'on y met vraiment « le paquet », on peut donner de sérieux coups d'arrêt aux mesures de déclin économique et social. On peut aussi marquer des points.

Cela vaut dans tous les domaines mais la preuve est faite qu'il faut des luttes massives, vigoureuses, un puissant mouvement multiforme, un courant d'idées rejetant l'inadmissible, favorisant le rassemblement des forces nécessaires et créant les conditions des actions les plus dynamiques et les mieux appropriées pour obtenir des résultats. Et ceux-ci sont autant d'encouragements pour tous les autres. En gardant toute la lucidité qui s'impose : les étudiants n'ont pas encore gagné l'université qu'ils veulent. Cependant, d'avoir fait retirer ce dangereux projet de loi est un point considérable qui favorise des développements ultérieurs, à condition de ne pas se contenter de peu.

De même, les cheminots n'ont pas encore gagné sur les salaires, les conditions de travail et donc sur les effectifs. Mais en imposant le retrait de la « grille », qui détruisait une garantie démocratique essentielle de leur statut, ils ont marqué un point très important pour eux-mêmes et pour tous les autres menacés pareillement. C'est un point d'appui pour reprendre dans les meilleures conditions leurs actions futures, quelle qu'en soit la forme. Et ainsi de suite car il y a des suites, assez fréquemment déjà.

Plus fondamentalement, non seulement on peut, mieux qu'avant, arrêter le bras des casseurs mais, de la même façon que je l'ai dit pour Renault plus haut, tout ce qui a été détruit pourra renaître.

Les peuples actuellement sous-développés s'accrochent — à quel prix ! — pour parvenir au développement. Les peuples qui n'ont pas encore tout à fait notre niveau technologique et de production général bandent leurs forces pour se doter des usines et de tous les services, toutes les installations modernes que l'on détruit chez nous. Et ils avancent !

Pourquoi le peuple français, lui, ne trouverait-il pas la ressource — quand il aura pleinement mesuré qu'il en est capable et que c'est faisable — de restituer — plus modernes, plus efficaces, assurant de meilleurs emplois — les industries et les services dont on le prive. Tout peut renaître, sur des bases nouvelles, mais solides.

Et même on parviendra à le faire payer à ceux qui le doivent. J'ai évoqué Saint-Just, je peux bien citer Danton : « On n'emporte pas la patrie à la semelle de ses souliers. » Aujourd'hui, les capitaux circulent sans chaussures, certes, mais il ne sera pas toujours facile et sans risque, de leur faire fiche le camp...

J.E. : *Je vois bien le souci que tu as de dégager, pour l'immédiat, des idées positives comme débouchés de l'action. C'est nécessaire et justifié. Il n'en reste pas moins que des problèmes plus fondamentaux sont posés. Les tenants du pouvoir économique et politique disent : ce qui est en cause ce n'est pas le système, c'est la crise et c'est inévitable.*

H.K. : Mon opinion, c'est qu'il s'agit justement de la crise du système. Sinon c'est la crise de quoi ? Ce système a connu d'autres crises, mais celle-là est décisive. Le blocage de société que je viens de décrire, c'est un système à bout de souffle.

J.E. : *Et ça pose le grand problème du changement de société.*

H.K. : Evidemment. L'essence de la crise c'est ça : le blocage du système. Il a atteint ses limites historiques.

J.E. : *A plusieurs reprises dans des interviews à la presse, tu as posé la question : « Et si nous étions en 1787 ? »*

H.K. : Je ne peux m'empêcher de maintenir le rapprochement qu'il m'est arrivé de faire ces dernières années, notamment dans *l'Usine nouvelle* et *le Figaro :* « Et si nous étions en 1787 ? » Dans deux ans, nous allons célébrer le bicentenaire de la Révolution française. L'Ancien Régime était devenu une société bloquée. Les rois qui ont fait la France ont joué un rôle. Leur système a amené le pays au point où il était alors. Mais il était bloqué, il ne répondait plus au développement des forces productives, des forces économiques, ni des besoins de la société. Tout se paralysait de partout, cela appelait du nouveau. Il fallait changer et c'est ce qui est arrivé. Je ne parle pas de la forme que les événements ont pris alors mais du contenu de cette révolution. Etaient-ils idiots ceux qui, en 1787, ne voyaient rien venir ? Non pour l'essentiel. Aveugles pour beaucoup. En tout cas, prisonniers d'un système de société, de pensée, incapables de concevoir qu'autre chose était nécessaire et pouvait être meilleur, accrochés à leurs sacro-saints privilèges.

De nos jours, c'est à quelque chose d'équivalent que nous participons. Le nouveau système né de la Révolution française a constitué un immense progrès. Même si c'est à un prix humain rendu élevé par deux siècles d'exploitation, de révoltes, de guerres, il a amené la civilisation au point où elle est arrivée. Maintenant, il s'avère incapable de répondre aux exigences d'une société humaine qui a besoin d'aller de l'avant, et incapable de répondre de façon socialement et humainement positive aux bouleversements qu'appellent les fantastiques acquisitions de l'esprit humain avec les nouvelles connaissances scientifiques et techniques.

De là le télescopage avec les aspirations dont nous parlions il y a un instant. De là tous les blocages auxquels nous assistons.

En fin de compte, c'est bien une transformation fondamentale qui est à l'ordre du jour de la société, même si l'idée est encore loin d'être admise.

J.E. : *Tu considères donc que le temps est venu, pour la France, de s'engager dans la voie d'une société nouvelle, autrement dit du socialisme.*

H.K. : Ceux qui ont fondé la CGT, il y a 92 ans, ont inscrit en tête de ses statuts : « Abolition du patronat et du salariat ». Ils se prononçaient pour la défense des intérêts matériels et moraux des travailleurs salariés et contre le système capitaliste fondé sur l'injustice de l'exploitation du travail salarié.

Nous n'avons pas changé d'avis, bien au contraire. Et nous avons beaucoup appris depuis.

Nous n'allons pas porter le deuil d'un système que des générations de travailleurs et de syndicalistes CGT ont combattu au prix souvent de durs sacrifices. Nous savons

— je viens d'en parler — qu'il a joué un rôle important dans l'histoire mais nous ne saurions oublier ce qu'il en a coûté. La crise de ce système cause bien des dégâts et des souffrances. Nous la combattons pour en sortir. Il se trouve qu'il n'y a pas d'issue sans s'attaquer résolument à la domination du capital.

Pour la première fois, le but fixé par les fondateurs de la CGT, celui des combattants de la Commune de Paris, devient l'objectif concret, accessible de la lutte de classe à notre époque. Non plus comme un espoir éloigné mais comme la solution aux problèmes des travailleurs et de la société française. C'est compliqué. C'est loin encore d'être l'idée de tous. Mais c'est incroyablement stimulant, quelles que soient les difficultés.

Il est bien vrai que, de même que le 19e siècle a été le siècle du passage de la féodalité et de l'Ancien Régime à la société capitaliste dans le monde, le 20e siècle est celui du passage du capitalisme au socialisme. A cet égard, la révolution d'Octobre en Russie tsariste a joué un rôle comparable à celui de la Révolution française pour l'étape précédente.

J.E. : *Certains ne vont-ils pas comprendre que tu proposes quelque chose d'équivalent à la Révolution soviétique et au système qu'elle a engendré ?*

H.K. : Ce serait impossible et n'aurait pas de sens. Les Soviétiques ont en quelque sorte essuyé les plâtres. Ce qui explique bien des choses, sans toutes les justifier. Admettons qu'ils ont mis soixante-dix ans à atteindre la maturité. Mais personne n'aura à passer par où eux et ceux qui les ont suivis ont dû passer. Chaque pays doit suivre sa propre voie et la France la sienne.

En son temps, la Révolution française a elle aussi essuyé les plâtres. Ce qui explique bien des aspects de son déroulement et de la formation du nouveau système économique, social et politique qui en est issu. Il lui a fallu un bon siècle pour parvenir à sa maturité et à la forme de démocratie bourgeoise qui correspond à ce système. Un siècle pour avoir le droit de créer des syndicats ouvriers. Presque un siècle et demi pour les conventions collectives et les délégués du personnel. Plus d'un siècle et demi pour le droit de vote des femmes et la Sécurité sociale. Mais c'était la première grande révolution.

Sais-tu de quelle façon la Suède est devenue capitaliste, démocratie bourgeoise même sous la forme de monarchie constitutionnelle ? Comment ça s'est passé et quand ?

J.E. : *Et toi, le sais-tu ?*

H.K. : Tu penses bien que si je te le demande, c'est que je me suis informé. Mais il n'y a pas longtemps que je l'ai fait de façon détaillée, pour être franc et ne pas te complexer.

J.E. : *Alors je t'écoute.*

H.K. : Ça s'est passé sans bouleversement violent et donc sans attirer l'attention du monde extérieur, dans des conditions correspondant à l'histoire et aux réalités de ce pays. C'est d'ailleurs une conséquence assez directe, bien que par un singulier détour, de la Révolution française : Bernadotte, maréchal de Napoléon, puis devenu son adversaire...

On peut examiner le passage des différents pays d'Europe au capitalisme : nulle part cela n'a été aussi violent qu'en France, les formes de transition et le type concret de société ont été et restent très variés. Mais le fond était et reste bien le capitalisme, c'est-à-dire l'exploitation du travail salarié par une minorité qui s'en enrichit, mais débarrassé des entraves du féodalisme.

Comment pourrait-il en être différemment pour le socialisme s'agissant d'une longue période historique, de situations et d'histoires concrètes aussi différentes selon les pays ? En France donc, dans les conditions actuelles, les choses se feront différemment de ce qui s'est passé partout ailleurs : inévitablement « à la française », comme chaque pays, en fin de compte le fera à sa façon et quand le moment sera venu. Mais le fait est que le problème se pose, objectivement.

J.E. : *Tu penses que les conditions sont mûres pour aller jusque-là ?*

H.K. : Je pense qu'elles mûrissent. Pas autant que ceux qui y aspirent le voudraient mais plus que d'autres ne le pensent. Il y a encore un grand écart entre ce à quoi les gens aspirent et la conscience de ce qu'il faut pour le réaliser. Ce qui laisse beaucoup d'espace pour tous ceux qui veulent maintenir l'état actuel des choses.

Les prédictions en la matière, dans un sens comme dans l'autre, sont bien hasardeuses au moment où nous parlons.

J.E. : *Serais-tu prêt à essayer une évaluation plus précise de ces évolutions que tu constates ou que tu pressens ?*

H.K. : « Lorsque ceux d'en bas ne veulent plus vivre à l'ancienne manière et que ceux d'en haut ne peuvent plus diriger comme avant », c'est alors qu'existent les conditions d'une véritable transformation sociale, quelles qu'en soient la forme, les modalités, la durée du processus qui y conduit.

« Ceux d'en bas » ne veulent-ils vraiment plus ? Et « ceux d'en haut » ne peuvent-ils déjà plus ? C'est ce double mouvement qui déterminera le cours des choses...

Personne ne peut dire actuellement avec exactitude de quoi ce qui s'est mis en mouvement — et qui, actuellement, concerne les questions économiques et sociales — est porteur et ce qu'il peut créer comme situation. Mais ce que nous avons analysé au début de ce livre ne peut pas n'être qu'une simple péripétie. C'est déjà gros de signification.

Comprendre qu'il faut vraiment « mettre le paquet », à forte dose, pour faire bouger quelque chose.

Etre décidés à le faire et l'accomplir vraiment pour des résultats encore fort partiels mais pourtant significatifs.

S'apercevoir qu'on est capable d'être une force avec laquelle il faut tout de même compter, quoi qu'on en dise.

Mesurer la puissance que représente la démocratie — donc la vérité et le droit personnel de chacun — dans la conduite de la lutte. Y prendre goût, ne plus accepter que ce soit autrement. Y puiser une source d'énergie, de créativité collective et individuelle. En faisant de la vérité et de la volonté démocratiquement affirmée une réalité matérielle qu'on ne permet à personne de violer.

Découvrir — parfois avec étonnement mais avec disponibilité — à cette occasion, sur qui l'on peut compter et ceux qui biaisent, louvoient et vous lâchent. Et ne pas craindre, dès lors qu'on est décidé à se battre, convaincu d'avoir raison de le faire avec la seule CGT, si telle est la réalité.

Mesurer, au fil des jours, en peu de semaines, somme toute, la dimension réelle, le nombre et la diversité des forces déjà engagées dans ce courant et les solidarités, les entraides que cela construit.

C'est tout cela qui est en train de se produire en l'espace de moins de trois mois. Cela ne peut pas être médiocre, ni fugitif, ni limité à quelques zones même déjà importantes. C'est autrement profond : une qualité nouvelle d'un authentique mouvement de masse qui prend un essor auquel personne ne peut attribuer à priori de limites ni dans le nombre, ni dans le temps, ni dans le contenu.

La transformation de la société demande une lutte, une mobilisation populaires. Il faudra tout arracher, par des actions de toute nature, des grèves, des manifestations très puissantes, ne serait-ce que pour arrêter le cours actuel des choses. Quand on voit ce qu'il faut mobiliser seulement pour retirer quelques projets de lois limités ou une mauvaise grille, on mesure quelle dimension devra prendre le mouvement demain pour rendre impossible de continuer ainsi.

Simultanément, est-ce qu'il faut un changement de la société pour rendre impossible de liquider Renault ou toute autre entreprise et pour faire autre chose en matière industrielle ? Est-ce qu'il faut une transformation de la société pour qu'on commence autre chose à l'université ? De même est-ce qu'il faut avoir complètement changé la société pour rendre impossibles les attaques contre la Sécurité sociale ?

C'est plus complexe que ça, c'est un rapport de forces permanent, une capacité de mobilisation, d'action continue, pour imposer à la fois la fin du déclin et le début de quelque chose d'autre.

J.E. : *Tu insistes sur le caractère économique et social qui motive ce mouvement. Peut-il avoir un effet au niveau politique et idéologique ?*

H.K. : J'y insiste parce qu'il est vrai que les intéressés y tiennent, ce que je respecte, et parce qu'il me faut être exact dans l'évaluation des choses pour ne pas se méprendre. Mais, dans la vie réelle, il n'y a aucune frontière étanche et rien de figé quand tout se met en mouvement.

On se sent mieux debout qu'à genoux pour lutter. Et quand on lutte debout, le sang circule mieux, irrigue tout. Qui peut empêcher les gens de penser, quand ils s'y mettent ? Qui peut dire jusqu'où ça peut aller ? J'ignore comme tout le monde si c'est « le déluge », ça se verrait. Mais je suis convaincu que c'est déjà « la marée ». Et c'est beaucoup, sachant qu'elle vient de loin et quel que soit ce qui lui reste à franchir. Du point de vue d'une organisation syndicale de lutte comme est la CGT, c'est une contribution considérable.

J.E. : *Pourtant, le patronat et le gouvernement se cramponnent et maintiennent, en les durcissant, leurs volontés, leurs projets. Ils ont recours à tous les moyens pour les imposer et entraver la résistance.*

H.K. : C'est profondément exact et il ne faut jamais le perdre de vue. Ce qui est en cause est tellement essentiel qu'ils s'acharneront tant qu'ils le pourront. Ou alors c'est que nous nous tromperions sur la situation.

Ou bien imposer, à toute force, le poids de la crise au monde du travail ou bien faire reculer le capital : il n'y a pas d'autre choix. C'est bien pour cette raison qu'il faut un niveau aussi élevé de mobilisation et d'action, pour tout coup d'arrêt porté à l'expression, pour tout pas en avant favorable aux travailleurs. Quand le brouillard se fait moins épais et que le mouvement de luttes prend corps de la façon dont nous le voyons et le conduisons, le combat change effectivement d'âme.

A l'entêtement borné (la « réaction au crâne de bœuf comme on disait d'un ancien président du Conseil de la quatrième République ») : « Non à toute revendication ! » commence à venir la réponse, non plus : « Il n'y a rien à faire », mais :« Et pourquoi pas ? ».

Le déferlement idéologique de dévoiement des consciences pour prêcher le doute, l'égoïsme, présenter les travailleurs en privilégiés et les dresser les uns contre les autres, discréditer l'idée même du syndicat, s'il a fait et fait bien du mal, commence à produire davantage ses anticorps ; surtout si nous nous y employons de bonne façon alors que l'écoute devient plus réceptive pour nous.

J.E. : *Tu fais sans doute allusion à de Closets, à ses livres et à sa « syndicratie ». Quel soutien des médias ! Moi qui suis du métier, j'observe tous les artifices employés : la place démesurée accordée à ce Monsieur qui, officiellement, ne représente que lui, et celle qui est chichement limitée à la principale centrale syndicale du pays.*

H.K. : Je pense à tous ceux qui participent à ces entreprises destinées à tromper d'honnêtes gens pour les empêcher de se défendre. Certains s'en enrichissent. Combien de licenciés, de chômeurs, de gens brisés « en fin de droit » ont-ils sur la conscience pour avoir fait ce sale travail ?

Parmi les opérations idéologiques de dévoiement, une place à part revient à l'utilisation d'aspirations aussi saines que le désir d'être partie prenante pour en faire un instrument d'auto-exploitation utilisé par le patronat, que ce soit du style « japonais », genre cercles de qualité, ou un style plus classique de la prétendue participation.

Il faut répondre à tout, ne rien laisser passer. « Participation ? » Quelle duperie. Il convient dans chaque cas de prendre la peine de démonter le mécanisme concret : rien sur les salaires, suppression des garanties réglementaires, tout à la tête du client et licenciable à tout moment, avec tout ce barda sur la conscience, on prétend donner un semblant de quelque chose aux salariés, par exemple le droit d'être chômeur actionnaire. C'est de la même farine que celle dans laquelle est roulé Monsieur Jourdain quand il est fait « Mamamouchi » dans *le Bourgeois gentilhomme* de Molière !

J.E. : *Mais pour ce qui est des « cercles de qualité » et autres « droits d'expression », n'y a-t-il pas un problème différent : faut-il y aller ou non ?*

H.K. : Exact. C'est différent. Contrairement à ce que beaucoup croient, nous disons : « C'est sans doute fait pour se servir de vous mais allez-y, y compris les militants de la CGT. Allez-y avec votre bon sens, votre savoir-faire et votre malice. Prenez les donc au mot, sérieusement, vous avez tout à y gagner : ou bien ils trichent et vous aidez les travailleurs à le voir ; ou bien ils doivent jouer le jeu et alors vous pouvez peut-être marquer des points avantageux dans un domaine ou dans un autre, en matière de conditions de travail ou de vrai droit à la parole pour un résultat. »

J.E. : *La répression se fait dure. Brimades, sanctions, licenciements de militants, condamnations pénales avec des millions de centimes d'amendes. Je ne suis pas sûr que cela provoque des réactions suffisantes.*

H.K. : Oui, la répression est dure. J'en ai signalé certains cas pour le montrer. Il y a des réactions importantes. Nous pensons, comme tu le ressens, qu'il faut donner plus de vigueur à la réplique tous azimuts et nous nous mettons en mesure de l'organiser.

Il est vrai aussi que, jusqu'à ces derniers temps, pour différentes raisons, bien du monde — et non des moins connus — ignoraient à quel point les droits de l'homme sont bafoués sous leurs yeux, dans notre propre pays. Cette bataille pour les libertés est animée à la CGT par Daniel Englereau.

Réplique donc, et offensive. Car la répression intimide quand le mouvement est faible mais elle révolte quand le mouvement grandit et elle l'accélère alors : ses auteurs devraient y réfléchir. Là non plus, si durs soient les coups, rien n'est irréversible. Dans les temps de luttes puissantes, les travailleurs font réintégrer, avec les honneurs, les licenciés, et dédommager ceux qui ont été lésés. Mais toujours la riposte au niveau voulu : la dignité ça n'a pas de prix.

J.E. : *Tu donnes, sur tous ces sujets, un ton très offensif et presque optimiste. Les choses changent-elles à ce point ?*

H.K. : De toute façon, il n'y a jamais rien d'autre à faire que de lutter, sinon on risque d'être écrasé. On lutte plus mal, désespéré, et il n'y a pas de raison de l'être. Si la lutte est dure, elle n'est pas triste : seul le renoncement est déprimant.

Mais il est vrai que quand on sent, comme c'est le cas, ce qui bouge et nous porte, il convient d'adopter le ton et la vigueur correspondants.

Toujours devant, jamais derrière le mouvement réel. Les rapports de force, cela évolue et il faut savoir adopter le ton et le style qui correspondent sans perdre de temps. Sonner la charge, c'est différent du tocsin. Mais quel élan nouveau !

Quant aux patrons et au pouvoir, ils sont bien obligés, au moins les plus lucides, de penser à tout cela. De penser aussi au monde qui bouge et contribue à faire évoluer les esprits, à se poser toutes sortes de questions qui les inquiètent. Déjà, ils ont dû reculer plusieurs fois. Et ce n'est qu'un début. Mais quand ça ne passe vraiment pas ou que ça devient trop dangereux, il faut bien tenir compte des réalités et s'adapter.

A moins qu'ils en soient tous à se dire « après moi... » Justement ! Dans ces conditions, à la question de départ : « ceux d'en bas » ne veulent-ils plus ? et « ceux d'en haut » ne peuvent-ils plus ?, il n'y a pas de réponse une fois pour toutes. C'est plutôt jusqu'à quel point les uns veulent-ils encore et les autres peuvent-ils encore ?

C'est loin d'être immobile. C'est même en mouvement. Bien léger celui qui ne l'observe pas et n'en tient pas compte. Car si on y était vraiment, en 1787 ?

J.E. : *Pour qu'il y ait une issue encore faut-il que nous ayons des atouts. Quels sont, selon toi, ceux de la France ?*

H.K. : Ses ressources de toute nature. Ressources naturelles : on est loin de les exploiter toutes et il ne suffit pas de les nier pour qu'elles cessent d'exister. Puisqu'elles sont là, un jour elles serviront. Et ressources humaines : un capital exceptionnel de connaissances, de capacités, un niveau de maîtrise des techniques les plus avancées et des réussites considérables dans le domaine de la recherche... le plus grand gisement de France... Une force phénoménale qui, libérée, est capable de faire des choses fantastiques.

Je parle en connaissance de cause. J'effectue régulièrement chaque année des visites d'information scientifique et technique avec Alain Obadia, secrétaire de la CGT, qui dirige notre Union générale des ingénieurs, cadres et techniciens. Nous varions les régions et les branches d'activité, les types de recherche : fondamentale ou appliquée, universitaire ou industrielle.

Au fil du temps la liste est devenue impressionnante. Il me faudrait de nombreuses pages pour les évoquer. Elles sont passionnantes, ces visites. Nous avons visité Super-Phénix, lorsqu'il était encore en construction. Je dois être parmi les derniers visiteurs qui soient entrés dans le cœur du réacteur, alors qu'il était en cours d'équipement. C'était prodigieux, une cathédrale ! On en voit une partie à l'extérieur. Mais la plus grande partie est enterrée avec beaucoup de protections. Oui, une cathédrale ! Des équipements fantastiques et d'une étonnante beauté industrielle. Ce qu'il y a de plus avancé au monde dans ce domaine.

Par ces visites, je m'informe. J'essaie d'avoir une vue précise de nos grands secteurs de pointe. La journée que nous avons passée au laboratoire de recherche de la CGE nous a projetés plusieurs années ou dizaines d'années dans le futur.

A Toulouse, au LAAS, un laboratoire de recherche du CNRS, nous avons fait connaissance avec le robot HILARE. C'est son facétieux nom de code. Il est le fruit de la recherche sur ce qu'on nomme l'intelligence artificielle. Il doit pouvoir se déplacer en identifiant les obstacles pour les éviter, les objets pour les manipuler, et en accomplissant certaines fonctions humaines. C'est déjà une source d'applications partielles parfois inattendues. Au Centre européen de recherche nucléaire, nous avons vu où en est la recherche sur l'infiniment petit, les particules élémentaires.

Nous avons visité l'Aérospatiale à Toulouse où se construit une partie de l'Airbus, Rhône-Poulenc, plusieurs instituts du CNRS, des unités de recherche en biotechnologie, notamment à l'IUT de Reims, en télécommunications, le CNET Renault Cléon, des installations de la SNCF, les radars de Thomson, la « puce » de Matra Harris et beaucoup d'autres.

J.E. : *Quel accueil te réservent les directions qui doivent voir davantage Henri Krasucki comme un chef d'orchestre des revendications sociales que comme un secrétaire général de la CGT soucieux de bien connaître les avancées technologiques et industrielles de la France ?*

H.K. : Dans les établissements industriels, j'ai senti au début chez ceux qui nous recevaient un soupçon d'inquiétude. Je me souviens qu'à l'issue d'une de ces visites, le directeur technique de l'entreprise m'a dit son étonnement. Et si c'était un prétexte pour faire de l'agitation syndicale ? Mais cela s'est vite éliminé et maintenant, c'est connu dans ces milieux. L'accueil est toujours courtois, sympathique et les explications parfaitement claires, ce qui est toujours la marque des gens qui maîtrisent bien leur sujet.

« J'ai remarqué, m'a dit ce directeur technique, que vous vous êtes intéressé totalement à tout ce que nous vous avons montré et expliqué. Je ne reçois pas souvent des visiteurs exerçant des responsabilités nationales, sans télévision et sans journalistes : pour s'informer, uniquement. » Je lui ai répondu que cela me passionne et que j'ai besoin de voir et de savoir où l'on en est et comment cela se fait, pour réfléchir en connaissance de cause aux problèmes du pays. Je ne sais pas parler de ce que je ne connais pas.

J.E. : *De toutes ces visites, quelles conclusions as-tu tirées ?*

H.K. : D'abord que ces connaissances et ce savoir-faire ouvrent des perspectives vertigineuses à l'homme. Ensuite que, dans beaucoup de domaines, la France est au niveau mondial. Elle est dans le peloton de tête des pays qui maîtrisent les technologies les plus avancées et parfois la première. On peut trouver l'équivalent dans quelques autres pays, m'a-t-on expliqué, mais pas mieux.

La France a donc les moyens de relever les défis scientifiques, technologiques et industriels de notre temps. Elle dispose d'hommes et d'équipes de très haut niveau, capables d'être à la pointe du progrès. C'est un atout considérable. Mais je ne peux pas m'empêcher de penser, avec consternation, que ces connaissances et cette maîtrise débouchent de plus en plus sur le vide industriel. J'ai le droit de parler du niveau technique des chantiers navals, des plus grandes usines sidérurgiques, de l'usine d'assemblage des cuves constituant le cœur des centrales nucléaires, que l'on ferme, que l'on détruit au nom du modernisme, alors qu'elles sont parmi les plus avancées au monde. Je les ai visitées avec leurs responsables techniques qui m'ont souvent dit : « Monsieur, nous ne comprenons pas ce qu'on nous fait faire. » Mais si l'on a causé beaucoup de dégâts à notre industrie, les moyens de reconstruire et développer notre appareil industriel existent : rien n'est encore irréparable.

Certes la CGT est un syndicat. Elle n'est pas un parti politique. Elle n'a donc pas de projet de société. Mais elle a des idées, des analyses, des propositions sur toutes les grandes questions économiques.

Les causes de la crise sont identifiables. Elles se créent ou se développent à partir des gestions courantes des entreprises qui fonctionnent pour la quasi-totalité d'entre elles sur les dogmes capitalistes. En cela c'est la crise du système. Les résultats catastrophiques qui découlent de ces gestions devraient inciter le patronat et tous les partisans de la rentabilité financière immédiate à plus de modestie.

La CGT rejette la vision totalitaire de la fatalité du chômage et de la misère et la volonté patronale de s'arroger le monopole de la compétence en matière économique. Il n'est pas possible de laisser faire. D'autres solutions existent, d'autres voies peuvent être prises pour organiser les moyens de production dans le sens de la satisfaction des besoins et des aspirations du monde du travail.

Tout peut changer, tout peut être infléchi, modifié, transformé. La CGT avance des solutions transformatrices. Aucune autre centrale syndicale n'a réalisé un tel travail. Elle envisage tous les dossiers industriels dans l'esprit de trouver des solutions neuves et positives. En cela sa démarche est vraiment moderne.

J.E. : *Dans cette optique, la CGT doit prendre en compte les exigences de la modernisation. Car le problème existe ?*

H.K. : Naturellement il existe. C'est un problème de grande portée posé à notre économie et plus largement à toute la société par les transformations technologiques et les évolutions de la recherche. Un problème qui introduit des besoins de formation et toutes sortes de revendications. Et qui cause aussi une inquiétude oppressante : ne vais-je pas perdre mon emploi ? l'un des miens ne va-t-il pas être au chômage ? Avec tous les emplois qui disparaissent, que vont devenir les jeunes ? Questions que se posent avec angoisse par tous les travailleurs, toute la société. Ce qui devrait être source d'espoir devient cauchemar.

C'est pourquoi en matière de modernisation, dans tous les cas nous demandons à voir. Avons-nous affaire à une vraie modernisation ou à une réduction d'activité ? Introduire trop rapidement certaines modernisations peut conduire à des catastrophes sociales insupportables. Par contre, une modernisation bien maîtrisée peut, si elle supprime certains travaux, en créer d'autres. Les robots par exemple, il faut bien que quelqu'un les produise puis les entretienne. Il ne manque pas d'activités nouvelles à créer et à développer. Tout cela peut déboucher sur de nouvelles qualifications, parfois plus élevées, et sur des rémunérations plus intéressantes. Pourquoi, prise globalement, la modernisation devrait-elle être fatalement source de chômage ? Cela suppose aussi des mesures adéquates pour ouvrir l'accès à de nouvelles qualifications et pour assurer le recyclage des travailleurs. Nous entrons dans une époque où, dans bien des secteurs, il faudra changer de métier plusieurs fois dans l'existence. La formation, problème dont est responsable à la CGT André Deluchat, est une exigence du monde d'aujourd'hui.

J.E. : *La CGT tient à jour ses grands dossiers économiques. Mais la concertation sur ces problèmes n'est pas le fort des gouvernements ni celui d'aujourd'hui ni celui d'hier. Quant au patronat, il dénie au syndicat le droit d'intervenir dans le choix qu'implique toute stratégie industrielle. Dans ces conditions, quel espoir peut-on avoir d'infléchir les orientations actuelles ?*

H.K. : Nous disons avec franchise et la plus grande insistance à tous les travailleurs : sans lutte pas d'issue. A vrai dire, c'est une affaire de rapport de forces. C'est la leçon de la période que nous venons de vivre. Les travailleurs sont plus forts qu'eux-mêmes ne l'imaginent.

L'action peut changer les choses à l'entreprise : empêcher la casse, les suppressions d'emplois, les fermetures, la disparition d'activités. Elle peut aussi permettre de modifier les grands choix économiques, financiers, industriels qui commandent pour l'essentiel ce qui se passe au niveau des entreprises.

Certes, il faut aux luttes un débouché politique : la question du pouvoir politique conserve son importance capitale. J'ai personnellement mes idées à ce sujet. Mais comme secrétaire général de la CGT, je m'en tiens à ce qui nous revient. Aux partis d'accomplir ce qui leur revient. Et aux travailleurs, en tant que citoyens, de combiner l'action et le vote qui est leur responsabilité personnelle. Dans l'isoloir, ce sont eux qui choisissent. La CGT, pour sa part, se tient sur son terrain de syndicat.

J.E. : *N'est-ce pas là une des originalités de la CGT ?*

H.K. : Nous sommes, en effet, un cas vraiment particulier qui s'explique par l'histoire. Partout ailleurs en Europe, les choses ont été différentes et cela pour une raison simple. Au début du siècle, un débat a eu lieu dans la deuxième Internationale qui regroupait alors tous les partis sociaux-démocrates. Il n'y avait pas encore de partis communistes. C'était le mouvement politique, révolutionnaire et international de l'époque. C'est alors que fut élaborée et décidée la théorie de la subordination du syndicat au parti. C'est l'origine d'une pratique qui demeure dans la plupart des pays d'Europe sauf la France et très peu d'autres. Mais on trouve cela normal s'il s'agit des partis sociaux-démocrates à l'Ouest et diabolique s'il s'agit des partis communistes à l'Est.

J.E. : *Mais alors dans tout cela, le syndicalisme : crise ou pas crise ?*

H.K. : Crise, certainement, mais pas du « syndicalisme » en général. Crise du syndicalisme réformiste.

J.E. : *Ce réformisme, il s'exprime par quoi ?*

H.K. : Le refus du combat, le lâchage des travailleurs en lutte, la conclusion d'accords au rabais. La collaboration de classe poussée à l'extrême. Tiens, un exemple. Le vendredi après Noël, Bergeron était au journal télévisé de *TF1*, en pleine grève des cheminots. Voilà ce que cela donnait : « Nous ne sommes pas dans la grève et nous ne touchons pas une bille. Si vous me demandez ce qui va arriver, je n'ose pas y penser. J'ai peur, j'ai peur et je n'arrête pas de dire à Chirac : faites quelque chose ! »

En ces quelques mots, il y a tout le réformisme dans sa splendeur consternante.

Prenons les dirigeants majoritaires réformistes de la FEN. Ils annonçaient à grand fracas, au mois de juin 1986, puis au début de l'automne, qu'ils étaient les champions du combat, de la résistance, de la défense de l'enseignement et des revendications des enseignants et des fonctionnaires. Ils affichaient des ambitions conquérantes.

Aujourd'hui que voyons-nous ? Une direction majoritaire de la FEN et aussi celle du SNI réellement débordées par leur base. Là c'est le cas de le dire. Et prêtes à se contenter d'une vague promesse de rattrapage en fin d'année et d'un retrait de quelques dispositions les plus voyantes, pour envisager de capituler. Mais les enseignants développent leur lutte sous l'impulsion du courant de lutte de classe « Unité et Action ».

J.E. : *La CFDT n'a-t-elle pas fait une tentative pour échapper au choix « syndicalisme de classe ou syndicalisme réformiste », pour frayer des voies nouvelles, élaborer un syndicalisme des temps nouveaux ?*

H.K. : La CFDT laboratoire d'idées, l'organisation inventive, le sel du syndicalisme, qui faisait les choux gras du *Nouvel Observateur*, a fait longtemps illusion. Sans doute la CFDT vient de loin, du syndicalisme chrétien. Son évolution a été complexe et, à l'époque, intéressante. C'est une branche greffée sur le tronc syndical. Elle n'appartient pas au tronc originel. Pendant une courte période, elle s'est rapprochée des positions de lutte puis elle a joué les ultras. Mais, très vite, elle a annoncé ce qu'elle a appelé elle-même son « recentrage ». C'était à la fin de 1977. J'en ai parlé dans mon livre *Syndicat et unité*. Depuis, elle s'est fait le champion de l'austérité, du partage du travail et des salaires, de la fatalité de la crise et de la résignation. Son secrétaire général s'est illustré par une rare clairvoyance. Quelques semaines avant le mouvement des étudiants puis des cheminots, des marins et des électriciens, il expliquait que la grève est archaïque, une forme complètement dépassée de lutte ouvrière. C'est sans doute en vertu de cette découverte qu'il a lâché les cheminots et les électriciens, comme il avait lâché les étudiants.

J.E. : *Qu'est-ce que la négociation sociale pour les syndicats réformistes ?*

H.K. : Aujourd'hui, la CFDT, Force ouvrière et la FEN déplorent l'absence de négociation sociale. Le gouvernement de son côté est tout de même impressionné par les grèves et leur dimension. Il modifie son langage mais pas ses orientations ni ses choix. Et les uns et les autres parlent de négociation. Mais qu'est-ce que la négociation sociale ? Ça ne peut être qu'une négociation débouchant sur un « plus » pour les travailleurs. Dans tous les cas, cela consiste à discuter, représentants du patronat et représentants des salariés, sur des problèmes concrets pour de vrais résultats.

Actuellement, ce qu'on nous présente comme négociation sociale, c'est la discussion à partir du cahier de revendications patronales. Tout le débat consiste à savoir ce à quoi les syndicats qui s'y prêtent vont renoncer, de combien on va mutiler les travailleurs. Et c'est tout un triomphe quand on peut dire : « Nous n'avons renoncé qu'à la main et au coude. Mais on garde le moignon. »

Louis Viannet, qui conduit généralement les délégations de la CGT dans les négociations importantes, a une belle collection de récits de ce genre de négociations.

J.E. : *Tu avais, en 1980,* dans Syndicat et unité, *annoncé la crise du syndicalisme réformiste. Qu'est-ce qui te conduit à considérer qu'aujourd'hui il est dans l'impasse ?*

H.K. : Lorsque le capitalisme est dans une crise telle que celle que nous avons caractérisée, il n'y a plus « de grain à moudre » pour le syndicalisme de compromission. L'impasse de l'un entraîne l'impasse de l'autre.

J.E. : *Mais cela conduit à une situation inédite ?*

H.K. : En effet. Si l'on réfléchit à ce qui s'est passé et se passe dans toutes les grèves et les mouvements de la dernière période, les organisations réformistes, créées pour affaiblir la capacité de lutte des travailleurs, se sont disqualifiées et déconsidérées. Elles deviennent inopérantes, inefficaces. Les travailleurs qu'elles influencent continuent l'action avec la CGT.

Le fait d'être avec la seule CGT cesse d'être un obstacle infranchissable. C'est un phénomène d'une portée incalculable et qui n'en est qu'à ses débuts. Il n'est sûrement pas irréversible mais il pose bien des problèmes en termes nouveaux. Ou bien les organisations réformistes pour sauver la face contribueront à renforcer les luttes, et cela contrairement à leurs orientations et aux exigences du patronat et du pouvoir, ou bien elles continueront comme elles le font et elles seront complètement disqualifiées. En tout état de cause, elles ont actuellement perdu beaucoup de leur crédit. Naturellement, cela ne signifie pas qu'il n'y aura plus d'obstacles ni de manœuvres contre la CGT. Mais il en résulte, pour toute la CGT, d'évaluer cette situation et d'être résolument à l'offensive, sans complexe, présente partout et bien fidèle à ses conceptions de syndicat d'ouverture, de rassemblement et de vérité.

J.E. : *Dans ce contexte, comment se pose le problème de l'unité d'action ?*

H.K. : Nous ne nous résignerons jamais à la division syndicale. Le pluralisme politique correspond à la société française, à son histoire, à ses réalités présentes. Dans une société socialiste telle que je me la représente pour la France, le pluralisme politique est une donnée durable.

Le syndicat, c'est autre chose. C'est un groupement de défense des intérêts des salariés. Il n'est donc pas nécessaire d'avoir plusieurs syndicats. La diversité interne respectant les règles de tolérance et de démocratie syndicale à l'organisation suffit. Chez les patrons, il existe des différences quant à leurs choix politiques. Si la grande majorité est à droite, la droite a plus que des nuances, et ils ont des croyances religieuses et des convictions philosophiques diverses. Mais, surtout, les patrons ont entre eux des intérêts économiques contradictoires, antagonistes. Les plus forts dévorent les plus faibles selon la loi de la jungle baptisée libéralisme. Pourtant, face aux salariés, ils sont tous dans un seul et même syndicat, groupement de défense de leurs intérêts de classe contre ceux qu'ils exploitent.

De la même façon, indépendamment de leurs choix politiques, philosophiques ou religieux, les salariés devraient en bonne logique se grouper dans un seul syndicat, quitte à y débattre franchement et fermement, comme ce fut le cas dans les premiers temps du mouvement syndical. Les problèmes revendicatifs, économiques et sociaux offrent un vaste terrain d'entente, de rassemblement et d'action.

J.E. : *A défaut de cette unité syndicale dont tu penses qu'elle a un avenir, l'unité d'action entre les syndicats existants est-elle possible ?*

H.K. : Dans le principe, oui. Mais ces choses-là se déterminent selon les conditions réelles et en fonction du comportement effectif des autres organisations. On ne peut pas faire comme si ce qui s'est produit ces derniers temps n'avait pas existé ni entraîné des conséquences. Ce n'est pas la CGT qui a poussé les autres organisations à fuir le combat et à abandonner les travailleurs. Elles l'ont fait et les travailleurs commencent à en tirer des leçons dans l'action et aussi dans les élections professionnelles. Et un peu — trop peu encore — dans les adhésions. Il faudra aller plus loin.

Devons-nous le cacher, le taire ? Où seraient la franchise et le devoir de clarté ? Devons-nous pour autant manier l'invective, être outranciers dans le propos et sectaires dans le comportement ? Pas davantage. Ce serait contraire à nos conceptions et inefficace.

Les faits, les faits seuls ! Il suffit de dire tranquillement la vérité que chaque salarié peut constater ou vérifier. Il en tirera de lui-même les conséquences, avec juste ce qu'il faut de commentaire. Nous ne repoussons personne. Chacun répond de ce qu'il fait et les travailleurs apprécient. Le grand fait nouveau, c'est la poussée de l'idée démocratique dans les luttes et la vie syndicale.

Avec les travailleurs donc. Toujours. L'expérience confirme que ce n'est pas une affaire d'états-majors, mais d'abord une affaire des travailleurs eux-mêmes, surtout à notre époque où, comme je le dis tout le long de cet ouvrage, on aspire à ne pas être manipulé. A décider soi-même, à ne pas être embrigadé, à ne pas avoir besoin d'exécuter des décisions qui ont été prises en dehors des intéréssés.

Telle est notre époque. Et c'est tant mieux. J'en suis heureux. Tout cela exprime un progrès de la conscience collective des salariés, ce qui est très prometteur pour l'avenir.

J.E. : *Tu as dit à l'instant, parlant de la manière de s'exprimer : « Juste ce qu'il faut ». J'ai remarqué qu'au*

42e congrès et depuis, tu insistes beaucoup sur la qualité du travail de conviction et le savoir-faire.

H.K. : J'estime que c'est très important surtout de nos jours et que nous avons beaucoup à faire pour l'apprendre et en faire l'acquis de toutes nos forces militantes.

Je connais et j'aime les qualités de la CGT. Je connais aussi nos pesanteurs et j'en sais les raisons. L'histoire y est pour quelque chose, les circonstances des luttes passées, certaines conceptions ou façons de penser et de faire anciennes. Ce n'est pas un motif pour s'accommoder de ce qui n'est pas bon. C'est vrai qu'il y a des lourdeurs, des insistances répétitives qui indisposent au lieu d'éveiller l'intérêt. Un côté « pédagogique » qui donne l'impression à l'interlocuteur qu'on le sous-estime. La dialectique entre la forme et le fond est plus subtile qu'on a pu le penser à certaines époques. Je ne parle pas de ce que d'autres appellent la « langue de bois » car tout le monde a la sienne. C'est le jargon plus ou moins spécialisé qui n'est compris que des initiés et rebute les autres. On le trouve dans tous les milieux.

La chose est pourtant simple. On parle pour se faire comprendre, pour communiquer, pour échanger aussi et non pour se faire plaisir entre convaincus de la même chose. Mais on ne se fait bien entendre que si l'on comprend soi-même ceux à qui l'on s'adresse et s'ils s'en rendent compte.

En sachant qu'à notre époque, plus qu'à toute autre, les gens veulent se forger leur propre opinion. Ne peut-on, en informant, en raisonnant, en argumentant, faire confiance à leur intelligence et leur laisser le soin de conclure eux-mêmes sans qu'ils aient l'impression qu'on leur force la main ou qu'on leur fait la leçon ?

En baskets, oui, c'est ainsi, surtout de nos jours. Cela vaut pour chaque milieu auquel on s'adresse : le comprendre, s'y adapter. Ce n'est pas si difficile : il suffit de savoir parler avec chacun de ses voisins, tels qu'ils sont. C'est en ce sens que j'insiste effectivement sur cette idée :

il ne suffit pas d'avoir raison, il faut convaincre. C'est cela aussi le syndicat moderne.

J.E. : *Donc démocratie, décisions prises par les travailleurs eux-mêmes, action avec la CGT en toutes circonstances, sans préalable, sans attentisme. Unité à la base et dans l'action. Mais au sommet ?*

H.K. : Si les autres organisations, sous la poussée de ce qui se passe actuellement dans le mouvement social, revoient leurs conceptions, nous en tiendrons compte. Jamais cependant pour substituer à cet acquis formidable de la démocratie avec les travailleurs une espèce d'entente d'état-major au-dessus d'eux ou derrière leur dos, qui les déposséderait de ce qu'ils ont appris à faire.

Cela étant, personne n'est condamné à être réformiste jusqu'à la fin de ses jours. Les syndicats réformistes sont composés d'hommes et de femmes dont certains sont en opposition absolue avec nous. Le plus grand nombre sont des syndicalistes sincères, persuadés que leur syndicat les mène dans la bonne voie. L'expérience de la vie se chargera de les instruire. Ceux-là comprendront qu'ils font fausse route et nous trouveront toujours la main tendue. Nous ne repoussons personne, à plus forte raison ceux qui voudront voir les choses autrement.

J.E. : *La crise du syndicalisme réformiste, cela ne veut donc pas dire que « tout » le syndicalisme est en crise ?*

H.K. : La CGT, loin d'être en crise, est en plein essor et en continuelle adaptation. Est-ce sans difficulté ? C'est autre chose. Mais nous nous sentons en harmonie avec ce qui se passe dans le monde du travail.

Le syndicalisme moderne ? Il parcourt tout ce livre. Je n'ai fait qu'en parler depuis la première page. C'est le syndicalisme qui ne se raconte pas d'histoire quant aux intentions des détenteurs du capital et des gouvernements, et qui dit à tous les salariés : « Faites entendre d'abord un énorme NON pour rendre impossible la continuation de ce massacre. » Mais ce non-là, c'est un OUI à autre chose. Pas seulement à autre chose qui succèdera, c'est un oui à autre chose dès maintenant, là où on peut. Nous ne voyons pas la transformation de la société par un coup de baguette magique.Ça s'arrête un beau jour complètement pour commencer le lendemain un cahier neuf. C'est beaucoup plus complexe que ça. Le fait est que la transformation de la société ne se présente pas comme elle a pu être imaginée dans le passé. Mais c'est quand même de ça qu'il s'agit.

Le syndicat moderne, c'est le syndicat de la démocratie dans ses rangs, entre ses adhérents. C'est le syndicat de la démocratie dans les luttes. C'est le syndicat qui tient parole et qui tient bon, même quand ça va mal.

Celui qui correspond au monde du travail tel qu'il est et se transforme. Non pas le syndicat qu'on apporte tout fait comme une institution extérieure, mais le syndicat qu'on se fait ensemble, tous ceux, toutes celles qui en ont besoin, et qu'on se bichonne ensemble ; sur lequel on veille pour qu'il ne dérape pas, ne s'encroûte pas, ne devienne pas comme les mauvais vieux ménages, mais le syndicat inventif, dynamique, proche de chacun, et qui ne craint pas de se mettre en question pour faire mieux et secouer la poussière que la vie dépose toujours sur toute chose.

Le syndicat qui accepte et reconnaît les diversités, les spécificités comme la réalité, et les aborde sans prévention pour bien y répondre car il n'est bien le syndicat de tous que s'il est celui de chacun. Depuis les retraités qui en ont bien besoin, jusqu'aux plus jeunes des jeunes.

Le syndicat de défense et d'initiatives, de propositions, d'interventions, qui dit à tous les salariés : « Mêlez-vous avec nous de tout ce qui vous regarde. Et en réalité tout vous regarde dans le vaste champ qui relève de l'action syndicale. »

A ceux qui ont des préventions, qui sont influencés par leur milieu, par tout ce qui se raconte, je demande seulement qu'ils regardent comment se comportent les uns et les autres. Le refus d'être avec nous dans la lutte conduit à quoi ? A être seul, désarmé et laminé. Seul, on n'existe pas. Il n'y a pas que Dallas qui soit un univers impitoyable, c'est Paris et toute la France, telle qu'elle est actuellement. Ai-je dit quoi que ce soit qui ne corresponde pas à la réalité dans le tableau que je fais de la France industrielle, de la France du travail, de la France du chômage, de la France de l'injustice ? Ai-je dit quoi que ce soit d'inexact sur le comportement du patronat, des gouvernements successifs, des autres organisations syndicales ? Sur les réactions du monde du travail au cours des années et sur ce qu'il est en train de devenir maintenant ?

Sur la CGT elle-même, je n'ai pas dit : « Nous sommes déjà tout ça partout, mais voilà ce que nous faisons réellement et ce que nous voulons être. » J'y mets de la passion, mais je ne crois pas y mettre de l'inexactitude.

J.E. : *Ce syndicalisme moderne, c'est celui qui est capable de jeter un regard sans à priori sur le monde tel qu'il évolue, et capable d'imaginer autre chose ?*

H.K. : Il est comme la jeunesse. Il veut vivre et il n'a pas de raison de lier son sort à cette déchéance. Oui, il est capable d'imaginer autre chose. Il n'entend pas mourir avec une classe condamnée. Il s'appuie sur une force toujours jeune, le monde du travail, le monde des actifs, de ceux qui créent. La vie personnelle a ses limites. La vie du monde du travail n'en a pas. Elle se renouvelle constamment.

Ce sont pour nous des raisons d'encouragement et d'espérance qui nous donnent des perspectives et des moyens de surmonter les situations difficiles d'aujourd'hui, la crise dans laquelle nous sommes plongés, et de concevoir un autre type de société. Il faut rêver, disait un grand révolutionnaire. Rêver et ensuite faire le possible. Mais le faire !

La transformation de la société n'est pas un spectacle. Chacun y est impliqué. Chacun doit s'interroger : « Est-ce que je dois rester sur la touche, rester celui qui regarde, qui encourage le cas échéant, mais néanmoins demeure spectateur ? ou bien dois-je m'y mettre, devenir un acteur de cette transformation de la société ? » C'est la question fondamentale. Si vous pensez devoir apporter votre contribution, alors travaillons ensemble. Tout le monde s'en trouvera bien et vous en serez heureux.

J.E. : *Avant de nous quitter, une dernière question. Sur toi, si tu veux bien. A travers ce livre, les lecteurs découvriront la personnalité du secrétaire général de la CGT. En filigrane, car tu as toujours voulu éviter de parler de toi. J'arrêtais le magnétophone chaque fois que nous parlions de poésie, que tu évoquais Victor Hugo et Heinrich Heine, que nous nous entretenions de musique et de théâtre, que tu exprimais ta passion de la lecture et de l'étude, ton goût et ta connaissance de l'histoire, que tu évoquais la Résistance, ta famille et ta jeunesse. Tu as fait visiter aux lecteurs et aux lectrices ton jardin syndical, mais tu as défendu jalousement l'entrée de ton jardin secret. Au terme de ce livre-interview, je souhaite que tu nous rappelles au moins ton itinéraire syndical. Henri Krasucki, depuis quand es-tu un militant syndicaliste ?*

H.K. : Le syndicat, j'y suis né ! Mes parents étaient des ouvriers syndicalistes. Jamais on ne m'a dit : « Tu dois faire ceci ou cela. » J'ai grandi depuis l'enfance dans cette ambiance chaleureuse, généreuse, combative et gaie. Je trouvais ça beau. Et ça l'est ! C'est ainsi que j'ai vécu du dedans des événements extraordinaires avant même d'y participer : j'en ai des souvenirs très précis que je peux dater depuis l'âge de neuf ans au moins.

C'est tout naturellement que j'ai choisi ma voie dès que j'ai commencé à travailler comme apprenti-ajusteur. Je suis né en même temps, pour les mêmes raisons dans le parti de mon choix, et j'y tiens tout autant. C'est peut-être pourquoi je n'ai pas de mal à faire la différence. Mais ici c'est du syndicaliste qu'il s'agit. Mon itinéraire, il ressemble à beaucoup d'autres : je n'ai jamais été candidat à rien, ce sont les copains qui me l'ont demandé, depuis collecteur et diffuseur de la *VO* jusqu'à tout ce qui s'en est suivi. Ce serait trop long à raconter, mais ça représente pas mal de luttes, de travail, de joies et, tout en changeant — heureusement —, au fond toujours le même.

C'est vrai que nous avons parlé de beaucoup de choses et entre autres de Heine, un des plus grands noms de la poésie allemande. Parce qu'il était juif, Hitler a fait brûler, interdire ses livres. Certaines de ses poésies sont si célèbres dès l'école qu'elles furent malgré tout imprimées dans les manuels scolaires mais avec la mention : « Auteur inconnu ».

En réplique aux prêcheurs de renoncement, il écrivit un poème où l'on trouve ces vers :

« Un chant nouveau, un chant meilleur
Sortira de ma plume, amis !
Nous voulons ici bas, sur terre
Faire le royaume des cieux
Nous voulons être heureux sur terre
Et cesser de mourir de faim ;
Otons au ventre de l'oisif
Le produit des mains qui travaillent.
Pour chaque homme il pousse ici bas
Assez de pain, assez de roses,
De myrtes, de beauté, de joie... »

C'est tout le sens de notre combat.

Textes et documents de la CGT

Rapports annuels

Ces documents présentent chaque année une analyse de la CGT sur la situation économique et sociale de la France en y intégrant les stratégies du capital, la politique gouvernementale et les luttes des travailleurs. Ils sont réalisés à partir d'un large travail collectif dans la CGT par l'ISERES (Institut syndical d'études et de recherches économiques et sociales), résultat d'une coopération étroite entre universitaires, chercheurs et syndicalistes.

Trois rapports sont disponibles :

1. — La période mai 1981-décembre 1982 ;
2. — 1983 ;
3. — 1984.

Le quatrième (1985) est en cours de publication.

Etudes et documents économiques

Ces brochures, réalisées sous l'égide du Centre confédéral d'études économiques et sociales de la CGT présentent une étude approfondie d'une question importante pour le mouvement syndical.

Analyses et documents économiques

Revue, réalisée sous l'égide du Centre confédéral d'études économiques de la CGT à raison de cinq numéros par an. Chaque numéro de la revue présente un dossier spécifique.

Articles, interviews et textes d'Henri Krasucki

Les textes d'Henri Krasucki auxquels il est fait référence dans cet ouvrage, ainsi que les articles, interviews, interventions pouvant intéresser les lecteurs désireux de compléter leur information sont également disponibles au service Documentation de la Confédération (263, rue de Paris, à Montreuil).

Achevé d'imprimer en février 1987
sur presses CAMERON
dans les ateliers de la SEPC
à Saint-Amand-Montrond (Cher)
pour Messidor/Éditions sociales
146, rue du Faubourg-Poissonnière, 75010 PARIS

N° d'édition : 2460. — N° d'impression : 363.
Dépôt légal : février 1987.

187014N1